조용헌의

내공

일러두기

- 원고 집필 당시의 시점에서 시간 표시가 필요한 부분은 괄호로 연도를 표기했다.
- 편집부에서 이해를 돕기 위한 부분은 '●'로 표시하고 풀이를 달았다.

조용헌의 **내공**

인생은 흐르는 것이 아니라 채우는 것

생각정원

누구나 자기 인생의
고수가 되어야 한다

내공內功이란 무엇인가? 외공外功도 있다. 외공이 육체 단련에 초점이 있다면 내공은 마음의 단련에 집중된다. 물론 육체와 마음은 완전히 따로 노는 게 아니다. 연결되어 있다. 육체가 건강해지면서 동시에 마음도 건강해지고, 그 반대도 가능하다. 마음이 건강해지면 육체적인 질병도 잘 안 생긴다. 스트레스도 따지고 보면 마음의 병이다. 이 스트레스가 만병의 근원이라는 것 아닌가! 내공은 말하자면 이 스트레스를 덜 받는 마음이 된 상태를 가리킨다. 필자는 무협지를 좋아했는데, 무협지를 읽으면서 가장 큰 관심사가 바로 '사부師傅'와 '내공'이었다. 어떻게 하면 사부를 만날 수 있을까. 어떻게 하면 내공을 기를 수 있을까.

어디에서 사부를 찾을 것인가
내공을 기르는 방법은 첫 번째 독서다. 독만권서讀萬卷書가 그것이다. 만 권의 책을 읽는다는 것은 한자문화권에서 2천 년 이상 전해 내려오는 내공 단련법이다. 책은 과거의 현인들이 써놓은 것이다. 이런 현인과의 시공을 초월한 대화가 독서인 셈이다. 말하자면 과거의 뛰어난 사부들을 만나 대화를 하는 것이 독서 행위이다. 그 사부들이 들려주는 내용을 압축하자면 하나의 판례집이다. 살다 보면 여러 상황과 경우가 발생한다. 당황스러운 상황이 많다. 걱정되는 사건과 대면해야 하는 경우도 많다. 그때마다 어떻게 대응할 것인가. 어떤 마음으로 임할 것인가를 알려준다. 과거와의 대화를 통해서 현재의 내 문제를 상담받는 것이 '독만권서'이다.

다름이 시야를 넓힌다

독만권서와 함께 대구對句를 이루는 것이 행만리로行萬里路이다. 만 리를 여행해 보는 일이다. 돈과 시간이 되면 해외여행도 많이 해 볼 일이다. 그래야 스파크가 튄다. 머리에 든 게 있어야 여행을 다닐 때 스파크가 튄다. 들어 있는 게 없으면 경치만 감상하다 끝나는 수가 있다. 여행하다 보면 낯선 광경, 상황과 부닥치게 되어 있다. '왜 이렇지?' 하는 의문이 든다. 그 의문이 해소되는 과정이 내공 쌓는 길이다. 여행의 미덕 가운데 하나는 사람을 만나는 계기가 된다는 점이다. 자기와는 다른 인간을 만난다. 다름과 차이, 사람을 피곤하게 만들기도 하지만 그 차이를 인정하다 보면 시야가 넓어지고 시야가 넓어지면 스트레스받을 일이 줄어든다. 말이 쉽지 차이를 받아들이는 일이 그리 쉬운 일은 아니다. 때로는 격렬하게 부딪치고 깨지면서 이루어진다.

오프라인, 직접 보고 듣고 느껴라

'행만리로'에서 특히 주목되는 부분은 스승, 즉 사부를 만날 가능성도 있다. 강호의 고수는 여행 다니면서 만나는 경우가 많다. 강단의 교수는 제도권에 있다. 노출되어 있다. 강호의 고수는 숨어 있는 사례가 많다. 길바닥에서, 어떤 음식점에서, 어떤 가게에서, 뜻하지 않은 모임에서 강호의 고수를 만나는 수가 있다. 나는 키르기스스탄의 어떤 노상 카페에서 대만의 여자 고수를 만나 도움을 받은 적도 있다. 생면부지인데 처음 만나서 도움을 받는다는 것도 삶의 커다란 신비이자, 하늘의 섭리를 느끼게 해주는 부분이다. 중국의 유서 깊은 도교 문파가 화산파華山派이다. 화산파의 도사 양성 커리큘럼 가운데 하나가 '표주漂周'이다. 3년간 돈 없이 천하를 여행해 보는 일이다. '돈 없이'에 방점이 있다. 신용카드 없이 빌어먹으면서 다녀 보라는 이야기이다. 그래야 세상을 알게 된다는 이야기이다. 세상 사람들의 인심도 알고, 그 지역의 특산물과 어디가 명소인지도 알고, 어떤 역사가 숨어 있는지도 알고, 어떤 기인과 물건이 있는지도 알고, 따뜻한 마음도 겪게 되고. 재수 좋으면 스승도 만날 수 있고 말이다.

흔들리지 않는 마음의 경지, 내공

내공이 축적된 최고의 경지는 '샬롬'이다. 기독교에서 자주 이야기하는 말이다. 나는 강호동양학 전문가이지만 이 '샬롬'이라는 단어를 아주 좋아한다. 내면의 평화를 지칭한다. 존재 자체로 내면세계가 평화로운 사람. 즉 샬롬의 상태에 있는 사람은 얼마나 복 받은 사람이란 말인가! 샬롬에 도달하기 위해서는 궁극적으로 신의 은총을 받아야 한다는 명제에 나는 동의한다. 그러나 신의 은총도 무조건 쉽게 받는 게 아니다. 시련을 겪어야 한다. 시련 없이 어떻게 샬롬에 도달한단 말인가. 말도 안 된다. 그 시련을 인수분해 해 보면 4대 과목을 이수해야 한다. 감방, 부도, 이혼, 암癌이다. 감방살이를 하면서 육체적인 자유를 구속당해 보고, 콩밥도 먹어 보는 일이 감방살이 아닌가! 아, 고달프다! 미치겠다! 부도, 이것도 간단하지 않다. 주변 사람들의 돈을 떼어먹고 갚지 못하는 일 아닌가. 그 주변의 시선을 어떻게 감당한단 말인가. 길바닥에 나앉는 사태를 감당하는 일이 쉬운 일인가! 경제적 파탄 상태에 도달해서 최후로 길바닥에 내몰렸을 때 '나는 무엇을 할 수 있단 말인가'에 대한 두려움이 '나는 자연인이다' 방송프로그램을 보게 하는 원동력이다. 이혼과 암도 마찬가지이다. 4대 과목이 상징하는 시련과 고통을 겪으면서 내공이 쌓인다. 이 고난을 뚫고 죽지 않았으면 그 사람은 내공의 고단자라고 본다. 피, 땀, 눈물. 이 3가지 액체를 바가지로 흘리면서 우리 인생은 내공을 쌓는다. 쌓고 싶지 않아도 '자동빵'으로 쌓인다.

이 책은 인생의 4대 과목을 이수하기 전에 예비고사용으로 읽을 용도이다. 즉 필자가 '독만권서 행만리로'를 하면서 느낀 소감과 단상을 정리한 내용이다. 인생 본 게임인 4대 과목에 진입했을 때 느끼게 될 현기증과 공포 그리고 비탄의 심정을 조금이라도 누그러뜨리고 마음을 진정시켜 줄 1%의 디딤돌이 되기를 바란다.

2024년 1월 새해
청운서당青雲書堂에서
조용헌

차
례

 1장 관점이 내공이다
한 생각이 운명을 바꾼다

2장 사람에게 기대다
다른 인생이 나에게 복을 불러온다

3장 밝은 곳으로 가라
공간이 정신을 바꾼다

4장 축적된 시간에 귀 기울이다
오래된 것들에는 견뎌온 힘이 있다

5장 하늘의 뜻을 이해하다
신은 늘 다른 길을 열어 둔다. 우리가 보지 못할 뿐

6장 이야기로 마음을 부드럽게 갈아 두다
상상력으로 우리는 더 멀리, 더 높게, 더 깊이 산다

7장 산천에 내려놓다
자연은 좋은 인생으로 가는 가장 짧은 길을 알려준다

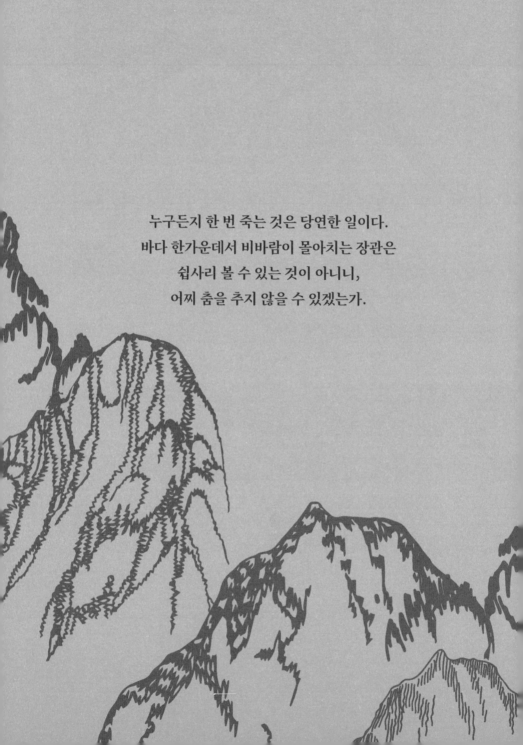

누구든지 한 번 죽는 것은 당연한 일이다.
바다 한가운데서 비바람이 몰아치는 장관은
쉽사리 볼 수 있는 것이 아니니,
어찌 춤을 추지 않을 수 있겠는가.

1

관점이 내공이다

한 생각이 운명을 바꾼다

홍수에 떠내려오는 소

인생이 내 의지대로 되는 것이
아님을 깨달을 때 비로소 생기는 힘,
부력.

우생마사牛生馬死라는 잠언이 이번(2020) 홍수에서도 확인되었다. 폭우로 동네 집들과 축사가 물에 잠기자 키우던 소는 지붕 위로 올라갔다. 소가 어떻게 지붕 위로 올라갈 수 있는가? 소는 물에 뜬다. 소의 배는 크고 빵빵하기 때문에 물에 빠졌을 때 부력浮力을 지니게 된다. 물에 빠진 소는 가만히 있어도 물에 둥둥 뜬다. 그러니 물이 차오른 지붕 위로 올라갈 수 있다. 물이 빠진 상태에서 서너 마리 소가 파란 양철지붕 위로 올라가 있는 신문 보도 사진이 아주 코믹하면서도 인생의 이치를 말해 주고 있었다.

그런가 하면 경남 합천에서 집중호우에 휩쓸려간 소가 85km 떨어진 창원시에서 발견되었다는 뉴스도 있었다. 낙동강 근처의 야구장 둔치에서 한가롭게 풀을 뜯고 있는 소의 귀에 붙은 표지를 보니 합천군의 어떤 축산 농가의 소로 확인되었다. 소 주인은 홍수에 떠내려가 죽은 줄 알았다. 열흘 만에 죽지 않고 살아 있는 자신의 소를 발견하고 놀란 것이다. 말(馬)은 홍수로 떠내려가면 죽는다. 살려고 필사적으로 네 발을 허우적거리다가 탈진해서 죽는다. 전쟁터의 전차부대나 기마병의 말은 그 스피드로 인해서 능력을 발휘하지만 홍수가 났을 때는 아주 취약하다.

반대로 소는 논밭의 쟁기질이나 하는 농우農牛에 지나지 않지만 홍수철에는 허우적거리지 않고 둥둥 떠 간다. 인생을 살다 보면 누구나 홍수를 만나게 되어 있다. 홍수 안 만나는 사람은 없다. 이때 필자를 비롯해서 대부분의 인간은 허우적거리게 되어 있다. 지푸라기 하나라도 잡으려고 발버둥을 친다. 그러다가 더욱 상황이 악화된다.

어떻게 하면 홍수 났을 때의 소처럼 부력을 지닐 수 있단 말인가? 이 부력이야말로 내공이다. 비행기 바퀴가 활주로에서 시속 300km 속도로까지 굴러갔을 때 비로소 육중한 비행기 몸체가 뜬다. 삶의 활주로에서 300km 속도까지는 죽어라 굴러 보아야 부력이 생기는 것 같다. 그 전까지 대강 살아서는 부력이 안 생긴다. 죽을병이나 교통사고 같은 절체절명의 상태에까지 가 보아야 부력이 생기는 게 아닐까? 인생이 내 의지대로 되는 게 아니라는 사실을 깨달아야만 생기는 힘이 부력이 아닐까? 아니면 신의 섭리에 모든 것을 맡기는 깊은 신앙심도 해당한다.

行到水窮處 행도수궁처 坐看雲起時 좌간운기시
　-왕유王維의 〈종남별업終南別業〉 중에서

'물 닿은 곳에 이르러 앉아 보니 구름이 일 때로다.' 선사들이 좋아했던 시구이다. 막판까지 가 보니까 그 끝에서 구름이 피어오른다는 이야기를 가슴에 새겨 본다.

너의 꾀꼬리를 찾아라

어떤 사람은 술에 절어
인생을 비관하며 보내지만,
어떤 이는 도인을 찾는다.

경봉 선사(鏡峰禪師, 1892~1982)는 도를
통한 도인이었다. 전국 각지에서 많은 사람들이 선사가 계신 통도사 극락
암을 찾아왔다. 부산 자갈치 시장의 생선 장수도 찾아오고, 인류학자 레
비스트로스도 오고, 선방 수좌들도 왔다. 빈부귀천이 모두 와서 '저는 어
디로 가야 합니까?' 하고 인생의 길을 물었다. 통도사는 불지종가佛之宗
家라고 불리는 사찰이다. 그만큼 역사가 깊고 스케일이 큰 사찰이다. 뒷
산의 바위 봉우리 모습이 독수리 형상이다. 독수리 '취鷲'자를 써서 산 이
름도 영취산靈鷲山이다. 경봉은 180cm가 훌쩍 넘는 키였으므로 그 당시
로서는 장신이었다. 영취산의 영안靈眼을 지닌 독수리가 극락암에 앉아
있었던 셈이다.

그런데 이 맹금류 독수리는 자상한 독수리였다. 찾아오는 사람들에
게 도움이 되는 이야기를 한마디씩은 해주었다. 1970년대 중반 연예인
대마초 사건이 있었다. 〈돌아와요 부산항에〉를 막 히트시켰던 조용필도

대마초 사건에 연루되어 가수 활동을 접어야만 했다. 백수가 되었을 때 사람들의 행보가 각기 다르다. 어떤 사람은 술에 절어 인생을 비관하며 보내지만, 조용필은 통도사 극락암에 계신다는 도인을 만나 보기로 하였다. 조용필이 극락암 마당을 왔다 갔다 하는데 마침 경봉 스님이 삼소굴(三笑窟, 스님이 거처하던 방)에서 마당에 나왔다가 조용필을 봤다. 이때 경봉 선사의 나이 80대 중반이었다.

"자네는 뭐 하는 사람인가?" "노래 부르는 가수입니다."

"그래, 꾀꼬리가 여기에 왔구나! 너는 꾀꼬리다. 꾀꼬리를 찾아서 와 봐라." "한번 찾아보겠습니다."

집으로 돌아간 조용필은 꾀꼬리가 어디에 있는가 하고 부지런히 찾았다. 도인이 하신 말씀이니까 그냥 재미로 한 이야기가 아닐 것이다. 틀림없이 뭔가 있는 말씀이다. 밥 먹을 때도 찾아보고, 똥 누면서도 생각해 보았다. '도대체 꾀꼬리는 어디에 있는 것일까?' 몇 달간 이 화두를 풀기 위해서 머리 싸매고 고민하던 조용필은 노래를 만들었다. 그 노래 제목이 〈못 찾겠다 꾀꼬리〉였다.

뛰어난 예술가는 자기가 직접 겪었거나 당면한 문제를 예술 작품으로 승화시키는 능력이 있다. 조용필의 〈못 찾겠다 꾀꼬리〉는 당대의 선지식이 던져준 화두를 고민하다가 나온 곡이다. 한번은 화가 장욱진이 극락암에 왔었다. 댓돌에 벗어 놓은 장욱진의 신발을 보고 경봉은 '까치가 왔구나!' 하고 중얼거렸다. 장욱진은 나무와 까치의 화가다. 평생 그린 유화 730점 중 60%에 까치가 등장한다. 선사는 그 사람의 정체성을 꿰뚫어 보는 혜안이 있었다.

TK 사부

사람이 따르는 데는
인품과 실력 외에 또 하나가 있다.
자기 속에 있는 것을 많이 주는 기질이다.

무협지를 읽으면서 가슴에 남았던 단어
는 '내공'과 '사부'다. 내공을 쌓으려면 사부를 만나야 하지만 그게 쉽지
않다. 근래에 TK(대구경북권) 식자층이 밥자리·술자리에서 '사부'라고
이야기하는 인물이 있다. 유목기柳穆基 선생이다. 대학에 있었던 학자도
아니고, 풍산그룹 부회장을 지낸 기업인 출신이라는 점에서 의외였다.

그의 일화이다. 미국의 41대 대통령을 지낸 조지 H. W. 부시가 퇴임
후에 안동 하회마을에 올 일이 있었다. 풍산그룹 유진 회장이 평소 교분
이 있는 부시를 초대했기 때문이다. 의전을 상의하고자 당시 경북 도지
사 비서실장이 부회장인 유목기의 의견을 구했다.

"부시가 풍산고등학교를 방문할 때 제일 먼저 도지사가 악수할 수
있게 해주십시오."

"학교니까 제일 먼저 교장이 악수를 해야지요."

"그러면 도지사가 두 번째로 하게 해주세요."

"아니죠. 안동 교육장이 하는 게 맞지요."

"그렇다면 병산 서원에 갔을 때 1번으로 하게 해주세요."

"서원이니까 병산 서원장이 제일 먼저 해야지요."

"2번으로 하면 어떨까요."

"2번은 서애 종손이 해야죠."

이렇게 말한 다음 이어서 비서실장에게 "무조건 도지사를 앞세운다고 상관을 잘 모시는 게 아니에요. 도지사가 학교에 오는 것은 개인 자격 아닙니까. 정 말하기 곤란하면 내가 직접 도지사에게 전화할게요"라고.

또 하나의 일화. 10여 년 전쯤 회사가 어려울 때 노조가 파업하였다. 협상이 결렬되고 노조 대표가 우여곡절 끝에 서울 연희동 부회장 아파트에 찾아왔다. 부회장 사는 것을 보니까 생각했던 것보다 소박하였다. 평수도 작고 가재도구도 특별한 게 없어서 노조가 놀랐다고 한다. 다음 날 부회장이 "나는 오늘부터 월급 안 받겠다. 식구도 할멈하고 둘뿐이다"라고 선언하였다. 이 결심을 듣고 회사 사장단이 "저희도 안 받겠습니다" 하자 "나는 자식들 학교 마쳤지만, 당신들은 자식 학교 다니는 중이니까 받아라"라고 했다. 이렇게 사장단이 월급을 반절만 받는 것으로 결정 났다.

몇 년 뒤에 회사가 정상화되었을 때 유목기가 한마디 하였다. "사장단이 그동안 반절 못 받은 것 소급해서 지급해 줘라. 나는 안 받겠다." 고령인 유목기는 회사를 퇴직하게 되었다. 그때 소문내지 않고 자기 퇴직금 몇억 원을 노조에 슬쩍 주었다. 노조원 애들 학자금 보태라고.

영남의 선비 이용태는 유목기의 호기號記에 이렇게 썼다. '안동 땅온 향중鄕中이 깊이깊이 군君을 믿어, 일 있으면 상의하고 걱정 때도 찾아온다.'

경재잠, 마음의 경작법

마음은 잠시라도 틈이 벌어지면
온갖 욕심이 생겨나 불 없이도 뜨거워지고
얼음 없이 차가워진다.

집에 '성학십도聖學十圖' 병풍을 비치해 놓
고 있다. 율곡학파는 '고산구곡도高山九曲圖' 병풍이었지만, 퇴계학파는
성학십도 병풍을 지니는 것이 전통이었다. 고산구곡도는 산수화풍, 성학
십도는 도상과 도설을 담았다. 내가 지니고 있는 성학십도 병풍은 서예
가의 손으로 쓴 붓글씨가 아니고 도산서원에 보관되어 있었던 성학십도
목판본에다가 먹물을 발라서 찍어낸 것이다.

퇴계학파는 아니지만 이 병풍을 거실에 쭉 펼쳐 놓고 있으면 문자
의 향기가 서서히 집 안에 퍼지는 것 같다. 그 병풍 앞에 방석을 놓고 앉
아 있으면 퇴계 선생의 '철학 그림'인 십도十圖가 머릿속으로 들어온다.
혼자서 차를 한잔 끓여 마시면서 눈을 감고 있으면 머릿속으로 들어온
그림들이 다시 아랫배로 내려가는 듯한 착각이 일어난다. 그러면 만족
감이 온다. '아! 나는 조선 유학의 전통을 아직 잊지 않고 있다'는 보수
적 자존심이다.

"두 가지 세 가지 일로 마음을 두 갈래 세 갈래 내지 말며, 오직 마음을 하나로 하여 온갖 변화를 살펴라. 이와 같은 행동을 공경이라 하니, 움직일 때 가만히 있을 때 어긋나지 말며 겉과 속 모두 바르게 하라. 잠시라도 틈이 벌어지면 온갖 욕심이 생겨나 불 없이도 뜨거워지고 얼음 없이 차가워진다…"

-《성학십도》중에서

이번에 서울대 한형조 교수가《성학십도》해설서《성학십도: 자기 구원의 가이드맵》(한국학중앙연구원)을 내놓았다. 퇴계가 평생 공부한 내용을 참기름 짜듯이 압축한 결과물이어서 일반인들은 그 내용과 맥락(context)을 깊이 있게 파악하기가 어려웠다. 수재라고 소문난 한 교수가《성학십도》를 떡갈비 만들 듯이 잘게 씹어서 책을 낸 것이다. '해묵은 사상이 현대의 우리에게 아무런 자양도 되지 못하고 있다'는 문제의식에서이다.

'외래의 관점들이 본격 검증도 거치지 않은 채 그저 밀려왔다가 유행처럼 다시 썰물로 빠져나간다. 우리는 무엇에 기초하여 문화적 이상을 세우고 문법을 만들어 갈 것인가!'라는 탄식에 나도 아주 공감한다.

《성학십도》의 핵심은 9장 '경재잠敬齋箴'이다. 선비정신의 핵심은 존중과 배려에 있다는 내용이다. 나와 타인, 자연에 대한 존중과 배려 말이다. 그게 경敬이다. 400년이 지난 지금도 귀 기울여야 하는 정신이다.

8분 능선의 경지

타인에게 환호 받고 싶은 인정 욕구는
아상ego의 뿌리이다. 기도와 염불,
참선을 해 보아도 제어하기 쉽지 않다.

지리산의 금강대金剛臺, 영신대靈神臺, 노
장대老將臺, 영랑대永郎臺 같은 해발 1000m 이상의 기도처를 돌아다니다
보니까 곳곳에 빨치산 루트가 있었다. 빨치산이 선호한 산길은 대개 8분
능선쯤에 있었다. 능선 위가 아니었다. 능선 위로 다니면 드러나서 토벌
대의 총에 맞기 쉬웠기 때문이다. 꼭대기보다는 약간 아래쪽인 8분 능선
의 철학, 벼슬에도 8분 능선이 있다.

조선 시대 명문가 후손들을 만나 보면 '우리 집안은 정3품 이상은 하
지 말라는 가훈이 있습니다'라는 이야기를 듣곤 한다. 정3품은 통정대부.
종2품이 가선대부, 즉 관찰사니까 그보다는 약간 아래 벼슬이다. 요즘
에는 차관보 정도가 해당한다. 정3품 이상 하다가는 8분 능선을 넘어간
다. 8할 위로 넘어가면 당쟁에 휘말려 멸문지화를 당할 가능성이 높았다.

민주당 혁신위원장을 맡았다가 집중 사격을 받고 전 국민에게 망신
당한 김은경을 바라보면서 '벼슬의 8분 능선'이 생각났다. 혁신위원장

자리는 8분 능선을 넘는 자리였다. 금감원 부위원장 자리에서 머물렀더라면 이렇게 사생활, 가정사가 다 까발려져서 전 국민의 '악녀'로 전락하지는 않았을 것이다.

정치는 누드 게임이다. 하나하나 옷을 벗길 때마다 대중은 환호한다. 모든 사람은 누드에 대한 두려움이 있다. 누드로 가는 길에는 사생활도 없고, 가정사도 없다. 8할을 넘어가면 포르노 배우가 되는 길이다. 그런데도 왜 인간은 꼭대기를 위해서 달려갈까. 누드가 되어도 좋다는 각오 없이 말이다. 각오와 준비 없이 얼떨결에 8할을 넘었다가 근래에 패가망신한 사례가 한둘이 아니다. 벼슬에 대한 집착은 유교 문화의 유산인가? 아니면 인간 본성에 깊은 뿌리를 내리고 있는 '인정 욕구'의 발동인가.

사회에서, 아니면 다른 사람들에게 인정받고 환호를 받고 싶은 인정 욕구는 불가에서 말하는 아상(我相, ego)의 뿌리이기도 하다. 기도를 하고, 염불을 하고, 참선을 해 보아도 아상을 제어하기는 쉽지 않다. 기도, 염불, 참선보다도 훨씬 효과적인 방법이 피, 땀, 눈물이라는 세 가지 액체를 흘리는 길이다. 거친 노선이다. 김은경도 이번에 기관총 사격을 받고 세 가지 액체를 많이 흘리고 있을 것이다. '역사는 도살장이다'라는 말도 있지만 현재 한국 사회는 모든 위선과 거짓을 해체하는 도살장이다. 8분 능선 아래에서 멈추는 지지知止*의 경지는 이렇게도 어려운가?

지지의 경지는 송나라의 주희가 편찬한 《대학大學》에 나온다. '知止而后有定 定而后能靜 靜而后能安 安而后能慮 慮而后能得.' 마음이 그칠 때를 안 뒤에 안정하게 되고 안정이 되어야 고요해진다. 고요해진 뒤에 편안해지고 편안해진 뒤에 생각하게 되고 생각한 뒤에야 얻음이 있다. 순간적으로 삶을 파괴할 수 있는 욕망과 충동, 무의식에 대한 경계이다.

허교, 사귐을 허락하다

시장 바닥의 친구 관계는
이익이 다하면 길거리에서 스쳐가는
사람처럼 되고 만다.

밥집이나 술자리에서 갑자기 만나 나이를 따져 형님, 동생, 친구가 되는 수가 있다. 시간을 두고 겪어 보지 않은 채로 맺는 형님, 동생 관계는 오래 못 가는 수가 많다. 이해타산의 문제에 걸리면 이런 관계들은 결별하기 마련이다. 이해 문제 앞에서 결별을 몇 번 경험하다 보면 형님, 동생 맺는 데에 신중해진다.

전라도 사람이 경상도 안동의 유서 깊은 양반 집안 후손들과 교류를 하면서 인상 깊은 대목이 '허교許交'라는 절차이다. '사귐을 허락한다'는 의미이다. 만나자마자 바로 친구 관계로 진입하는 게 아니라 어느 정도 그 사람의 인품과 학문을 겪어 본 뒤에 본격적인 관계 맺기를 한다. 깐깐한 장치이다. 생각하기에 따라서는 기분 나쁜 절차일 수 있다. '허교'를 하기 전에는 본격적인 사귐이라고 볼 수 없다. 허교 이후에는 말도 편하게 하고 속마음을 터놓는다.

예산을 배분하는 노른자위 장관 자리인 기획예산처 장관을 지내고 나서 억대 연봉의 로펌으로 가지 않고, 안동 골짜기의 도산서원으로 내려간 인물이 김병일 선생이다. 대학 다닐 때부터 퇴계 선생을 흠모해서 인생 말년에라도 퇴계 선생 가까이에 살고 싶은 염원이 있었기 때문이다. 이 양반이 무보수 이사장으로 봉사하고 있는 인생 이모작 장소가 도산서원 옆에 자리 잡은 선비문화수련원이다.

김 이사장이 지난해 여름 아침에 선비수련원에서 자고 일어난 필자를 수련원 뒤의 회우정會友亭으로 데리고 갔다. 정자에는 퇴계 선생이 지은 한시가 걸려 있었다.

孔門論會友 공문논회우
以文仍輔仁 이문잉보인
非如市道交 비여시도교
利盡成路人 이진성로인

'공자 문하에서 친구 사귀는 도리는 학문을 매개로 사귀고 친구의 인격을 고양시켜 주는 관계가 되어야 하며, 시장 바닥의 사귐과는 다른 것이다. 시장 바닥의 친구 관계는 서로 이익이 다하면 길거리에서 스쳐 지나가는 사람처럼 된다.'

마지막 구절인 '이진성로인利盡成路人, 길거리에 스쳐 지나가는 사람'이 가슴에 묵직하게 남았다. 옛날에도 그랬었구나!

혼자 있을 때 삼가고
조심하는 공부

타인의 흠결을 송곳처럼 지적하는 데에는
능숙하지만, 자기 오류를 인정하는
공부는 하기 어렵다.

좌파左派는 무엇이냐? 공부와 책을 좋아하는 사람이라고 나는 생각한다. 좌左를 보면 '공工'자가 들어가 있는 게 보인다. 공부한다는 뜻 아닌가. 공부하기 위해서는 일단 책을 좋아해야 한다. 우파는 뭐냐? 우右를 보면 입 '구口' 자가 들어가 있다. 입(口)은 먹으려고 있는 것이다. 우파는 먹는 것을 중시하는 노선이 되는 셈이다. 옛날 어른들이 밥상머리에서 아이들이 밥숟가락을 잡을 때 왼손으로 잡으면 혼을 내고 꼭 오른손으로 잡도록 한 이유도 여기에 있지 않나 싶다. 그런데 먹다 보면 돈을 좋아하게 되어 있다. 따라서 우파는 돈과 먹을 것을 중시하는 성향이라고 하겠다.

유교적 가치관에 놓고 보면 우파보다는 좌파가 위에 있다. 유교는 책과 공부를 중시하는 세계관이었기 때문이다. 한자문화권의 방위 개념으로 볼 때도 좌파는 동쪽에 해당하고 우파는 서쪽에 해당한다. 해가 떠오르는 방향인 동쪽은 양의 방향이다. 해가 지는 서쪽은 음의 방향인 것이다. 좌의정이 우의정보다는 약간 더 높은 위계이다. 섹스를 통해서 깨달음을 얻을 수 있다고 보는 밀교 노선도 좌도밀교左道密教이다. 우도밀교는 금욕과 명상, 절제로 가는 노선이다. 화끈하고 매력적이기는 우도보다는 좌도밀교이다. 하지만 아무나 쉽게 좌도에 접근했다가는 거의 실패로 끝난다.

다시 좌파로 돌아가 공부란 무엇인가를 살펴보자. 유교의 선비들이 생각했던 공부는 위인지학爲人之學과 위기지학爲己之學으로 나뉜다. 여기에서 인人은 타인을 가리키고, 기己는 자기 자신에 해당한다. '위인지학'은 다른 사람을 위한 공부이다. 타인에게 보여주고 인정받기 위한 공부이다. 반대로 위기지학은 자신을 위한 공부이다. 자신을 위한다는 것은 자기 욕망을 들여다보고 혼자 있을 때 삼가고 조심하는 공부이다. 이 각도에서 보자면 '스펙'을 쌓는다는 것은 다 '위인지학'이다. 스펙은 타인에게 보여주기 위한 공부 아닌가.

필자를 포함한 386세대가 《러시아혁명사》와 《사회학적 상상력》을 밤새워 읽었던 사회과학의 세대였는데, 지나고 보니까 위인지학만 열심히 한 셈이다. 사회과학의 관심은 온통 사회구조적 문제에 있었지 자기자신의 사욕과 이중성에 대한 성찰은 빠져 있었다. 사회를 분석하고 타인의 흠결을 송곳처럼 지적하는 데에는 능숙하지만 자기 오류를 인정하고 허물을 반성하는 공부는 하지 않았다. 모든 게 사회악 탓이었다. '위기지학'은 어려운 공부이다.

도와 돈은 둘이 아니다

식색에 빠지면 옆 사람이 배가 고픈지,
죽어 나가는지는 관심 없다.
돈을 벌고 쓰는 데서 도가 닦인다.

불교 사찰에 들어가다 보면 문門이 하나
가 아니다. 여러 개의 대문이 설치되어 있다. 여러 개의 문을 겹겹이 설치
한 이유는 무엇일까. 문을 하나씩 열고 들어갈 때마다 또 다른 세계로 들
어간다는 의미가 있다. 문이 여러 개일수록 점점 더 깊은 차원으로 들어
간다는 의미일 것이다.

그중 하나가 불이문不二門이다. 말 그대로 '둘이 아니다'라는 뜻이다.
그렇다고 완전히 하나라는 뜻은 아니다. '따로따로 둘인 것 같이 보이는
데 알고 보면 둘이 아니다'라는 의미로 해석한다. 밑으로는 연결되어 있
다. 태어남과 죽음이 둘이 아니고, 아름다움과 추함이 둘이 아니고, 선
과 악이 둘이 아니다로 읽힌다. 생사가 둘이 아니라고 한다면 우리는 왜
죽음에 대해 공포와 두려움을 갖는다는 말인가? 이 공식에 대입하면 왼
손과 오른손도 둘이 아니다. 오른손이 다치면 결국 왼손도 부담이 온다.

나에게 '불이문'의 뜻을 새기게 해준 장소가 오사카였다. 일본 오사

카에 가면 '도톤보리'라고 하는 먹자 거리가 있다. 나는 도톤보리에 갈 때마다 길거리 가게의 의자에 앉아 꼭 일본 라멘을 먹는다. 한국 라면과는 또 다른 맛이 있다. 라멘을 먹으며 밀집된 인파를 바라보면 왠지 활력이 느껴진다. 도톤보리가 한자로는 도돈굴道頓堀이다. 한자 '道頓堀'을 일본 발음으로 읽으면 '도톤보리'가 된다. 라멘을 먹으며 '도톤보리'를 여러 번 생각하다 보니 그 진짜 뜻은 '도돈불이'로 다가왔다. '도와 돈이 둘이 아니다.' 돈을 멀리하고 면벽참선面壁參禪만 한다고 해서 도가 통하는 것도 아니다. 돈을 버는 과정에서 도가 닦인다.

뭐가 닦인다는 말인가. 자존심이다. 돈 앞에서는 자존심을 버려야 한다. 다른 상황에서는 여간해서 자존심이 잘 안 버려지지만 돈 앞에서는 자존심이 버려진다. 돈은 화염방사기이다. 화염방사기로 자존심을 지져 버린다. 간, 쓸개가 녹는다. 이 방사기 앞에 장사 없다. 돈을 벌려면 피, 땀, 눈물이라는 인간사의 3대 액체를 흘려야 한다. 3대 액체 흘리는 게 도 닦는 일이다. 절간에서 면벽만 해서는 오히려 에고를 강화시킬 수가 있다. 이 세 가지 액체를 흘리면서 아상(我相, 에고)이 녹아든다.

이렇게 번 돈을 어떻게 쓰느냐도 '도'이다. 돈 쓰는 것을 보면 그 사람 도의 경지가 나타난다. 도가 없는 자본가는 식색食色에 몰빵한다. 인간의 가장 기초적인 생물학적 욕구에 걸려 넘어지고 마는 것이다. 식색에 빠지면 옆 사람이 배가 고픈지, 죽어 나가는지는 관심 없다. 돈을 벌고 쓰는 데서 도가 닦인다.

인생 청구서

> 돈, 인기, 권력, 이 세 가지가 내 손에
> 들어올 때는 반드시 그 이면에 청구서가
> 붙어온다고 예상하고 있어야 한다.

고대로부터 자살은 있었다. 그러나 20~
30대 젊은 연예인의 자살은 일반인들에게 충격을 준다. 그 충격은 의아
심이다. 왜 돈과 인기를 얻은 새파란 인생이 자살을 한단 말인가 하는 의
문이다. 돈, 인기, 권력은 모든 인간이 갖고 싶어하는 것이다. 갖고 싶
지만 보통 사람은 쉽게 가질 수 없는 그 무엇이다. 이걸 일찌감치 인생 초반
에 획득한 인간이 왜 죽을 필요가 있는가. 남들은 평생 죽을 때까지 노력
해도 가질 수 없는 축복인데, 이걸 일찍 획득했으니 얼마나 복 받은 인생
이란 말인가. 남은 인생 동안, 허구한 날 이걸 천천히 즐기면 되지 않겠는
가 하는 의문이다.

사회가 복잡해지고 시스템이 구축된 사회일수록 젊어서 돈, 인기, 권
력을 손에 넣기가 어렵다. 그물코같이 촘촘한 시스템이 갖추어지면 빈
틈이 사라지기 때문이다. 이 그물코를 뚫기란 여간한 재능이 아니면 어
렵다. 시스템이 구축된 자본주의 사회에서 유일하게 20대의 인생 초반

에 돈과 인기를 거머쥘 수 있는 직업이 연예인과 스포츠 스타이다. 소년 등과少年登科에 해당하는 직업이라 하겠다. 소년등과의 문제점은 획득된 신분과 축적된 인생 경험이라는 두 축이 비례하지 않는다는 점이다. 말하자면 뒷감당이 어렵게 된다는 말이다.

돈, 인기, 권력은 반드시 대가를 요구한다. 이 세 가지가 자기 손에 들어온다 싶을 때는 반드시 그 이면에 청구서가 붙어서 날아온다고 예상하고 있어야 한다. 몇 년 전에 미스코리아 출신의 인기 탤런트와 대담할 기회가 있었다.

"인기라는 것은 무엇이라고 생각하나?"

"인기라는 뭉게구름이 올 때는 그 밑에 반드시 청구서가 붙어 온다. '인기가 올 때마다 이번에는 어떤 힘든 일이 일어날까' 하고 긴장한다."

그 청구서는 실로 복합적이다. 비방, 소송, 이혼, 폭력, 투쟁, 사기, 감옥, 죽음 등으로 다가온다. 돈, 인기, 권력은 모든 인간이 갖고 싶고 부러워하는 것이기 때문에 이걸 소유한 인간에 대해서는 전방위적인 질투와 시기심, 그리고 공격이 가해질 수밖에 없다. 20~30대가 이 공격을 감당할 내공이 있겠는가. 이 내공의 핵심이 바로 주역에서 말하는 '독립불구獨立不懼 둔세무민遁世無悶'이다. 혼자 서 있어도 두렵지 않고, 세상과 떨어져 있어도 고민하지 않는 경지다. 이 의연함은 나도 어려운데 어떻게 20대가 체득할 수 있단 말인가.

인터넷과 스마트폰이 대중화되면서 이 대중적 공격은 '댓글'이라는 신무기의 형태로 이루어진다. 화살, 대포, 미사일보다도 무서운 게 댓글이다. 화살, 대포, 미사일은 시공時空의 제약을 받지만 댓글은 이 제약을 받지 않는 익명이 쏜다.

불편한 침대가 구원한다

고독과 절박감을 치유해 주는 귀물이
바로 침대였다. 푹신한 침대가 아니라
불편한 간이침대.

침대가 나를 구원하였다! 대학원 박사과정 다니던 시절에 논문을 써야 한다는 압박감에 시달렸다. 원고지 평균 150장 정도 분량에 해당하는 한 편의 논문을 연달아 써야 한다는 것은 당시 나에게는 엄청난 부담이었다. '이 벽을 어떻게 넘어가야 한단 말인가!' 지도교수 양해로 연구실에 가 침대를 갖다 놓았다. 밤에도 집에 가지 않고 사방 벽이 책과 논문으로 둘러싸인 연구실에서 잤다. 한밤중에 사방이 고요한 학교 연구실에서 나만 혼자 그 침대에 누워 있으면 오히려 마음에 안정감이 들었다.

학교 연구실에 놓인 침대는 '해낼 수 있다! 이 정도면 최선을 다하고 있다'는 위로를 스스로에게 해주는 그 어떤 물건이었다. 그 시절의 고독과 절박감을 치유해 주는 귀물이 바로 침대였다. 물론 제대로 된 침대가 아니라 접을 수 있는 국방색의 간이 군용침대였다. 그 불편한 군용침대에서 글쓰기 훈련이 된 것이고, 신문에 칼럼 쓰는 밑천 장만이 이루어진 셈이다. 어떤 침대 회사의 광고 문구처럼 '침대는 가구가 아닙니다'였던 것이다.

그런 체험이 있는 나는 기업체 오너들의 집무실에 들를 때마다 간혹 내실에 놓여 있기도 하는 침대를 유심히 보는 습관이 있다. 간이침대인가? 더블베드인가? 음기가 득세하는 기위신정己位新政의 시대에 더블베드는 '성性 사건'으로 이어질 위험성이 크다. 내실에 놓인 침대는 치명적인 독극물이다.

7년 전쯤인가. A사 사장으로 취임한 B대표의 사장실 내부에 비서이자 아끼던 후배 남자 기자가 더블베드를 갖다 놓았다. 편히 쉬라고 갖다 놓은 더블베드였다. 불호령이 떨어졌다. "야 자식아, 너 누구 죽이려고 이거 갖다 놓은 거야, 당장 치워." B대표는 즉시 자기 돈으로 접이식 간이침대를 사서 그 자리에 놓았다. 그 비서를 했던 기자로부터 직접 들은 이야기다.

몇 년 전 C사 D대표의 집무실에 차 한잔 마시러 간 적이 있다. 사장실 한쪽 편에 접이식 간이침대가 놓여 있는 게 아닌가. 침대를 보는 순간 방송국 사장도 아무나 하는 게 아니구나 하는 생각이 들었다. "2년 넘게 밤에도 집에 안 가고 여기서 잡니다." 사장실 서가에는 각종 전쟁사戰爭史에 관한 많은 책과 겸재 정선, 추사 김정희를 비롯한 산수화와 그림 도록들이 가득 차 있었다. 간이침대에서 자고 일어난 사장이 아침 6시쯤 되면 업무를 시작하게 되니 밑에 있는 직원들은 출근을 앞당길 수밖에 없다. 방송국 사장실의 널찍한 더블베드는 엄청난 리스크다. 간이침대가 수명 보존에 적합하다.

공경과 꿇어앉기

> 자기 내면에 대한 공경은 자기를
> 속이지 않는 일이다. 이를 실천하는
> 첫 번째 태도가 바로 바른 자세이다.

수신修身의 시작은 앉는 자세에서부터 비롯된다. 안동시 도산에 있는 퇴계 선생 종택을 방문할 때마다 종손이 꼭 꿇어앉아 상대방과 이야기를 나누는 장면이 인상적이었다. 1932년생이니까 올해(2019) 우리 나이로 88세이다. 보통 사람은 10분 정도 꿇어앉아 있으면 발에서 쥐가 난다. 고령의 종손은 30~40분 정도의 시간을 무릎 꿇은 자세로 유지하면서 대담을 나눈다.

퇴계 종택은 여러 지역의 중 · 고등 학생들도 단체로 버스를 타고 와서 방문한다. 10대 중반의 청소년들은 90세 다 되는 종손과 상견례를 하고 30~40분 정도 이야기를 나누는 게 하나의 코스이다. 그때마다 종손은 반드시 무릎을 꿇고 이야기한다. "쥐가 나지 않습니까?" "아주 어렸을 때부터 익혔던 자세이기 때문에 불편함이 없습니다. 할아버지, 아버지가 모두 이런 자세로 접빈객을 하는 모습을 보고 자랐습니다. 무릎 꿇는 자세가 나에게는 너무나 익숙한 자세입니다."

차次 종손은 40대 중반이다. 젊은 세대이므로 청바지와 티셔츠도 입는다. 그러나 어른들과 이야기를 나눌 때는 반드시 무릎 꿇는 자세를 유지한다. "몇 분 정도 이렇게 앉아 있을 수 있습니까?" "50분 정도는 앉아 있을 수 있습니다."

이렇게 무릎 꿇고 앉는 자세를 위좌危坐라고 하기도 하고, 정좌靜坐라고도 한다. 퇴계 철학의 핵심이 경敬이다. 상대방에 대한 공경도 있고, 자기 내면에 대한 공경도 포함된다. 자기 내면에 대한 공경은 자기를 속이지 않는 일이다. 이 경敬을 실천하는 첫 번째 자세가 바로 정좌(위좌)이다. 앉는 자세에서부터 퇴계 철학은 시작되는 것이다. 최소한 30분 정도는 위좌로 앉아 있을 수 있어야 퇴계학에 입문한 셈이다.

지금도 퇴계학파의 후예들은 정좌에 익숙하다. 정좌의 장점은 허리 디스크 예방 자세이기도 하다. 더 큰 장점은 토론을 하다가 흥분이 되면 기운이 머리로 상기된다. 정좌는 이 상기되는 증세를 잡아주는 효과가 있다는 점이다.

1997년에 출판된 《이퇴계李退溪의 실행 유학》(학사원)을 고 권오봉 교수가 썼는데 퇴계학풍의 정좌가 일본 사무라이들에게도 전해졌다고 주장한다. 꿇어앉아 팔八 자형으로 손을 바닥에 대고 엎드려서 절하는 방식은 퇴계학파와 똑같다는 것이다. 또한 책의 서문과 발문 쓰는 서식을 퇴계로부터 배웠다고 한다.

퇴계는 평생 사생활과 공직 생활에서 남에게 폐를 안 끼치는 제폐除弊와 물폐勿弊를 실천한 사람이다. 이 '제폐'와 '물폐'가 일본 사람들의 생활 윤리가 되었다고 한다.

굶어 죽는 것에 대하여

역발상! '굶어 죽는 것도 괜찮은
것이구나'라는 생각은 얼마나
자유를 주는가!

'속을 비우고 굶어 죽는 것이야말로 가장
고결한 죽음이요, 성스러운 죽음이다.'

몇 년 전 인도의 자이나교 전문가에게 들은 이야기이다. 처음 들었
을 때는 약간 쇼킹했다. '산 입에 거미줄이야 치겠느냐?'는 말로 생계 걱
정을 하는 장삼이사張三李四들에게 굶어 죽는 것이야말로 가장 성스러운
죽음이라고 하니까 이건 보통 역발상이 아니다. 역발상이 사람을 자유
롭게 한다. 한쪽에만 생각이 몰려 있던 사람에게 그 반대쪽도 역시 탈출
구가 있다는 이야기는 통쾌하다. '굶어 죽는 것도 괜찮은 것이구나'라는
생각은 얼마나 자유를 주는가!

불교와 비슷한 시기에 인도의 성자 마하비라에 의해서 창시된 자이
나교. 이 종교의 방법론은 금욕이 특징이다. 고행을 통해서 본래의 영혼
을 되찾아야 한다고 주장한다. 고행의 대표적인 방법이 단식이다. '음식
남녀飲食男女'가 인간의 근본적인 욕망이라고 한다면 남녀 관계에 대한

욕구보다 더 근원적인 욕구가 음식에 대한 욕구이다. 섹스를 안 한다고 죽는 것은 아니지만 먹지 않으면 죽는다는 사실에서 드러난다. 먹는 욕구를 부정하다니! 자이나교에서 하는 이야기는 인간은 먹기 위해서, 자기 배 속에 음식을 집어넣기 위해서 온갖 업(業, karma)을 쌓는다는 것이다. 사기 치고 뒤통수 때리고 배신하고 강탈하고. 이 모든 부도덕한 행위가 따지고 보면 먹자고 하는 짓이다. 인간 삶은 동물의 왕국이다. 따라서 음식을 안 먹고 속을 비워서 죽는다는 것은 이 모든 카르마로부터 벗어나는 수행이 되는 셈이다.

단식은 아주 심플하다. 그러나 고통은 대단하다. 나 같은 사람은 못 견딘다. 이 대목에서 향산響山 이만도(李晚燾, 1842~1910) 선생이 생각난다. 1910년 나라가 망하자 24일 단식 끝에 순절한 양반이다. 이 집안 후손들 이야기를 들어 보면 '어른은 죽겠다고 곡기를 끊고 저쪽 방에 누워 계시는데, 자식들은 옆방에서 살겠다고 밥 냄새 풍기면서 밥상 차리는 게 여간 죄송하고 힘든 일이 아니었다'라고 술회한다. 이만도는 저쪽 방에서 풍겨오는 밥 냄새를 맡으며 '나도 이제 단식 그만하고 밥을 먹을까?'라고 생각했을 수 있다.

안동 일대에서 퇴계 후손들이 사는 동네가 하계下溪, 상계上溪, 계남溪南, 원촌遠村, 의인宜仁이다. 향산은 인물이 많이 배출된 하계 마을 출신이다. 원촌에서는 이육사 선생이 나왔다. 장돌뱅이의 전성시대가 된 오늘날이지만, 퇴계 선생의 가르침을 배반하지 않고 끝까지 지킨 향산 같은 어른이 그립다.

달콤한 이야기를
조심하라

마음 닦는 공부를 할 때는
좋은 일을 경계하고, 스스로를
속이지 않는 게 먼저이다.

묵향墨香을 맡으면 왠지 기분이 좋고 호흡이 아랫배로 깊게 내려가는 걸 느낀다. 먹물이 배어 있는 유가의 고택을 방문할 때도 그렇다. 편액이나 사랑채 벽에 걸려 있는 문구 내용들도 유심히 살펴본다. 그 내용들을 보게 되면 집주인의 취향이나 삶에 대한 문제의식을 짐작할 수 있다. 안동 시내에 가끔 방문하는 치암고택恥巖古宅이 있다. 이 집 대청마루 벽에 칠언문구가 하나 쓰여 있다.

入朝當戒喜事 입조당계희사
持心貴在不欺 지심귀재불기

집주인에게 이 문구의 유래를 물으니 퇴계 선생이 젊은 율곡에게 당부한 내용이라는 것이다. 당대의 천재로 이름난 율곡이 23세 때 안동 도산의 퇴계 선생을 방문했다. 당시 퇴계는 58세였다. 패기의 젊은 천재와

홍시紅枾처럼 푹 익은 인품을 지녔던 대학자의 만남이었다.

퇴계는 많은 제자를 보아왔던 터라 젊은 사람들을 보면 지인지감知人之鑑이 있었던 모양이다. 2박 3일을 머물고 떠나가는 율곡이 퇴계에게 가르침을 청했을 때 이 문구를 주었다. '入朝當戒喜事 持心貴在不欺.' '조정에 들어가서는 희사喜事를 경계하고, 마음 닦는 공부를 할 때에는 스스로를 속이지 않는 게 귀한 일이다'라는 뜻이었다.

전자는 벼슬길의 주의점이고, 후자는 내면 수양의 요점이었다. 여기에서 '희사'를 어떻게 해석해야 할까? 보통 '일을 벌이는 것을 좋아한다'는 뜻으로 해석한다. 율곡이 머리가 좋으니까 아이디어가 샘솟을 것이고, 아이디어가 많다 보면 틀림없이 '이것도 하고 저것도 하자'는 제안을 조정에서 많이 할 것으로 퇴계는 본 것이다. 너무 제안을 많이 하지 말라는 말이다.

그러나 필자는 조금 달리 보고 싶다. '희사'를 '달콤한 이야기'로 해석하고 싶다. '기쁜 일'이라는 것은 결국 임금이 듣기 좋은 일, 또는 듣기 좋은 이야기 아니겠는가. 대통령이 참석하는 청와대 회의에서 듣기 좋은 이야기만 하지 말라는 당부로 여겨진다. 임금이 듣기 좋은 달콤한 이야기만 하고 싶은 게 인지상정이다. 고택에 써진 '입조당계희사'를 보고 느낀 소감이다.

'미친놈'의 미학

메시지는 짧아야 좋다.
공자에게 한마디는 해준 접여야말로
광인의 정신을 상징하는 인물이다.

조민환의 《동양의 광기와 예술》(성균관
대학교출판부)을 읽으면서 지나온 내 인생을 돌아보게 되었다. 이 책은
'광자狂者'의 미학을 다뤘다. 동양 전통에서는 공자 이래로 '미친놈(狂者)'
을 존중하는 전통도 일부 있었다고 본다. 공자가 정치한다고 주유천하周
遊天下 할 때 '접여'라는 광인을 만나서 한 소리 들었다. 의역하면 "당신,
세상을 바꿔 보겠다고 이러고 다니는데 말짱 헛일이다. 그게 그리 쉬운
줄 아나. 이거 다 시간 낭비다. 왜 이리 험난한 인생을 살고 있나? 인생 짧
다." 공자가 타고 있던 수레에서 내려 이 인물과 이야기를 나눠 보려 하였
으나 접여는 총총히 사라져 버려서 대화하지 못했다.

공자의 수레에 붙어서 돌직구를 날렸던 접여는 초나라의 광인이었다.
원래 이름은 육통陸通인데 당시 사람들이 접여接輿라는 별명으로 불렀다.
유명인사나 고관대작이 수레를 타고 지나가면 그 수레(輿) 옆에 붙어서
(接) 시비를 걸거나 집적거리는 행태를 보였기 때문이다. 공자는 이 접

여를 인물로 생각하고 자신의 인생 행보에 대해서 충고를 더 들어 보려 하였지만 접여는 그 정도에서 피해 버리고 말았던 것이다. 더 이상 이야기해 준다고 해서 공자가 정치를 그만둘 사람도 아니라는 사실을 간파하고 있었던 것으로 보인다.

메시지는 짧아야 좋다. 공자에게 한마디는 해준 접여야말로 광인의 미학, 광인의 정신을 상징하는 인물이다. 이러한 광기가 예술 장르, 즉 그림과 글씨에 접속되면 작품이 많이 나왔다. 오로지 부동산과 주식에 붙잡혀 있는 범부들에게 그 어떤 통쾌감을 주는 작품 말이다. 이 책에서 소개한 조선조의 화가 임희지(林熙之, 1765~?)의 인생에서 보여준 광기가 특히 통쾌하였다.

"배를 타고 교동도(강화군 교동면)에 가다가 폭풍을 만나서 배가 거의 뒤집어질 상황이었다. 노련한 뱃사람들도 혼이 빠져 '나무아미타불 관세음보살'만 정신없이 부르는데, 오직 임희지만 갑자기 껄껄대고 웃으며 깜깜한 구름 속 허연 물결 사이에서 덩실덩실 춤을 추었다. 파도가 잠잠해진 뒤에 사람들이 춤을 춘 이유를 물으니 '누구든지 한 번 죽는 것은 당연한 일이다. 바다 가운데서 비바람이 몰아치는 장관은 쉽사리 볼 수 있는 것이 아니니, 어찌 춤을 추지 않을 수 있겠는가' 하였다."

저자는 스티브 잡스의 1997년 광고 문구 '자기들이 세상을 바꿀 수 있다고 생각할 정도로 미친 사람들이야말로 세상을 바꾸는 사람들이다'도 광자 미학의 전형으로 보고 있다.

궁하면 통한다

> 돈이 풍족하면 생각을 덜 하게 되고,
> 궁색해야 난국을 타개하는 아이디어가
> 떠오른다.

　내공을 쌓는 방법은 두 길이다. 독서와 여행. 독서는 앉아서 하는 여행이고, 여행은 돌아다니면서 하는 독서이다. 여행은 쉽지 않다. 여행을 다니려면 돈, 시간, 건강, 취미라는 네 가지 조건을 갖춰야 하기 때문이다. 이 네 가지 조건을 갖춘 사람은 상팔자임이 분명하다. 역시 1번이 돈이다. 외국으로 여행을 갔을 때 돈 들어가는 항목은 비행기표 값, 호텔비, 식비이다.

　이걸 줄여서 나는 '비주식飛住食'이라고 부른다. 보통 사람은 이 '비주식'의 부담 때문에 여행을 쉽게 생각하지 못한다. 지방의 조그만 대학 교수를 하다가 재단 이사장과 불협화음을 겪고 '더러워서 못 해 먹겠다'고 사표를 쓴 지인이 있다. 시간이 많이 나니까 정처 없이 세계를 떠돌았다. 떠돌면서 '비주식'의 달인이 되었다. 돈이 풍족하면 생각을 덜 하고 돈이 궁색해야 난국을 타개하는 아이디어가 떠오르는 법. 비행기표는 저가 항공을 이용한다.

검색을 하면 로마에 갔다 오는 왕복 티켓을 50만 원 정도로 구입하는 방법이 있다. 가격이 싸니까 직항은 불가능하다. 중간에 2~3군데 정도를 경유해야 한다. 한 군데서 9시간 정도를 기다려야 하는 수도 있으니까 미리 요가 매트를 준비해서 공항 대합실 후미진 데다 깔아 놓고 잠을 자기도 한다. 장시간 기다리는 데에는 요가 매트가 유용하다.

주住는 어떻게 하는가? 유스호스텔을 이용한다. 1만~2만 원이면 된다. 주로 20~30대 세계의 젊은이들이 많이 이용하니까 열린 공간에서 이들과 어울리며 여러 가지 이야기를 나눠 볼 기회이기도 하다.

식食은? 전기밥솥을 가지고 다닌다. 2인분 정도의 조그만 전기밥솥이 아주 유용하다. 유스호스텔은 간단히 취사할 수 있는 시설이 되어 있다.

장기간 외국 여행할 때는 김치와 깻잎, 멸치 조림, 된장국을 먹어야 피로가 덜하다. 만리타국의 밥솥에서 김이 나는 쌀밥에 깻잎을 얹어 식사하면 더 이상 바랄 것이 없다. 2~3군데 경유하는 저가 항공, 유스호스텔, 전기밥솥이면 '비주식' 경비를 확 줄인다. 아! 궁즉통窮則通●이로구나!

궁즉변窮則變 변즉통變則通의 줄임말로, 《주역》〈계사하전〉에 나온다. '역은 궁하면 변하고 변하면 통하고 통하면 오래 한다. 이로써 하늘이 도와 길하여 이로워진다(易, 窮則變, 變則通, 通則久, 是以自天祐之, 吉无不利).' 만물의 순환 원리이다. 극한의 지경에 더할 수 없을 만큼 최선을 다하면 변화가 일어나 해결책을 마련할 수 있다는 의미.

나는 어느 별에서 왔을까

"태어나기 전 나는 공기 중의 먼지였는가,
아니면 절대 무無였는가."
나의 근원에 대해 궁금하지 않은가?

어느 독자분이 '매력'에 대해서 한번 써 달라는 요청을 하였다. 매력은 매우 주관적인 느낌이고 영역이라는 것을 전제해야 하겠다.

매력은 3가지 단전丹田에서 나온다고 본다. 하단전下丹田의 매력은 섹시함이다. 중단전中丹田의 매력은 재물이다. 섹시와 재물 싫다는 사람 어디 있겠는가! 이건 굳이 이야기 안 해도 다 아는 부분이므로 상단전上丹田의 매력을 논해야 한다. 상단전의 매력은 '이야기'라고 생각한다. 재미있고 즐거운 이야기, 그리고 도움이 되는 이야기를 해주는 사람이 매력 있다. 미술사·건축사·전쟁사·문화인류학과 같은 분야에 해박한 사람이 매력 있다. 4인승 침대 기차에 편안하게 같이 누워 이런 분야의 이야기들을 주고받으면서 광활한 대륙을 횡단하고 싶다.

필자가 중학교 다닐 적에 쉬는 시간마다 '쥐약 장수 흉내'를 내서 반 애들을 배꼽 빼게 하던 그 친구는 지금 어디에 사는지 궁금하다. 중년이 되니까 삶이 심각해져서 웃을 일이 적어진다. 중학교 시절 그 쥐약 장수 친구가 그립다. 유머가 많고 즐거움을 주는 이야기를 해주는 사람이 사실은 귀한 사람이다.

내가 어슴푸레하게 생각하던 어떤 사안이나 상황을 분명하고 알아듣기 쉽게 정리해서 이야기해 주는 사람도 매력이 있다. 입에서는 뱅뱅 맴돌지만 무어라고 딱 표현을 못 하고 있는데, 어떤 사람이 구체적인 단어를 꼭 집어내거나 아니면 적절한 예화를 통해서 설명해 줄 때 머리가 시원해진다. 복잡한 내용을 단순화시켜서 설명해 주는 매력이라 하겠다.

단순화시켜서 설명해 주는 화법의 재미는 영발담론靈發談論에 있다. 소위 전생담前生譚이다. 전생에 어떻게 살았다는 이야기, 그리고 그 사람의 사주팔자에 관한 이야기이다. 현생에서 자신이 고칠 수 없는 성격과 습관 등을 전생과 연결시켜 설명할 때 재미가 있다.

전생담의 최고봉은 '부모미생전父母未生前'•이다. '어머니 배 속에 있기 전에 나는 어디에 있었는가?' 우주의 어느 별에 있었는가, 공기 중에 떠돌아다니는 기체였는가, 아니면 절대 무無였다는 말인가? 겨자씨보다 훨씬 작은 씨가 배 속에서 자라나서 이런 육체와 이런 근심을 품게 되었다는, 우리 근원에 대한 이야기를 나눌 수 있는 사람이 매력 있다.

"부모가 너를 낳기 전에 네 본래 얼굴이 무엇이냐?" 중국의 위산영우 선사가 제자 향엄 스님에게 던진 질문이다. 경전에 해박하다고 자신했던 향엄은 생각이 꽉 막혀버렸다. "그간 헛공부를 했구나!" 향엄은 절망했지만, 오로지 그 질문 하나만 붙들고 수년을 고행하다가 어느 날 돌멩이가 대나무에 부딪히는 소리를 듣고 홀연히 깨달았다.

관점이 내공이다

물난리와 불난리

'백 년 동안 집착했던 물건이 하루아침에 먼지가 되는구나.' 인생 살면서 피할 수 없는 재난이 있다.

올해(2020) 난리를 두 번 겪었다. 한 번 겪기도 어려운데 '따블'로 겪었다. 수재水災와 화재火災다. TV에서나 보는 장면을 내 눈으로 두 번이나 봤다. 8월 여름 폭우가 쏟아져 장성군 축령산 자락에 있는 휴휴산방 담벼락과 마당 일부가 계곡물에 쓸려 내려가 버렸다. 마당 앞쪽으로 작은 실개천이 돌아 흘러간다. 갑자기 위쪽에서 계곡물이 쏟아지니까 물 폭탄이 휩쓸어버렸다. 급류에 쓸려 내려간 산방의 모습은 처참했다. 쌓아두었던 장작더미가 이리저리 처박히고 마당이 진흙밭이 되어버렸다. 수도관도 끊겨서 열흘간 수돗물도 나오지 않았다. 수세식 화장실도 사용하지 못하니까 용변을 볼 때마다 뒷산으로 한참 올라가서 보아야만 하였다. 자연재해 앞에서 한없이 무력한 나 자신을 되돌아보는 계기가 되었다.

엊그제에는 불이 났다. 산방 아궁이에 과도하게 장작을 집어넣고 불을 땐 것이 원인이었다. 방의 구들장 돌이 두껍기 때문에 아궁이에 한

번 불을 때기 시작하면 7~8시간이 지나야 비로소 따뜻해지는 구조이다. 그래서 장작불을 조절하는 게 쉽지 않다. 서너 시간 불을 지펴도 방바닥이 미지근도 안 하니까 까딱하면 과도하게 장작더미를 집어넣을 우려가 있다.

산방은 15평 정도 되는 작은 흙집이다. 불 때는 방 하나에서는 잠을 자고, 불 안 때는 마루방에서는 책을 보고, 나머지 공간은 부엌이다. 초가 3칸 규모이다. 돌과 황토를 섞어서 사방을 둘렀고, 내부의 기둥과 서까래는 목재다. 지붕은 빗소리를 듣기 위해서 양철 지붕으로 하였다. 아궁이에 불을 때 놓고 외출해서 5~6시간 후에 돌아와 보니 방 안에서 불이 붙고 있었다. 연기는 방 안에 자욱하였다.

그 와중에도 마루방에 있었던 물건 세 가지를 꺼내고 싶었다. 매일 찻잎을 넣고 우려 마시던 붉은 돌로 만든 차호茶壺, 남회근(南懷瑾, 1918~2012) 선생이 쓴《참동계 강의》2권. 그리고 내가 아끼던 보라색 등산 재킷이었다. 그러나 연기를 한 모금 마시고 나니 '이러다 죽겠다'는 생각이 뇌리를 스쳤다. 포기하고 밖에서 산방이 너울너울 불에 타는 장면을 구경하여야만 하였다.

17년을 저 안에서 쉬면서 피로도 풀고, 활력을 얻었고, 글감을 구상하던 공간이 불에 타고 있었다. 불타는 '화택火宅'을 보면서 '百年貪物一朝塵(백 년 동안 집착했던 물건이 하루아침에 먼지가 되는구나)'이라는 글귀가 떠올랐다. 여러 도사를 만나고 영험한 명산들을 올라가 본 필자도 인생 살면서 이런 재난을 피할 수 없다.

빙공영사

> 독서를 하면서 사색하고, 공동체의 유지와
> 책무에 대한 비판과 처벌을 통해 터득되는
> 경지가 공익이다.

사자성어의 매력은 심플함이다. 복잡한
상황은 설명이 길어질 수밖에 없고, 설명이 길어지면 본질을 파악하기가
힘들어지고, 설명을 듣고 있는 사람도 짜증 나고 헷갈린다. 이럴 때 사자
성어가 필요하다.

빙공영사憑公營私는 '공적인 일을 핑계 삼아 사익을 추구하는 행위'
를 일컫는다. 사익 추구는 인간의 본능이다. '자기 앞에 큰 감 놓는 행
위'는 누가 가르쳐 주지 않아도 쉽게 터득할 수 있다. 공익 추구는 고도
로 문명화된 행위이다. 문명화되었다는 것은 많은 성현들의 가르침을
배우고, 수많은 독서를 하면서 사색을 하고, 공동체의 유지와 책무에 대
한 비판과 처벌을 통해서 터득되는 경지가 공익이다. 쉽게 도달되는 경
지가 아니다. 고로 공익 추구는 공동체로부터 존중받았고 사익은 경멸
과 제재를 받았다.

이 지점에서 꾀가 많은 사람은 공익과 사익을 뒤섞는 방법을 쓴다.

이게 '빙공영사'이다. 사익을 공익으로 포장하거나 또는 사익을 추구할 때 공적 기관을 동원하는 것이다. 조선 시대 지방자치조직의 규약인 향약鄕約에서도 이 부분을 아주 경계하였다. 조선 시대 향약의 전범이 1556년에 제정된 예안향약禮安鄕約이다. 여기에 보면 '공적인 임무를 맡은 사람이 공을 빙자하여 사익을 추구하는 행위(受官差任 憑公作私者)'는 엄벌해야 한다고 나온다. '공사에 분별없이 공무를 방해하는 자, 허위 사실을 조작하여 다른 사람을 함정으로 모는 자, 공동체에 환난이 닥쳤는데도 수수방관하는 자도 엄벌에 처한다'로 나온다. 여기서 말하는 엄벌은 그 엄벌 대상이 양반이면 만당면책滿堂面責이다. 여러 사람이 모인 장소에서 그 사람을 세워 놓고 망신을 주는 방법이다.

조선 시대는 공과 사의 구분이 쉬웠지만, 21세기에는 이 구분이 아주 어렵다. 우선 전문가 그룹들은 자기 본연의 직책 외에도 다른 여러 가지의 겸직을 할 수 있는 상황이다. 위원회나 자문위원 활동이 그것이다. 산업의 융복합이 이루어지면서 일관된 잣대를 들이대기가 어렵게 되었다. 공사公私의 경계가 모호한 상황이 너무 많아지고 있는 추세이다.

'쩐'즉시공 공즉시'쩐'

공과 색, 공을 보는 사람은 사기라
생각하고, 돈을 보는 사람은
대박 기회라고 생각할 것이다.

비트코인이나 이더리움 같은 가상화폐.
도대체 이것이 무엇이길래 이렇게 사람을 환장하게 만든단 말인가? 내
가 보기에는 전즉시공錢卽是空이요 공즉시전空卽是錢이다. '쩐(錢)'이 곧
공空이고, 공이 곧 '쩐'이 되는 세상이 도래한 것이다.

가상화폐는 휴대폰 화면이나 컴퓨터 화면에만 보이는 돈이다. 화면
에 숫자로만 존재한다. 화면의 숫자. 이것이 가상假想이다. 그런데 이 가
상이 돈의 실체다. 화면에 숫자로 나타났다가 사라지는 돈이다. 손으로
만져 볼 수가 없는 돈이다.

황금은 금속이다. 손으로 만져 보면 묵직한 느낌이 든다. 돈은 묵직
한 느낌이 들어야 맞는다. 그래야 돈맛이 느껴진다. 이것이 지폐로 변
했다. 황금에 비해서는 실체감이 훨씬 떨어지지만 지폐도 손맛은 있다.
5만 원짜리 100장이 묶여 있는 돈 몇 다발을 손에 쥐어 보면 든든한 느
낌이 들지 않던가! 지폐에다 코를 가까이 대면 돈 냄새도 난다. 장롱에

도 넣어둘 수 있고, 책상 서랍에도 지폐를 넣어둘 수 있다. 그러나 가상화폐는 장롱에다가 넣어둘 수도 없고 손으로 만져 볼 수도 없고 냄새도 맡아 볼 수 없다. 오로지 화면에만 나타났다가 사라진다. 화면상에서만 명멸明滅하는 것이다. '찰나 생生 찰나 멸滅'하는 공의 세계다.

21세기 들어와 우리 눈앞에 대두한 휴대폰 화면. 이 화면은 가상(空) 세계를 상징한다. 그러나 이 가상이 곧 돈으로 전환된다. 돈은 색계色界를 대표하는 물건이다. 불교에서 말하는 색계는 인간의 눈에 보이는 세계를 가리킨다. 색계에서 인간을 매혹하는 두 가지 대상은 돈과 섹스다. 인간은 이 두 가지에 매혹당해서 돌진한다. 예전에는 섹스가 색계를 대표하였지만, 자본주의가 발달하면서 순위가 바뀌었다. 이제는 섹스보다도 돈이 더 사람을 매혹한다. 돈이야말로 색계의 대마왕이다. 대마왕 앞에서 너나없이 똘마니가 된다.

그런데 이 가장 강력한 힘, 실체가 가상 화면에서 명멸하는 숫자로 존재한다는 게 실감이 나지 않는다. 이건 색즉시공 공즉시색의 이치를 가장 잘 보여주는 사례가 아닌가 생각해 본다. '전즉시공錢卽是空 공즉시전空卽是錢'의 도리이다. '쩐'과 '공'이 이렇게 한 묶음으로 동전의 앞뒷면처럼 붙어 있다는 걸 가상화폐처럼 명쾌하게 보여주는 사례는 없다. 두 가지 측면 중에서 공을 보는 사람은 이게 사기라고 생각하고, 쩐을 보는 사람은 대박 기회라고 생각할 것이다.

가상 시대가 사람을 강제로 끌고 간다.

정 회장의 경장

첫째 독서, 둘째 신문칼럼을 읽어라,
셋째 현장 답사를 해라, 넷째 사자성어를
많이 써라, 다섯째 영화를 봐라.

재벌의 1대가 창업이고, 2대는 수성, 3대
는 경장更張*의 단계로 진입하면 이상적이다. 3대에서 경장을 감행할 수
있을 것인가? 불행한 경우는 1대 용龍, 2대 이무기, 3대에서 꽃뱀으로 축
소지향의 자손이 나오는 경우이다. 꽃뱀은 무늬는 화사한데 카리스마와
내공이 없음을 의미한다. 꽃뱀이 껍질을 벗으려면 감옥에 2년 정도는 갔
다 와야 되는 것 같다. 풍파를 겪어야 한다는 것이다.

재벌은 3~4세 체제로 들어갔지만 중소기업은 아직 창업주가 현업에
서 일하는 상황이다. 필자가 방점을 찍는 대상은 중소기업 창업주 가운
데 조실부모나 인생 파탄이 난 젊은 시절을 겪은 인물이다. 77세의 오너
정 회장을 만나 보았다. 조실부모의 케이스이다. 조실부모를 당하면 최
고 경영자 수업료를 일찌감치 선납한 셈이다. 정 회장은 회사 직원들에
게 당부하는 5가지 지침이 있다. 첫째 독서, 둘째 신문칼럼을 읽어라, 셋
째 현장 답사를 해라, 넷째 사자성어를 많이 써라, 다섯째 영화를 한 달

에 1회는 의무적으로 봐라.

정 회장의 학력은 마산상고 졸업이다. 짧은 가방끈을 보충하기 위해서 독서가 살길이라고 보았다. 사무실에 있는 《한비병법韓非兵法》이란 책이 너덜너덜해질 정도였다. 책의 표지나 귀퉁이는 스카치테이프로 땜빵을 했다. 35년을 읽었으니 그럴 수밖에. 곳곳에 줄이 처져 있다. 무림 세계의 실전 무술을 터득하게 해준 비결서였다. '불우한 때의 처세', '측근 등용 원칙', '비서, 측근의 마음가짐' 같은 제목들이 눈에 들어온다.

직원들에게 신문칼럼을 꼭 읽도록 하는 이유는 세상 돌아가는 흐름과 관점, 그리고 논리적 의견 개진에 도움이 된다고 보기 때문이다. 현장 답사를 해 보아야 실체적 진실을 알 수 있다. 사무실에서는 파악 안 되는 부분이 현장에 가면 눈에 들어온다. 아울러 여행 기분도 나기 때문에 기분 전환도 된다. 사자성어는 수신修身에 관한 문구가 많다. 좋은 문구를 반복해서 노트에 쓰다 보면 자연스럽게 인격 연마가 된다.

영화는 왜? 정 회장은 마산중 3학년 때 〈자이안트〉라는 영화를 보기 위해 6교시 수업을 빼먹고 영화관으로 튀었던 사람이다. 수업을 빼먹을 때 2층 교실 창문에서 화단으로 뛰어내려 영화관으로 달려갔다. 그때 화면에서 보았던 엘리자베스 테일러의 미모가 지금까지 눈에 아른거린다고 한다. 정 회장은 직원들이 영화를 보아야 상상력이 생기고, 감성이 확장된다고 생각한다. 회사 내에 영화 관람실을 설치했다는 게 인상적이다.

경장은 '거문고 줄이 느슨해졌을 때 다시 팽팽하게 당겨 제대로 된 소리를 내게 한다'는 뜻으로 기존 체제의 틀 속에서 다시 새롭게 개혁하는 것을 의미한다. 율곡 이이는 《성학집요》에서 경장이 가장 어렵다고 했다. 높은 안목과 탁월한 식견을 갖추어야 하기 때문이다.

차茶 보시

베푼 것은 결코 생각하지 말며,
받은 것은 결코 잊지 마라.
다른 사람의 단점을 함부로 말하지 말고
자기 자랑은 함부로 하지 마라.

선거운동이란 마음을 구하는 일이다. 방식은 크게 2가지이다. 하나는 워딩이다. '귀족 노조' '적폐 청산' 같은 단어들은 공중폭격의 효과가 있다. 비행기가 공중에서 투하하는 폭탄이 바로 선거용 워딩이다. 마음을 흔들어 끌어들인다. 다른 하나는 땅개 작전이다. 땅개처럼 시장 바닥을 훑고 다닌다. 생선 장수 아주머니와 포옹을 하고 불그스름한 국물을 입술에 묻히며 떡볶이를 사 먹는 방식이다.

문화계 원로 중에서도 2가지 스타일이 있다. 고故 이어령 선생은 공중폭격이다. 워딩의 귀재이다. 문화유산국민신탁의 김종규 이사장은 땅개 작전이다. 땅개 작전의 구체적 방법은 축사를 해주는 일이다. 70대 중반의 전성기 때만 하더라도 하루에 7~8군데 축사를 해주곤 하였다. 하루에 7~8군데를 하려면 시간대별 교통 상황, 동선이 엉키지 않도록 면밀히 체크해야 한다. 그래서 붙은 별명이 '축사의 달인'이다.

축사의 비결을 물었다. 처음에 좋은 이야기 하다가 나름 균형을 잡는다고 막판에 약간의 아쉬운 점을 지적하는 발언을 절대로 하지 않는 일, 그리고 해학이 있어야 한다는 점이었다. 땅개 작전의 또 한 가지 초식은 자신의 자동차와 기사를 문인들에게 빌려주는 일이다. 돈이 없는 문사들도 때로는 '가오'를 잡아야 할 때도 있기 마련이다. 가오의 보편적인 방식은 '벤츠'와 '운전기사'이다.

시인 구상(具常, 1919~2004)은 1992년 대통령 후보로 나선 현대 정주영 회장으로부터 만나자는 연락을 받았다. "차를 그쪽으로 보낼까요?" "보낼 필요 없습니다. 나도 차 있어요." 자기도 차가 있다는 대답을 자연스럽게 해놓고 구상 시인은 까마득한 후배 김종규에게 전화를 했다. "종규야! 내 차 보내라." 구상은 김종규에게 차 좀 보내달라는 부탁을 할 때마다 자기 차도 아니면서 '종규야 내 차 보내라'가 정해진 멘트였다.

롯데호텔에서 정주영을 만난 구상은 정주영에게 '대선 나가지 마라', '나는 도와줄 수 없다' '주변 사람도 천거해 줄 사람이 없다'라고 모두 거절하였다. 박정희 대통령에게도 '박첨지'라고 불렸던 시인 구상의 카리스마였다. 80년대 걸레 중광 스님도 저녁 늦게 김종규의 자가용을 빌려 타고 화곡동 암자로 돌아간 적이 있었다. 예상되던 시간보다도 한참이나 늦게 기사가 돌아왔다. 이유인즉슨, 술에 취한 중광이 차 안에서 오줌을 눠버렸다는 것이다. 세차장에서 차 내부를 청소해야만 했다. 며칠후 중광을 만난 김종규는 한마디 했다. "내 차가 벤조구만, 벤츠보다 한단계 위가 변소까지 달린 벤조여!"

'베푼 것은 결코 생각하지 말며, 받은 것은 결코 잊지 마라. 다른 사람의 단점을 함부로 말하지 말고 자기 자랑은 함부로 하지 마라.' 김종규 이사장의 좌우명이다.

꽃이 다 지기 전에

글을 읽을 수 있는 시력과
지적 호기심이 있다면 상팔자 아닌가.

10여 년 전 일본 센다이의 다이묘(大名)
집안 모임에 갔더니 70대는 젊은 층에 속하였다. 80대 중반은 넘어야 어
른 대접을 받았다. 70대는 80·90대 어른들 담배 심부름을 하는 상황이
었다.

전남 곡성군 신전리 산골에서 농사지으며 소설을 쓰는 이재백. 1939
년생이니까 현재(2022) 83세다. 히트작은 없지만 요즘도 계속 농사지으
면서 소설을 쓰는 중이다. "요즘 꽃이 피어서 한창때이네. 꽃이 다 지기
전에 얼굴이나 한번 보세." 노장 소설가를 만나기 위해 지리산 암자에
있다가 내려와서 함양에서부터 남원, 곡성의 녹음이 우거진 산천과 동
네를 통과해야만 하였다.

곡성군 압록으로 차를 타고 갔다. 섬진강이 눈앞에 흐르는 아름다운
강변역인 압록鴨綠. 아름다운 강물과 풍광이 어우러져 있다. 압록에서 다
시 지류인 보성강 물을 따라서 거슬러 올라가면 곡성군 목사동木寺洞면

이 나온다. 풍수도참에 의하면 과거에 18군데의 절이 있었다고 할 정도로 전라도의 산골 동네이다. 목사동에는 황새처럼 생긴 큰 바위가 있는 관암촌鸛岩村이 있다. 이 황새바위 밑으로는 이번에 전남도지사 출마했다가 떨어진 이정현의 고향 집이 있다.

관암촌에서 다시 '벌 명당'의 고개를 넘으면 천태산 자락에 이재백의 집이 있다. 300년 된 동네이다. 앞으로는 형제봉이 병풍처럼 쳐져 있다. 지난 4월 하순에 갔을 때 마당에는 재래종 사과나무꽃이 만발했다. 6~7m 높이의 하얀색 사과나무꽃이 만발한 모습을 쳐다보니까 저절로 마음이 환해진다. "80대가 되면 활자가 눈에 잘 안 들어온다는데 요즘도 책을 보십니까?" "월간지도 보고 계간지도 구입해서 보지. 계간지에 한 회당 원고지 250매씩 집필하고 있네."

그 나이에 250매씩 계간지에 글을 쓴다는 게 놀랍기만 하다. 글을 쓰려면 읽어야 한다. 비록 흐릿하기는 하지만 아직 읽을 수 있고, 읽는다는 것은 아직 지적 호기심이 있다는 증거이다. 노인이지만 읽고 쓰고 지적 호기심을 유지하기 때문에 세상 돌아가는 것을 훤히 알고 있다. 뇌의 근육이 아직 말랑말랑하다.

나이 들어도 신문을 보고 잡지를 읽는 시력과 지적 호기심을 유지한다는 것은 상팔자에 해당한다. 시골에 사니까 틈날 때마다 하루에 1~2시간씩 집 옆의 배 밭을 관리한다. 그래서 붙은 이름이 '농사짓는 소설가'이다. 유명한 작품을 남긴 소설가는 아니지만 후배 소설가들이 전라도에 여행 오면 꼭 들러서 이 모습을 보고 간다. 읽고 쓸 수 있는 80대는 복 받은 인생이다.

예藝 안에서 놀다

3번 찌고 3번 말리는 방식 그리고 시詩,
100년을 이어온 우정과 약속.

'유어예遊於藝'라는 말을 좋아한다. 놀기
는 놀더라도 '예藝' 안에서 놀면 후유증이 적다. 그 예가 종합적으로 녹아
있는 공간이 원림園林이라고 생각한다. 원림은 한자 문화권의 상류층과
식자층이 가장 갖고 싶어했던 공간이다. 나는 원림을 좋아해서 시간만 나
면 중국의 졸정원拙政園을 비롯한 전통 정원들을 보러 다녔다. 특히 양주
의 원림 중에서도 개원价園이 취향에 맞았다. 일본 교토의 정원만 해도 볼
만한 곳이 금각사 정원을 비롯하여 20여 군데가 넘는다. 문제는 이러한
정원(원림)들을 조성하는 데 돈이 많이 든다는 점이다. 가산가수(假山假水,
인공으로 조성한 자연)를 새로 만들어야 하기 때문이다.

조선의 원림은 돈이 적게 들면서도 그 효과는 크게 누릴 수 있는 장
점이 있다. 자연에 있는 진산진수眞山眞水이기 때문이다. 호남의 양대 원
림인 담양 소쇄원과, 강진 백운동 원림이 그렇다. 백운동 원림은 진산 중
의 진산인 월출산 자락 남쪽에 자리 잡고 있다. 원림의 핵심인 석가산石

假山이 필요 없다. 뒷산이 바로 엄청나게 기가 센 월출산 옥판봉이 산수화처럼 도열해 있지 않은가! 옥판봉은 마치 금강산 만물상 같은데, 중국, 일본 정원의 석가산은 감히 여기에 대지도 못한다.

　다산 정약용이 강진에 유배 왔을 때 원주 이씨들 소유의 이 백운동 원림에 출입하게 되었고, 백운동 주인의 어린 아들인 이시헌李時憲이 9세 때부터 다산 문하에서 놀게 되었다. 다산은 강진 유배가 끝나 1818년 두물머리로 돌아가면서 18명의 제자와 다신계茶信契˙를 맺었다. 이시헌은 당시 17세로 나이가 어려 다신계의 공식 멤버는 아니었다. 그렇지만 경기도 두물머리의 다산에게 월출산 옥판봉 밑의 찻잎으로 떡차를 만들어 꾸준히 보낸 제자는 이시헌이었다. 이후로도 백운동 집안은 100년 동안이나 변함없이 다산가에 차를 보내는 신의를 지켰다.

　차의 제조 방식은 다산이 직접 알려준 삼증삼쇄三蒸三曬의 방식이었다. 3번 솥에다 찌고 3번 말리는 방식. 다신계의 약속은 이시헌의 손자뻘인 이한영(李漢永, 1868~1956)에 의해 지속되었다. 또한 이한영은 왜정 때인 1920년대에 우리 차가 일본 상표로 둔갑하는 상황을 좌시할 수 없어서 '白雲玉版茶(백운옥판차)'라는 국산 브랜드를 만들었다. 말하자면 한국 최초의 차 브랜드이다. 그래서 붙은 별명이 다부茶父이다. 이한영이 살았던 집이 원림 옆의 월남사지 3층 석탑 아래에 있었고, 그의 고손녀 이현정이 삼층석탑처럼 꿋꿋하게 차茶 명문가의 전통을 이어가고 있다.

───

다신계는 강진에 18년 동안 머물던 정약용이 유배가 풀려 고향으로 떠나면서 제자 18명과 차로 믿음을 이어가자며 만든 차 모임이다. 다신계 회칙에는 곡우와 입하에 차를 만들고, 봄가을에 두 차례 운을 제시해 시를 짓자는 등 8가지 약조들이 담겼다.

고독사에 대하여

> 신선 급의 죽음이 있다. 언제 죽을지는
> 모르니까, 잘 죽기 위해서는 어떻게
> 살아야 하는지 고민해야 한다.

'고독사孤獨死'하는 사람의 50% 가량이 50~60대 남자라는 통계가 있었다. 핵심은 나이 든 여자보다는 남자가 많이 고독사를 한다는 사실이다. 왜 늙어가는 남자가 많이 할까? 동물 다큐에서 본 수사자의 말로와 비슷한 것 같다. 대부분 수사자는 고독사한다. 암사자를 포함하여 대략 10여 마리 정도의 사자 무리를 거느린다. 평상시 사냥은 주로 암사자들이 하고 수사자는 사냥에 참가하지 않는 경우가 대부분이다. 배 깔고 누워 있다가 암사자들이 힘들게 사냥해 온 먹잇감을 뺏어 먹는 행태를 보인다.

수사자가 밥값을 할 때는? 하이에나 암놈 대장을 잡아 죽일 때이다. 동물의 세계에서 드물게 하이에나는 암놈이 '오야붕'이다. 암사자는 하이에나 암놈 대장을 잘 못 죽이는 것 같다. 수사자가 입에 거품을 물고 갈기를 휘날리며 수백 미터를 쫓아가 하이에나 대장의 목을 물어뜯어 버린다. 키가 큰 기린을 사냥할 때도 수사자가 기린의 뒤꽁무니를 물어

뜯는 역할을 맡는다. 하이에나와 기린 잡을 때 수사자는 암사자에게 밀리터리 파워를 과시하지 않나 싶다.

이렇게 4~5년 살다가 외부에서 들어온 젊은 사자의 도전을 받고 패배하면 혼자 광야를 떠돌게 되는 비참한 상태로 전락한다. 늙은 수사자 혼자서는 사냥도 힘들다. 못 먹어서 앙상한 갈비뼈가 드러난 상태로 혼자 떠돌다가 숨을 헐떡거리며 결국 고독사로 끝을 맺는다. 수사자는 대부분 고독사이다. 하이에나가 이 고독사한 수사자를 발견하고 뜯어 먹는 것이다. 이것이 수컷의 숙명이란 말인가! 그러나 따지고 보면 모든 인간은 고독사한다. 남자 여자 가리지 않고 결국 고독사의 길을 가게 되어 있다. 삼국시대 승려 부설 거사가 인생의 철리哲理를 갈파한 〈사허부구게四虛浮漚偈〉. 그 한 가지가 혼자 죽는 고독사에 대해서이다.

'처자 권속이 대나무숲처럼 무성하고(妻子眷屬森如竹) 금은보화가 산더미처럼 쌓였어도(金銀玉帛積似邱) 죽음에 이르러서는 외로운 혼이 되어 떠나간다(臨終獨自孤魂逝). 생각할수록 허망한 물거품이구나(思量也是虛浮漚).'

수백조 원의 돈을 가지고 있고 수십만 명의 종업원을 부리는 재벌 오너라도 죽을 때는 '고혼서孤魂逝', 외로운 혼이 되어 떠나는 것이 우주의 철리이다. 서민이나 재벌이나 죽을 때는 똑같다. 돈 없어도 고독사이고 돈 있어도 고독사이다. 단지 고통 없이, 후회 없이 죽는 것이 고종명考終命이다. 근래에 고종명한 사례는 장관을 지냈고 테니스를 좋아했던 민관식(1918~2006)이다. 오전에 한 게임 하고 집에 돌아와 샤워한 다음 와인 한잔하고 잠들었다가 그대로 영면하였다. 88세였다. 거의 신선 급의 죽음으로 기억한다. 언제 죽을지는 모르니까, 잘 죽기 위해서는 어떻게 살아야 하는지 고민해야 한다.

마약과 삼매의 차이

> 삼매는 눈에 보이는 이 세계를 잠시 잊고
> 다른 세계로, 망아의 세계로 인도한다.
> 삼매에 들어가야 지혜가 생긴다.

도를 닦는 데 있어서 관건이 삼매三昧이
다. 삼매는 자기를 잊어버리는 망아忘我의 상태이다. 또는 엑스터시
ecstasy 상태라고도 일컫는다. 도를 닦는 수행자는 이 삼매 상태에 들어갈
수 있어야지 현실 세계에 대한 집착을 털어낼 수 있다. 다른 세계로 들어
가기 때문이다. 방송 채널을 돌리는 것과 같다. 예를 들면 KBS 뉴스를 보
다가 채널을 돌려서 TV조선의 〈미스터트롯〉을 보면 전혀 다른 세계가
나온다. 삼매에 들어가지 못하는 사람은 오로지 KBS에만 채널을 고정시
켜 보는 것이라고 한다면 삼매의 상태에 진입할 수 있는 명상가는 채널을
바꿔서 MBC도 보고 BBC도 볼 수 있는 이치와 같다. 자유가 있다. 눈앞
에 보이는 현실 세계만을 절대시하고, 절대 집착을 하게 되면 고통이 따
를 수밖에 없다. 그러나 채널을 수시로 돌려서 다른 세계도 보면 현실 세
계를 상대화시켜 볼 수 있는 여유가 생기는 것이다.

삼매는 눈에 보이는 이 세계를 잠시 잊고 다른 세계로, 망아의 세계

로 인도한다. 수행자는 삼매에 들어갈 수 있어야 지혜가 생긴다. 하지만 삼매에 들어가기 위해서는 엄격한 계율을 지켜야 하고, 고도의 자기 절제와 정신 집중을 하는 수련을 해야만 한다. 그래서 몸 안에 정기精氣가 충만해지면 임맥任脈과 독맥督脈이 열려 순환하면서 삼매에 들어간다. 기경팔맥奇經八脈까지 열리면 대삼매에 들어가는데, 이때 느끼는 쾌감이 엄청나다고 한다.

삼매를 수시로 경험하는 요가의 고단자 석명石明 선생과 심층 인터뷰를 해 본 적이 있는데, 그의 설명에 의하면 성적인 오르가슴에서 느끼는 쾌감보다 약 70배쯤 강한 환희와 쾌감이 자기 내면에서 느껴진다고 한다. 성적인 엑스터시보다 70배나 강한 쾌감을 인스터시instasy라고 규정하였다. 가부좌 자세로 앉아 홀로 입정入定에 들어간 수행자는 70배나 강한 인스터시를 수시로 느끼는 복을 누린다. 그러니 굳이 섹스할 필요도 없고, 마약을 할 필요도 없다. 마약은 약물 투여를 통한 엑스터시이다. 약물이 없으면 못 느낀다는 데에 문제가 있다. 삼매와 마약 모두 엑스터시를 느끼게 해주는 공통점이 있다고 하겠다.

그 엑스터시를 바꾸어 말하면 마치 대양大洋과 내가 한 몸이 된 느낌이라고 한다. 그러나 차이가 있다. 삼매는 바다 한가운데서 유유히 헤엄치는 것이라면 마약은 '헬프 미'를 외쳐야 한다. 비극이다. 있는 집 자식들 일부가 미국 유학 가서 마약 중독자가 되어 돌아오는 비극이 발생하고 있다.

돈의 맛

아무리 안전하게 가둬 놓는다 해도
결국 사회가 해체한다.

십몇 년 전쯤이었던가. 명동의 사채업자
를 알게 되어 몇 번 식사할 기회가 있었다. 이야기를 나누다 보니 사채업
도 전문직이라는 사실을 깨달았다. 학력과 자격증은 필요 없었지만 나
름대로 전문성이 요구되고 있었다. 그 전문성은 돈을 회수하는 능력이
었다. 빌려준 돈이 회수가 안 되면 망한다. 그러다 보니까 사람을 판단하
는 지인지감이 발달해 있었다. '이 사람이 돈 떼어먹고 도망갈 것인가?'
또 하나의 특징은 말을 짧게 하고 사람의 심리를 꿰뚫어 보는 점이었다.
밥 먹다가 강호동양학의 장문인(?)을 제압하는 코멘트를 하나 날리는 게
아닌가!

"조 선생, 돈맛을 압니까? 맛도 모르면서 왜 그렇게 아는 체를 합니
까?"

"무슨 맛입니까?"

"죽어도 못 끊는 맛이죠."

"그런 맛을 '빈(空)' 맛이라고 합니다. 앞으로 당신 호는 '공전空錢'이라고 하시오. 근데 당신 뒤에 감방이 어른거립니다."

이 친구가 10년 세월을 뛰어넘어 오랜만에 연락해 왔다. 강남에서 수천억대를 굴리는 선배 사채업자가 갑자기 죽었다는 것이다. 그 선배는 얼굴에 난 검버섯과 뽀루지를 제거하는 치료를 한다고 간단한 마취를 했는데 그만 못 깨어나고 식물인간으로 있다가 죽었다는 이야기였다. 죽고 나서 캐비닛에 있었던 돈 빌려준 장부를 들여다보니까 전부 암호로 되어 있었다는 점이 문제였다. 본인만 아는 암호였다. 항상 검찰 수사에 대비했던 것이다. 본인이 죽고 나니까 그 가족이 돈을 회수할 방법이 없었다. 주변에서 거액을 빌려갔던 수십 명이 만세를 불렀다는 후문이다. 업자의 황망한 죽음은 공전에게도 충격을 주었다. "돈 써 보지도 못하고 '쩐의 전쟁'만 하다가 죽어 버리니까 아무 소용없네!"

내공이 깊다고 알려진 어느 신흥 종교 교주를 만났을 때 돈에 대해 물었다. 나는 고단자를 만나면 복잡한 형이상학적인 질문 안 하고 단순하게 '쩐錢'과 '색色'에 대해 질문한다. 교주는 세 마디로 답변했다.

"돈은 필요 없는 것이네",

"돈은 강물처럼 흘러가지. 한 군데에 가둬 놓을 수가 없어. 자기가 아무리 안전하게 가둬 놓는다고 해도 결국 사회가 해체하는 수가 있어."

"그렇지만 돈이 필요할 때는 또 필요하지."

돈이 필요 없다는 말은 무슨 뜻인가. 밤낮으로 간절하게 기도하고 염원하면 그 일이 언젠가는 이루어진다는 말이다. 화엄경 식으로 말하면 '일체유심조一切唯心造'라는 이야기이다. 강물처럼 흘러간다는 말은 돈이 결국은 흩어지게 되어 있다는 의미이다. 그러니까 쓸 때는 과감하게 써라.

냉면과 목구멍

자기 말에 자기가 도취되면,
결국 구업□業을 짓게 된다.
이를 '입방정'이라고도 한다.

북한을 대표하는 음식은 개고기와 평양 냉면이다. 이북에서는 개고기를 '단고기'라고 부를 정도로 특화시켰다. 조선 시대 냉면은 귀한 음식에 속하였다. 왜냐하면 일반 가정집에서 면발을 뽑기가 어려웠기 때문이다. 가늘게 면발을 뽑으려면 특별한 기계가 필요하였다. 조선 시대 풍속화에 보면 이 면발 뽑는 기계의 모습이 그려져 있다.

장만하기 어려웠던 면발 기계는 기생집에서 비치하였다. 기생집에서 저녁을 먹고 난 뒤에 술 한잔하다가 배가 출출해지는 시간인 밤 10시 무렵에 야참으로 먹던 음식이 냉면이라는 것이다. 특별히 부잣집이 아니면 일반 가정에서는 냉면 먹기가 어려웠고, 비싼 돈 내고 술 먹는 기생집에서나 맛볼 수 있었던 음식이 냉면이다. 평양과 남한의 진주가 냉면으로 유명한데, 이 두 지역이 기생으로 유명했던 지역이라는 공통점이 있다.

목구멍은 요가에서 말하는 7개 차크라 가운데 5번째 차크라인 비슈다 차크라에 해당한다. 이 5번이 발달하면 말을 잘한다. TV 시사토론 프로그램에 나오는 단골 패널들은 대개 이 5번이 발달한 사람들이다. 이게 좀 심하게 발달하면 독설가로 진화한다. 상대를 공격하는 데서 쾌감을 느낀다. 상대에 대한 배려가 없다. 자기 말에 자기가 도취되기 때문이다. 결국 구업口業을 짓게 된다. 이를 '입방정'이라고도 한다.

《천수경千手經》을 보면 구업을 씻어내는 주문이 따로 배치되어 있다. '정구업진언淨口業眞言'●이라고 한다. '수리수리 마하수리 수수리 사바하'가 양치질 주문이다. "냉면이 목구멍으로 넘어갑네까?"라는 리선권 북한 조평통 위원장의 발언은 커다란 구업이다.(2018년 평양정상회담 만찬장 발언) 그 입방정으로 판이 깨질 수가 있다. 한반도의 명운과 세계사적인 전환이 맞물려 돌아가는 이 살얼음판 같은 시점에 구업 짓기 좋아하는 리선권의 발언이 참으로 한탄스럽다. 리선권 본인은 자신의 발언이 배짱 있고 주체성 있는 발언으로 생각하겠지만, 이쪽에서 보기에는 열등감의 반영으로 보인다. 열등감 심한 사람들이 오버하는 발언을 많이 하는 법이다. 수리수리 마하수리!

● 《천수경》은 한국의 불교인들이 가장 많이 읽는 경전이다. 첫머리에 등장하는 '정구업진언'은 글자 그대로 '입을 깨끗이 하는 주문'이라는 뜻이며, 한마디로 '말조심하라'는 것이다. 함부로 말하지 말며 잘못된 말은 참회하고, 나아가 비방을 삼가고 칭찬과 격려, 축원을 많이 하라는 것이다. 말과 행동에는 반드시 결과가 따른다. '수리수리 마하수리 수수리 사바하(좋다, 좋다, 아주 좋다, 모두 다 좋아지기를)' 산스크리트어 주문인 만큼 뜻보다는 외우면서 그 뜻을 몸으로 익히는 데 목적이 있다. '말을 조심하라'는 주문을 경전의 맨 처음에 배치한 이유를 알아야 한다.

성격을 바꿔야
팔자가 바뀐다

마음 한번 바꾸기가 죽기보다 어렵다.
그러나 육체를 먼저 바꾸면
마음의 변화가 자연스럽게 따라온다.

성격과 사고방식을 바꿔야 팔자가 바뀐다. 특히 자기를 되돌아보지 못하는 성격이 형성되면 고치기 힘들다. 자기를 되돌아본다는 것은 역지사지易地思之이기도 하다. 상대방 처지에서 생각해 보는 훈련이 필요하다. 그렇다면 어떻게 해야 역지사지가 된단 말인가?

하타 요가hatha yoga에서는 몸의 동작을 변화시킴으로써 사고방식이나 기질적 문제도 어느 정도 변화시킬 수 있다고 본다. 하타 요가에서는 몸의 동작을 중시한다. 육체를 변화시켜야 마음이 변화한다고 보는 노선인 것이다. 마음이 변화하면 육체의 변화도 동반되지만, 현실적으로는 마음 변화가 매우 어렵다. 마음 한번 바꾸기가 죽기보다 어렵다는 말이 있다. 마음을 바꾸기가 어려우니까 육체를 먼저 바꿔서 그다음에 마음의 변화가 자연스럽게 따라오도록 하는 노선이 하타 요가의 방법인 것이다.

'내로남불'을 치료하는 요가 자세로는 두 가지가 있다. 먼저 '활 자세'

이다. 앞으로만 쏠린 카르마(업장)를 해소하면서 뒤쪽을 보강해 주는 자세이다. 바닥에 엎드려서 두 다리를 들어올려 두 손으로 발목을 잡고 몸을 활처럼 휘는 동작이다. 책을 자주 보고, 컴퓨터 화면을 많이 보면 결국 앞만 보는 셈이다. 요가에서는 전뇌前腦를 이야기한다. 전뇌만 발달하고 후뇌後腦가 각성되지 못하면 뒤를 보지 못한다. 뒤라고 하는 것은 상대방의 처지이고, 주변에 대한 배려이다. 의식이 앞으로만 쏠려 있으면 상대방 처지를 보지 못하는 함정에 빠진다. 잘못하면 이중인격, 철면피가 되는 수도 있다. 활 자세는 이걸 치료해 주는 자세이다.

필자도 책을 자주 본 카르마가 전생부터 축적되어 있기 때문에 후뇌가 약하고, 따라서 이 활 자세를 자주 해야 한다는 처방을 받았다. 당대 하타 요가의 세계적 고단자인 석명 선생에게서 받은 처방이다. 사람은 살면서 자기를 입체적으로 점검해 줄 명사明師를 알고 있어야 하는 것이다.

둘째 자세는 쟁기 자세이다. 하늘을 보고 누워서 두 다리를 들어 올려 두 다리 끝이 머리 위의 바닥에 닿도록 구부리는 자세이다. 열 받아서 뚜껑 열리려고 할 때 이 자세를 하면 효과가 있다. 상기된 게 내려간다. 뇌경색과 심장마비를 예방해 주는 자세이기도 하다. 쟁기 자세는 '내가 세상을 바꾼다'고 하는 의식 속에 숨어 있는 아상我相과 명예욕을 조절하는 데에도 아주 효과적이라고 석명 선생은 말한다. 후뇌를 각성시키는 자세이다.

결론부터 말한다

IT 시대, 어떻게 압축할 것인가는
지성과 판단력이 좌우한다.

IT가 발전하면서 글과 말을 다른 사람에게 전달하는 일이 많아졌다. 그동안 책, 신문, 편지로 글을 써서 다른 사람에게 전달하였지만 이제는 카톡, 페이스북 등으로 글을 쓴다. 종이가 아니라 휴대폰 화면으로 전달한다. 말도 마찬가지이다. 유튜브가 라디오, TV를 대신하고 있다. 1인 방송이 가능한 시대이다.

이때를 닥쳐서 필요한 능력이 글을 짧게 쓰는 능력이다. 길면 읽지 않는다. 5~6줄 이내로 압축해야 한다. 단문短文이 맞는다. 단문의 특징은 관계대명사, 접속사, 수식어가 적은 문장이다. '무엇은 무엇이다'로 끝나야 한다. 자꾸 토를 다는 문장은 지루하다고 여겨진다. 부연 설명이나 각주脚註를 다는 식의 문장은 피해야 한다. 1형식이나 2형식 문장이 적합하다.

관계대명사나 접속사가 적게 들어가는 문장을 쓰려면 생각이 정리되어야 한다. 정리가 되어야 압축이 된다. 참기름 짜듯이 압축하는 게 능력이다. 압축하려면 전기세가 들어간다. 어떤 부분을 생략할 것인가는 지성과 판단력이 좌우한다. 지성과 판단력이 전기세다. 문장을 짧게 쓰기 위해서 때로는 독재자적인 독단獨斷도 필요하다. 정의定義와 개념 규정을 하려면 자잘한 것은 과감하게 털어내버리는 자질이 있어야 한다. 사람과 사물, 어떤 현상을 벽돌로 찍어내듯이 정의한다는 것은 부분적인 왜곡도 동반되는 작업이다. 필자는 이걸 감수해야 한다.

그러나 인간 내면의 감성적 느낌이나 흐름을 다루는 글은 좀 길어야한다. 짧은 문장으로 인간의 서정적인 흐름을 다루기는 어렵다. 말을 할 때도 두괄식頭括式이 필요하다. 핵심을 제일 먼저 이야기하는 방식이 두괄식이다. 서론을 길게 이야기하는 사람은 상대를 무시하는 이야기 방식이다. 서론을 길게 이야기하지 않으면 상대가 잘 못 알아듣는다는 고정관념을 가지고 있으면 서론이 길어진다.

서론이 길면 갑의 화법이 된다. 상대를 을로 보기 때문에 말이 긴 것이다. 말이 지루해도 들어야 하는 입장이면 그 사람은 을이다. 그러나 유튜브의 시청자는 을이 아니라 갑이다. 지루하면 바로 채널 돌려버린다. 시청자는 인정사정없는 갑이다. 처음부터 간지럽게 잽을 던지면 안 된다. 만나자마자 라이트 훅을 날려야 한다.

처음부터 바로 본론으로 들어가는 유튜브가 시청자를 끌어당긴다. 서론, 본론도 필요 없이 곧바로 결론부터 말하면 더 세련된 방식이다. 시청자는 많은 정보를 이미 가지고 있다고 전제해야 한다. IT 시대는 짧은 글과 두괄식의 화법으로 가고 있다.

프리고진은
책사가 없었나

> 큰 결정 앞에서는 허둥대고 악수를
> 두기 쉽다. 그때 어떻게 할 것인가.
> 인연복이 있으면 죽음도 피해 간다.

사마천의 《사기》에서 가장 볼 만한 대목은 '열전列傳'이다. 단편소설 같기도 하면서 문文, 사史, 철哲이 다 들어 있다. 열전 가운데서도 특히 〈유협열전遊俠列傳〉이 하이라이트이다. 깡패, 건달, 협객의 이야기들이다. 기존의 자료를 보고 쓴 글이 아니고 사마천이 강호에서 직접 이야기를 들었거나 취재해서 쓴 내용들이라는 점에서 글이 살아 있다.

얼마전(2023) 비행기가 떨어져서 죽은 러시아의 용병대장 프리고진. 그의 인생사를 살펴보니 '유협열전'의 한 꼭지를 차지할 만하다. 10대 후반부터 교도소를 들락거리다가 나와 길거리에서 핫도그 장사. 그러다가 식당을 했고, 고향이 같았던 푸틴이 이 식당에 드나들면서 인연이 깊어졌고, 결국 푸틴이 권력을 쥐면서 요리사로서 크렘린궁까지 같이 갔다. 러시아 군대의 급식을 담당하는 이권을 챙기면서 떼돈을 벌다가 국제 조폭, 즉 그림자 군대의 수장까지 맡게 된 과정이 너무 드라마틱하다. 이 팔자는 뭔 팔자란 말인가?

프리고진이 죽게 된 원인은 반란이었다. 반란을 일으켰으면 모스크바까지 진군해서 결판을 봤어야지 왜 중간에 멈췄을까. 아니면 시작하지를 말든가! 중간에 가다가 멈춘 부분이 곱씹어볼 만한 대목이다. 프리고진 주변에는 브레인, 책사策士가 없었던 것이 아닐까. 주변에 주먹만 센 건달들만 있었던 것일까? 반란 같은 목숨을 걸어야 하는 대사를 치를 때 옆에 책사나 브레인이 없으면 허둥댈 수 있다. 악수를 두기 쉽다. 결정적인 상황에서 충동적인 결정을 내리고 마는 것이다.

10·26 저녁에 궁정동에서 총을 쏘고 난 후에 '육군본부로 갈까요? 정보부로 갈까요?'라고 운전기사가 물었을 때 김재규는 육군본부로 갔다. 지나고 보니까 이는 즉흥적인 결정이었다. 정보부로 갔어야 했다. 김재규도 책사가 없었던 것이다.

명나라를 건국한 주원장도 밑바닥 건달 출신이었다. 10대 중반에 질병으로 부모형제를 모두 잃고 부잣집 머슴으로 살았다. 주인집 소의 풀을 뜯기는 게 일이었다. 어느 날 일을 하다가 옆에 친구들이 '소고기가 먹고 싶다'라고 하니까 주인집 소를 친구들과 함께 잡아먹는 배포와 도량이 있었다. 같이 소를 잡아먹었던 친구들이 그 뒤로 주원장을 따라다녔다. 이후로 주원장은 탁발로 밥을 빌어먹던 떠돌이 중이 되었다. 무식했다. 그러나 이선장李善長 같은 책사를 만나 여러 군벌을 제치고 건국까지 성공했다. 브레인도 전생의 인연복이 있어야 엮어진다. 인연복因緣福이 있으면 죽음도 피해 간다.

분리주시, 자기 객관화

'나의 삶 자체가 훌륭한 소설감이구나.'
자기 객관화 작업이 이루어질 때
치유가 시작된다.

역사라고 하는 게 승자의 기록이라면 문학은 패자의 기록이라는 말이 있다. 총칼이 부딪치는 전쟁터에서는 승자도 있고 패자도 있겠지만, 인생이라는 대하드라마에서는 90%가 스스로를 패자로 생각하지 않을까. 임종의 순간에 '나 참 잘 살고 간다'라고 생각하면서 죽는 사람이 얼마나 되겠는가. 문학은 패자의 서러움과 외로움을 달래주고 치유하는 기능이 있는 것이다. 고통을 달래면서 치유하는 기능은 자기 자신을 객관화해서 바라볼 수 있을 때 효과가 나타난다. '분리주시分離注視'이다. 또 하나의 자기가 마치 인공위성에서 내려다보는 것처럼, 자기 자신을 분리시켜서 바라보게 해주는 효과가 문학, 특히 소설에 있다고 생각한다.

근자에 출판된 하응백의 소설《남중》(휴먼앤북스)이 그런 분리주시의 명상적 효과를 발생시키는 소설이었다. '첩의 자식'(이 표현이 결례인 것 같아 저자에게 미리 '써도 되겠느냐'는 양해를 구했다)으로 태어난 자기 출생의 기구함을 남의 일처럼 담담하게 기록한 소설이었다. 20대 초반에 6·25전쟁으로 청상과부가 된 작가의 어머니는 미싱 하나 놓고 바느질로 생계를 이어가고 있었다. 한복을 지어 대구 서문시장의 한복 가게에 납품을 다니던 이 과부를 시장에서 싸전과 완구점을 하던 돈 많은 60세 영감이 주목하고 있었다. 과부 엄마가 30세, 돈 많았던 영감, 즉 작가의 아버지가 60세였을 때 하응백이 태어났다. 1961년이었다. 아버지는 물론 이미 본처와 자식들이 있었다.

전쟁 이후의 혼란한 사회상. 여기서 태어난 어린아이가 유년기와 사춘기를 겪으면서 얼마나 자의식의 혼란을 겪었을 것인가는 짐작이 간다. 작가는 10대 중반부터 여러 가지 소설을 읽으면서 이 혼란의 상처를 극복했다고 한다. 자존감을 가지게 된 것이다. 소설의 힘이었다. 소설을 읽으면서 '나의 출생과 삶 자체가 훌륭한 소설감이구나' 하는 생각을 하였다는 것이다. 분리주시의 객관화 작업이 이루어진 셈이다.

문학이야말로 얼마나 위대한 것인가. 그는 아버지 하 영감의 일생을 소설 말미에 이렇게 요약하였다.

'남북을 주유하며 여러 처첩을 두셨고, 알려진 자식이 4녀 2남에다 재물 또한 풍족했고, 그 재물을 베풂에 인색하지 않았으며 마지막에는 천주의 품으로 가셨으니 장삼이사의 삶으로는 어찌 유복하다 아니하겠는가. 평생 호호탕탕 유유자적 사신 탓으로 걸리적거리는 직함 하나 애써 구하지 않아 영감으로 호칭된들 그 어찌 부끄러움이겠는가.'

30대 출세

전반전이 좋으면 후반전은 좋지 않다.
어린 나이에 성공하면 어떻게 유지할
것인가를 고민해야 한다.

사회 시스템이 정비되고 선진국이 되어
갈수록 젊은 세대는 출세하기 어렵다. 전쟁이 나거나 난세가 되었을 때
2030세대가 득세할 수 있는 공간이 생긴다. 선진국에서 젊은 2030이 출
세할 수 있는 길은 3종류뿐이다. 연예인, 운동선수, 그리고 정치인이 되
는 길이다.

연예인, 운동선수, 정치인의 공통점은 대중의 주목을 받을 수 있다는
점이다. 주목받는 인생이 가장 화려한 삶이다. 사회적 인정 욕구를 과도
하게 충족시킬 수 있기 때문이다. 식색食色과 같은 생물학적 욕구보다 사
회로부터 인정받는 사회적 욕구가 더 짜릿한 욕구이다. 식색도 오버하면
탈이 나듯이 사회적 욕구도 과도하게 충족시키다 보면 탈이 난다. 특히
정치가 그렇다. 스포츠와 연예인에 비해 조심해야 할 변수가 너무 많다.

정치인은 '판옵티콘'이라는 원형 감옥에서 감시당하는 죄수와 같은
처지이다. 사생활과 공적 생활을 샅샅이 감시당하는 것을 감수해야 하는

직업이다. 이걸 감수하는 게 쉽다고 생각하는가? 숨길 수 있다고 생각하는가? 나 같은 사람은 그래서 정치에 가까이 가지 않는다. 출세를 위해 이걸 감수하겠다는 각오를 하고 들어가야 하는 직업이 정치인이다. 3D 차원의 감시. 이걸 30대가 감당한다는 것은 거의 운이 좌우한다. 어떤 변수, 어떤 감시가 기다리고 있다는 것을 30대가 과연 파악할 수 있을까?

30대 김남국 의원을 보니 철없는 애가 뱀의 소굴에 들어왔다는 생각이 든다. 아무 준비도 안 되어 있고, 주변에 멘토도 없는 듯하다. 운이 없는 팔자는 멘토도 없다. 사부가 있어야 한다는 필요성도 못 느낀다. 제가 잘나서 사는 줄 안다. 사부를 만나는 것도 큰 복이다.

가장 큰 시련은 젊어서부터 '조실부모 인생파탄'이다. 공자, 예수, 마호메트, 최수운이 그랬다. 아주 큰 인물은 일찍부터 인생 파탄 나서 스펙이 좋지 않았다. 중간치기 인물은 가방끈이 긴 법이다. 명리학을 연구해 보니까 전반전이 좋으면 후반전은 좋지 않다. '소년등과少年登科 하면 부득호사不得好死'* 한다. 어린 나이에 성공하면 그 운이 말년까지 가지 않는다는 것이다.

정조 때 정권 실세로 끗발 날리다가 33세에 죽은 홍국영이 대표적이다. 반대로 선곤후태(先困後泰, 전반부에 곤란했다 후반부에 좋아진다)도 있다. 김남국의 코인게이트는 인생의 교훈을 준다. 젊은 날의 성공은 절제와 겸손에 달려 있다.

중국 송나라 유학자 정이程頤는 인생에 '세 가지 불행'이 있다고 말했다. 소년등과일불행(少年登科一不幸, 어린 나이의 성공), 석부형제지세(席父兄弟之勢, 잘난 부모와 형제를 둠), 유고재능문장(有高才能文章, 타고난 재주가 많음). 모두 오만과 교만, 독선에 빠지기 쉽기 때문이다.

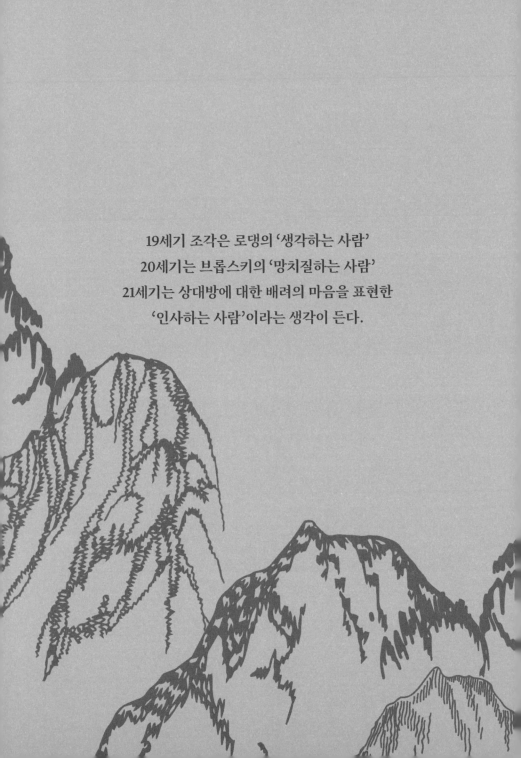

19세기 조각은 로댕의 '생각하는 사람'
20세기는 브롭스키의 '망치질하는 사람'
21세기는 상대방에 대한 배려의 마음을 표현한
'인사하는 사람'이라는 생각이 든다.

2

사람에게 기대다

다른 인생이 나에게 복을 불러온다

오타니의 만다라트

인생에서 눈에 보이지 않는
'운'을 인정하고, 운을 좋게 만드는
노력이 중요하다.

만다라mandala와 아트art의 합성어가 '만
다라트'라고 한다. 목표를 달성하기 위한 전방위적인 계획표를 가리킨
다. 우리가 살고 있는 세계를 한눈에 파악할 수 있도록 만든 도상圖像이 티
베트의 만다라이다. 만다라를 심플하게 압축하면 주역의 구궁도九宮圖로
전환된다. 정사각형 안에 9개의 네모 칸이 있는 게 구궁도이다. 중앙 한복
판의 칸은 비워 놓고 나머지 8개 네모 칸에 팔괘를 배치해 놓았다. 만다라
트는 이 구궁도의 배치를 활용하여 자신의 목표 달성 계획과 방법을 각자
의 네모 칸에 집어넣는 방식이다.

10년 연봉 7억 달러의 미 프로야구 선수 오타니 쇼헤이. 그가 고교
시절에 작성했다는 만다라트가 사람들 입에 회자되고 있다. 구궁으로는
밑의 줄 가운데 칸에 운運을 표시해 놓은 부분이다. 최고의 선수가 되
기 위해서는 운이 있어야 한다는 것을 인정하고, 운을 좋게 하기 위하
여 8가지 실천을 해야 한다고 적어 놓았다. 인생에서 눈에는 보이지 않

는 '운'이라고 하는 부분을 인정하고 받아들이려면 적어도 40세는 되어야 하는데 겨우 16~17세의 고교생이 어떻게 이를 중요하게 생각할 수 있었단 말인가!

오타니는 운을 받으려면 먼저 '쓰레기 줍기'를 실천해야 한다고 여겼다. 쓰레기를 줍는다는 것은 '다른 사람이 흘린 행운을 줍는다'고 생각하였다는 점이 놀랍다. 쓰레기를 잘 줍는 매너는 일본 문화에 박혀 있는 것 같다. 축구 경기 끝났을 때 일본 관중들이 관중석 쓰레기를 주워서 가는 장면을 자주 본다. '인사하기'도 있다. 주변 사람들에게 자기가 먼저 상냥하게 인사하는 것이 운을 좋게 한다고 여겼다. '심판을 대하는 태도'라는 항목도 적어 놓았다. 자기에게 불리한 판정을 내리는 상황에서 심판에게 심한 불만을 표출하는 언행을 하지 말자는 다짐일 것이다. 자기가 던진 공이 분명히 스트라이크인데 심판이 자꾸 볼이라고 하면 열 받는다. 이때 불만을 적당히만 표출하고 심하게는 표출하지 말자는 다짐으로 읽힌다. '물건을 소중히 쓰자'도 있다. 글러브나 야구 배트를 함부로 던지지 말자일 것이다. '응원받는 사람'도 있다. 나는 대중과 팬들로부터 응원받고 사랑받는 사람이라는 것을 잊지 말자는 다짐이다. 겸손이다. 자기가 사랑받는 사람이라는 자각은 사람을 여유롭고 관대하게 만들어준다. 관대할 때 사람의 인품이 형성된다. '책 읽기'도 포함되어 있다.

필자도 예전에 '팔자 바꾸는 방법 6가지'에서 독서를 꼽은 적이 있다. 오타니의 만다라트에서 배울 게 많다.

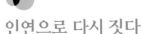

인연으로 다시 짓다

우리는 모두 인연의 일시적인
화합으로 존재하는 현상이다.
인연을 소중히 하라.

3년 전(2020) 장성군 축령산 자락에 있는
필자의 공부방이었던 '휴휴산방休休山房'에 불이 났다. 불은 '유有'를 순식
간에 '무無'로 만드는 마력을 지녔다. 불이 나서 휴휴산방 현판도 불에 타
버렸다. 묘한 점은 불이 나기 한 달 전쯤에 산방에 불이 나는 꿈을 꾸었다
는 점이다. 가재도구를 꺼내 바로 옆의 똑같은 쌍둥이 집으로 옮기는 장
면의 꿈이었다.

불나는 꿈은 보통 길몽으로 보지만 가재도구를 꺼내는 장면이 왠지
좀 꺼림칙한 느낌으로 다가왔다. 아니나 다를까! 검게 타버린 건물을 보
면서 기분이 안 좋았다. 영암의 월출산 자락 주지봉朱芝峰이 바라다보이
는 구림마을로 이사를 갈까? 주지봉은 왕인박사와 도선 국사를 배출한
호남 최고의 문필봉으로 생각했기 때문이다. 여의치 않아서 다시 원래의
불난 집을 수리하게 되었다. 현판도 '靑雲書堂(청운서당)'으로 바꾸기로
했다. '휴휴休休, 쉴 만큼 쉬었으니까 이제 서당에서 공부하자!'

청운서당 글씨는 도산서원 김병일 원장께서 한학의 대가인 실재 허권수 선생에게 귀띔하였다. 결국 실재 선생이 직접 써서 현판까지 만들어주었다. 구한말 노사 기정진, 면우 곽종석, 중재 김황, 연민 이가원을 잇는 한학의 장문인掌門人이다. 장서만 7만 권을 보유하고 있다. 군대 일등병 시절에 2만 4000자 한자로 된 〈율곡행장〉을 머릿속에 줄줄 외우고 있다가 상관인 중대장에게 한문을 가르쳤던 일화는 유명하다.

청운서당 현판 글씨를 본 문화계의 원로이자 '축사의 달인'인 김종규 선생이 방 안에다 걸어 놓을 편액이 있어야 한다고 제안하였다. 김종규는 정종섭 선생에게 부탁하였다. 필자가 좋아하는 문구인 '진공묘유眞空妙有'●를 써달라고 부탁한 것이다. 공부는 진공묘유에 있다.

정종섭은 장관, 국회의원도 했지만 그보다는 경주에서 명필로 유명한 정사부鄭師傅 집안의 후손이라는 점이 더 중요하다. 명필이다. 불교 사찰의 굵직한 대웅전 현판 글씨 써 달라는 요청을 많이 받는다.

서각書刻은 누가 하나? 김종규 선생이 논산에 사는 서각장 김재유를 소개하였다. 20년 넘게 서각을 해온 장인이다. 나무판자에 글씨를 새길 때마다 어떤 희열이 느껴진다는 사람이다. 50년 된 은행나무 판자에다 글씨를 새기고 나무 바탕에는 단청할 때 쓰는 밤색 안료를 칠했다고 한다. 밤색 안료가 무게감을 준다. 글씨는 흰색 아크릴을 썼다.

사람 사는 게 씨줄 날줄의 인연이다.

불변하는 실체 없이 여러 인연의 일시적인 화합으로 존재하는 현상. 즉 '비어(空)' 있으므로 '생성(有)'과 변화가 가능해진다. 불교의 공부란, 이 공空의 상태로 들어가는 것. 쉽게 말하면 마음을 비우는 무소유, 주관이 아닌 객관으로 바라보는 데 있다.

지리산 할매들의 치유

'내 상처는 할매들 상처에 비하면
새 발의 피구나!' 할매들의 인생 이야기를
듣는 것이 치유였다.

'등산 종교'는 중년 남자 신도가 많다. 고
갯마루에 앉아 김밥 한 줄과 막걸리 한 잔을 들이켠다. 구름 아래 깔린 저
아래의 산골 마을을 내려다볼 때마다 '나는 제대로 한 일도 없이 나이만
먹어버렸구나!' '가슴을 짓누르는 근심과 걱정을 아무리 해도 벗어버릴
수가 없구나!'라고 한탄한다.

등산 종교의 성지인 지리산에도 외지리外智異가 있고, 내지리內智異가
있다. 구례·화개·악양이 외지리라고 한다면, 남원시 산내와 함양군 마
천, 휴천은 내지리에 속한다. 약초꾼에게 마천에 장군이 하나 들어와 살
고 있다는 소문을 들었다. 'Y장군'이라고 했다. 군대 장군 출신이 귀촌
해서 산골 원주민들과 잘 어울리기도 어렵다. 그러나 공군 별 한 개 출
신 Y장군은 지리산 마천 일대 산골 사람들에게서 좋은 평판을 들었다.

"장군이 무슨 사연으로 산에 들어와 사나?"

"월남전에 갔다 온 전쟁의 상처가 컸다. 상처를 보듬고 산에 들어와

서 살았다."

그는 코브라 헬기를 모는 조종사로 월남전에 참여했다. 헬기에 장착
된 20mm 기관포는 실탄을 1분에 700발 발사한다. 그는 이 기관포를 적
군을 향하여 난사하는 전투를 치렀다. 피가 튀고 살이 튀고 사지가 해체
되는 처절한 전투의 연속이었다.

"아무리 전쟁이라고 하지만 사람 죽이는 게 처참하지 않으냐?"

"전투 중에는 그런 생각이 들지 않는다. '내가 쏘지 않으면 내 동료
들이 다 죽는다'는 생각뿐이었다."

같이 월남에 갔던 전투기 조종사 13명 중 6명은 적군의 박격포 공격
에 맞서서 죽고 7명만 살아서 한국에 돌아왔다. 사지가 떨어져 나가는
처절한 장면들이 수십 년 동안 따라다녔는데, 지리산에 들어와서 봉우
리 수십 개를 넘는 종주 등반을 세 번 하고 나니까 가슴속 응어리가 좀
풀리는 걸 느꼈다고 한다.

결정적 계기는 산골에서 밭을 매던 80대 할머니들과 나눈 대화였다.
결혼을 많이 한 할머니는 4번, 평균 2~3번 한 할머니들이었다. 빨치산
과 토벌대의 총격전 와중에 남편이 계속 죽어 나갔던 것이다. 자식새끼
는 딸려 있고 입에 풀칠하고자 또 남자를 만나 같이 살 수밖에 없었다.

호미로 밭을 매면서 험난했던 인생살이를 이야기할 때 Y는 할매들
담배에 라이터 불을 붙여줄 뿐이었다. 연달아 담배 2대를 피울 동안 할
매들 얼굴에는 눈물이 흘렀다. '내 상처는 이 할매들 상처에 비하면 새
발의 피구나!'

할매들 살아온 인생 이야기 듣는 것이 입산한 Y의 치유였다.

일등병 스승과
중대장 제자

하루에 몇 시간 공부하시겠습니까?
5시간은 해야 합니다. 그 정도 집중해야
터득할 수 있습니다.

　　　　　　　　　　　　도산서원의 고전 강독 멤버 중의 한 명이
실재實齋 허권수許捲洙 선생이다. 장서가로 소문나 있다. 7만 권이 넘는 장
서라고 알려져 있다. 진주의 경상대학교 한문학과 교수를 퇴직하고 시내
에 마련한 연구실인 실재서당實齋書堂에 책들이 보관되어 있었다. 한문
으로 된 문·사·철 관련 전적들로 가득 차 있었다. 장서의 퀄리티도 높다.
　그가 이렇게 한문에 깊이 빠져들게 된 사연이 흥미롭다. 10세 때부터
국사책을 보다가 '한문을 공부해야 되겠다'고 마음먹었다. 한문을 공부하
다 보니까 두툼한 한자 사전을 갖고 싶었다. 마산고 2학년 때인 17세. 당
시 새로 나온《한자 대사전》은 4만 자가 넘게 수록되어 있었는데 엄청난
구매욕이 발동하였다. 그런데 가격이 좀 비쌌다. 3500원. 그 당시 고향인
함안군 군수의 월급이 5000원 할 때라고 한다. 집에서 비싸다고 안 사주
려고 하니까 '고2'는 5일간 단식 투쟁에 돌입하였다. "나 사전 안 사주면
밥 굶고 죽어 버릴래요!" 한 이틀 굶으니까 옆집의 된장국 냄새가 아랫

배 깊숙이 스며들었다. 자식이 죽는다는데 버틸 부모가 어디 있겠는가.

투쟁 끝에 획득한 《한자 대사전》을 항상 옆구리에 끼고 살았다. 잠을 잘 때도 머리맡에 놓아두었다. 보고 또 보고. 이렇게 5년을 보다가 22세에 군대를 갔다. 일등병 시절에 중대장이 훈시를 했다. 책상 위에 왼쪽 주먹을 올려 놓은 중대장은 "나의 왼쪽 주먹과 한문 실력은 대한민국 최고이다!" 중대장은 무술 유단자였고, 어렸을 때부터 조부로부터 한문을 배웠던 것이다. 그러나 한자 사전이 머리에 들어 있는 일등병은 중대장이 인용하는 한문 가운데 틀린 부분을 여러 차례 지적할 수밖에 없었다.

마침내 실력의 한계를 절감한 중대장이 여섯 살 어린 일등병에게 계급장을 떼고 한문을 배우기로 하였다. 일등병은 중대장에게 확약을 강요하였다.

"하루에 몇 시간 공부하시겠습니까? 5시간은 해야 합니다. 일요일 빼고 6일을 합시다. 그 정도 집중해야 한문을 터득할 수 있습니다."

"알았어. 저녁 7시부터 12시까지 할게. 근데 교재는 뭐로 하지?"

"내 머릿속에 있습니다."

다음 날 아침에 일등병은 율곡栗谷의 행장(行狀, 그 사람의 평생 이력) 2만 4000자 한자를 노트에 써서 중대장에게 내놨다. 행장 내용을 다 외우고 있었던 것이다. 무골武骨에다가 한문까지 장착하게 된 이 중대장은 나중에 삼성 이건희의 경호실장과 세콤 사장도 지냈다고 한다. 허권수의 한문 공부를 보면 타고난 팔자가 있기는 있는 것 같다.

방시혁의 뿌리

> 판소리라는 뿌리, 집안의 유전자,
> 지능, 교육, 그리고 명당이 합해져서 물건이
> 나왔다. 세상에는 그냥 나오는 게 없다.

방탄소년단은 방탄 미사일과 같다. 북한이 쏜 ICBM보다 훨씬 강력한 미사일이 방탄 미사일이라고 본다. 미국 대중문화계의 심장인 빌보드 차트를 휩쓸지 않았는가. 이 방탄 미사일은 전 세계에 한국의 저력을 과시하는 미사일이다. 그렇다면 미사일 제조자 방시혁의 뿌리는 어떻게 되는가? 지난주 칼럼에서 판소리의 뉴올리언스인 남원에서 수백 년 동안 세거하던 방씨 집안이라는 것을 쓴 바 있다.

판소리는 전라도에서 발달한 독특한 음악 장르이다. 경상도는 학鶴춤이다. 판소리의 법고창신法古創新이 BTS로 나타난 것이다. 판소리의 4대 요소가 인물, 사설, 득음, 너름새이다. 춘향전, 흥부전, 심청전에 등장하는 광대들은 우선 인물이 좋아야 하고, 사설은 문학적 표현 능력 내지는 '말발'을 가리킨다. 득음은 가창력, 그리고 너름새는 표정과 연기력이다.

BTS의 노래와 가사, 군무에는 이 4가지 요소가 모두 구현되어 있다. 방시혁의 외가는 전주에 사는 최씨 집안인데, 이 최씨들이 전주의 공부 잘하는 집안이었다. 방시혁 어머니도 서울대 영문과를 졸업하였고 외숙과 이모들까지 포함하면 5명이 서울대를 나왔다고 한다. 큰외숙은 양과(사법 · 행정) 패스한 다음에 법관을 지냈고, 셋째 외숙은 헝가리 대사를 지냈다.

전주는 판소리의 대사습놀이가 열리던 무대였다. 남원에서 연마한 소리꾼이 전주 대사습놀이에 와서 공식적인 인정을 받아야 비로소 명창이 되었다. 최씨 외갓집의 유전자 특징은 음악을 유달리 좋아한다는 점이었다. 방시혁 어머니는 시혁이를 배 속에 품고 있었을 때도 항상 클래식 음악을 듣고 살았다고 필자에게 말한 바 있다. 어머니는 이 유전자를 꼽는다. 아버지가 사우디 대사관에 근무할 때 방시혁은 사우디아라비아에서 학교를 다녔다. 사우디아라비아 '제다'라는 지역에서 초등학교 1학년부터 4학년까지 다녔다고 하는데 항상 반에서 1등을 했다고 한다. 유년 시절에 사우디, 요르단을 비롯한 아랍 문화를 접했고, 당시 그리스와 동유럽을 비롯한 세계 여행이 다양한 문화 감각을 키웠지 않았나 싶다.

방시혁 조부는 풍수 마니아였다. 명당을 찾아 많은 지역 답사를 마다하지 않았다. 하동군의 지리산 줄기인 형제봉 중턱의 명당에 윗대 묘를 썼다. "후대에 인물 나올 것이다." 이 지역은 섬진강이 돌아나가고, 강 너머로 광양 백운산 봉우리들이 문필봉으로 보이는 지점이라서 필자도 평소에 자주 답사하였던 지점이다.

판소리라는 뿌리, 집안의 유전자, 지능, 교육, 그리고 명당이 합해져서 물건이 나왔다. 그냥 나오는 게 없다.

죽음 복을 누린 정 처사

진짜 도인은 죽을 때야 비로소 그 도력을
보여준다. 평생 짐꾼같이 쌀이나 메고
오르내리던 정 처사의 죽음이 그렇다.

지리산 최고봉인 천왕봉. 그 아래에 법계
사法界寺가 있다. 불교의 법계法界는 기독교의 천당을 의미한다. 천당에 있
는 절이라는 뜻이다. 해발 1450m에 위치하고 있으니까 상당히 높은 지
점에 있는 절이다. 지리산 천왕봉에 번개와 벼락이 떨어지면 그 번개의
에너지가 법계사 앞에 있는 바위 언덕인 문창대文昌臺로 흘러간다. 그리
고 문창대로 내려온 번개 기운은 다시 법계사로 반사된다고 보는 것이 지
리산 도사들 사이의 오래된 해석이다. 결국 천왕봉에 떨어진 번개 기운이
법계사로 간다는 것이니, 법계사는 얼마나 영험한 절인가 하는 이야기이
다. 기도발은 하늘의 기운과 땅의 기운이 뭉친 지점에서 인간이 간절한
마음을 내야만 나타나는 메시지이기 때문이다.

'정 처사'라는 70대 초반의 남자 신도가 있었다. 20대 초반부터 시작
하여 50년 가깝게 법계사를 오르내렸다. 절에 행사가 있으면 쌀자루도
메고, 과일도 메고, 절에 필요한 일상용품도 등짐으로 지고 산길을 올라

가곤 하였다. 3~4시간을 등짐 지고 가파른 산길을 올라간다는 것은 보통 힘든 일이 아니다. 정 처사는 50년 세월 동안 법계에 들어간다는 기쁜 마음으로 올라다녔던 것 같다. 그렇다고 해서 정 처사가 특별하게 눈에 띄는 인물은 아니었다. 그저 성실한 신도였을 뿐이다.

3~4년 전인가 정 처사가 법계사에서 갑자기 죽었다는 소문이 돌았다. 그날도 정 처사는 법계사 산신각에 제물을 올려 놓고 나오다가 산신각 앞의 돌계단에 앉아 잠시 쉬었다. 다른 신도들이 보니까 정 처사가 두어 시간이 넘도록 그 돌계단에 가만히 앉아 있는 게 아닌가! 가까이 가서 몸을 흔들어 보니 정 처사는 이미 죽어 있는 상태였다고 한다. 편안한 표정을 하고 약간 눈을 감은 자세로. 기가 막힐 일은 돌계단에 앉은 채로 그대로 죽은 것이다.

도를 많이 닦은 고승들이 방에서 앉은 채로 죽는 모습을 좌탈입망坐脫立亡이라고 한다. 진짜 도인은 죽을 때야 비로소 그 도력을 보여준다. 평생 짐꾼같이 쌀이나 메고 오르내리던 정 처사는 계단에 앉은 자세로 입망에 들어갔던 셈이다. 70대 초반의 나이였다. 이렇게 죽는 것이야말로 '죽음 복'이 아니겠는가!

필자는 이 이야기를 지리산 고운동(孤雲洞, 750m)에 사는 이창석 씨로부터 들었다. 부산대를 졸업하고 도시 생활이 싫어서 고향인 고운동에 들어와 농사도 짓고, 목수 일도 하고, 천왕봉 꼭대기까지 짐도 날라 주는 산사람이다.

시간이 없다

'머리는 떼어버리고 몸으로 생각하라'는
수불 선사의 간화선풍!

사람마다 풍기는 아우라와 체취가 있다. 상대방을 이용할 궁리만 하고 술 담배에 절어서 사는 복잡한 사람을 만나면 머리가 아프기 시작한다. 빨리 자리를 뜨는 게 상책이다. 그 사람의 탁기濁氣가 전달되는 것이다.

안국선원의 수불 선사修弗禪師를 만날 때마다 느끼는 것이 '이 스님을 만나면 왜 이렇게 머리가 시원하지?'이다. 서울 북촌의 안국동 다실에서 여러 번 같이 차를 마셨는데 그때마다 선사가 뿜는 정화된 기氣가 찌릿찌릿하게 전달된다. 그 찌릿함의 시작은 아랫배. 하단전부터 등뼈를 타고 올라와 뒤통수를 거쳐 앞이마의 미간까지 찌릿한 전류감이 전달되는 것이다. 그럴 때면 혼자 이런 생각을 했다. '이 양반 몸속에서는 발전기가 돌아가나? 변강쇠 스님인가?' 그동안 한국 고승 열전을 많이 써온 정찬주 작가의 신간《시간이 없다》(불광출판사)를 읽어 보니 수불 선사의 득력得力 과정을 소상하게 밝혀 놓았다.

수불은 초등학교 3학년 때부터 아침저녁으로 천도교의 주문을 외우기 시작하였다. 새벽 4시부터 1시간. 저녁 8시부터 1시간이었다. 중2 때까지 계속해서 무릎 꿇고 외웠다. 황해도에서 증조부, 조부, 아버지가 모두 천도교 신봉자였던 집안 가풍에 따라 반강제적으로 수련해야만 했던 것이다. 수련하다가 잠이 쏟아지면 '지금 내가 눈을 감으면 죽을지도 모른다'는 생각을 스스로 했다고 하니까 보통 근기는 아니었다.

영적인 힘을 얻는 데 핵심이 밥을 적게 먹고 잠을 적게 자는 것이다. 밥 많이 먹고 잠 많이 자면 신장(神將, 불교를 수호하는 호법신으로 사천왕 등이 있다)을 부리지 못한다. 이런 바탕에서 20세에 출가하였다. 《달마 혈맥론》의 한 구절을 범어사의 어른스님과 문답하는 과정에서 정수리로 섬광이 뻗쳐 나가는 돈오頓惡 체험을 했다고 한다. 이로부터 1년 뒤인 26세 때에는 "돈오가 맞냐? 점수漸修가 맞냐?"●라는 선문답에서 "무수無修"라는 대답을 듣는 순간에 번갯불을 맞고 머리가 쪼개지는 체험을 하였다.

9·11 테러가 나기 6개월 전 맨해튼의 어느 비싼 호텔에 머물렀다. 잠을 자는데 맨해튼에 흉흉한 살기가 가득 차 있는 게 아닌가. 다음 날도 그랬다. NYU(뉴욕대학)에 어렵사리 입학한 신도의 자식에게 '여기 있을 게 아니다. 당장 보따리 싸서 한국으로 돌아가라'라고 충고하였다. '머리는 떼어버리고 몸으로 생각하라'는 수불의 간화선풍看話禪風이 서양인들에게 어떻게 먹힐지 궁금해진다.

돈오돈수頓悟頓修는 깨우친 뒤엔 더 닦을 것이 없다. 돈오점수頓悟漸修는 깨달은 뒤에도 계속 닦아야 한다는 의미이다. 무돈무수無頓無修는 본래 부처의 입장에서 '깨칠 것도 없고 닦을 것도 없다'는 의미이며, 돈오돈수는 본래 무수無修를 뜻한다.

좌파와 재벌

> 빈부와 귀천은 생을 바꾸면서 교대한다는
> 게 윤회의 법칙이다. 업보와 한을 어떻게
> 풀 것인가. 삶의 길이 거기에 있다.

궁합을 볼 때 상극 관계이면서도 궁합이
맞는 경우가 있다. 예를 들면 돼지고기와 새우젓의 관계이다. 돼지고기와
새우젓은 상극이다. 그렇지만 새우젓을 한 젓가락 집어 먹을 때 돼지고기
의 느끼한 맛을 잡는다. 재벌과 좌파의 관계도 그렇다. 양쪽은 상극이다.
재벌이 돼지고기라고 한다면 새우젓은 좌파라고나 할까.

한국 현대사에서 '재벌, 좌파'가 궁합을 맞춘 경우가 두 번 발견된
다. 인촌仁村 김성수(金性洙, 1891~1955)가 빨갱이 소리를 들었던 죽산竹
山 조봉암(曺奉岩, 1898~1959)을 후원한 경우이다. 죽산이 남한의 혁명
적 토지개혁을 주도할 수 있었던 배경에는 대지주였던 인촌의 '백업'
이 있었다. 아카데미 4관왕을 석권한 영화 〈기생충〉도 CJ라는 재벌
이 돈을 대고 봉준호라는 좌파 성향 감독이 재능을 발휘한 구조이다.
〈기생충〉이 침체되어 있던 나라 분위기를 바꿨다. 바이러스 전염으로
온 국민이 움츠러들고 있는 정국에서 아카데미 기생충이 들어와 이 바

이러스를 잡아먹었다.

아울러 영화라는 투기사업에 계속 뒷돈을 댄 CJ 이미경 부회장의 코멘트가 생각난다. 6~7년 전쯤 이미경 부회장과 몇 번 식사했는데, 그가 필자에게 자신의 솔직한 심정을 토로한 대목이 기억에 남는다. "나는 자식도 없고, 남편도 없어요. 거기에다 몸도 불구예요. 나는 뭘 재미로 살아야 하는 거요? 그래서 영화를 좋아해요. 조 선생님, 내 병을 고칠 수 있는 영험한 도사 좀 알면 소개해 주세요." 껍데기는 남들이 선망하는 돈 많은 재벌가 딸이고 부회장이지만 그 내면세계는 인생의 낙이 없는 것처럼 보였다. 나는 그녀의 병을 낫게 해줄 수 있는 도사 연줄을 가동시켜 보았다. 지리산·설악산·오대산·팔공산·계룡산·가야산·한라산 도사들에게 사발통문을 보냈다. 팔공산의 팔봉八峰 선생에게서 회답이 왔다. "그녀는 전생에 큰 객줏집의 대모代母였다. 많은 사람에게 밥을 먹이고도 그 외상값을 받지 않는 공덕을 쌓아서 부잣집에 태어났다. 특히 광대패, 소리꾼 같은 예능인들에게 밥을 많이 먹였다. 몸이 불구인 것은 선대에 사냥을 즐긴 업보이다. 개인의 업보도 있지만 집안의 업보도 있다"라는 해석이었다. 빈부貧富와 귀천貴賤은 생을 바꾸면서 교대한다는 게 윤회의 법칙이다.

〈기생충〉의 오스카상 수상에는 재벌가 이미경의 전생 업보와 한恨이 크게 기여했다는 게 나의 주관적 해석이다. 영화 사업이 자신의 업보이자 한을 푸는 계기였다. "조 선생님, 한국이 가진 자산은 훌륭한 아티스트들입니다." 이미경 부회장의 말이다.

진도의 '나절로' 선생

내 방에는 시계가 없소.
내 방에는 거울이 없소.
시계가 없어 초조함을 모르오.
거울이 없어 늙어가는 줄 모르오.

　　　　　　나절로 선생은 진도 임회면의 여귀산(女
貴山, 457m) 아래 산다. '산부재고유선즉명山不在高有仙則名'＊이라 했다. 산
이 높다고 좋은 게 아니라 그 산에 신선이 살아야 명산이라는 뜻이다. 여
인의 유방처럼 유두도 달린 형상인 여귀산 자락에 사는 나 선생은 '한국
의 소로Thoreau'다. 미국의 월든 호숫가에서 오두막집을 짓고 살았던 소
로는 45세에 죽었지만, 나 선생은 60대 중반에 여전히 건강하다는 점이
다르다. 소로는 오두막집에서 몇 년 살다가 도시로 나갔지만, 나절로는
평생 여귀산 아래의 연못을 떠나지 않고 우직하게 살고 있다.

　　나절로는 이름이 아닌 호號다. 본명은 이상은李常銀이다. '내 방에는
시계가 없소. 내 방에는 거울이 없소. 내 방에는 달력이 없소. 시계가 없
어 초조함을 모르오. 거울이 없어 늙어가는 줄 모르오. 달력이 없어 세
월 가는 줄 모르오. 아~ 내사, 절로 절로 살고 싶소.' 이 시를 19세 때 썼
다. 당시 소설가 이병주가 우연히 이 시를 읽고 "정말 자네가 쓴 게 맞

나? 앞으로 자네 호는 '나절로'라고 하게"라고 해서 '나절로'가 되었다.

　"다른 호는 없습니까?"

　"'대충'과 '시시'가 있어요."

　"무슨 뜻이죠?"

　"대충 살고 시시하게 살자는 의미입니다."

　나절로의 고향은 진도 임회면이다. 20대 때 먹고살기 위해 도시에 나가 한 3년 살았지만 사는 게 감옥같이 느껴져 다시 고향 산천으로 돌아왔다. 다시는 도시에 나가지 않고 진도에서만 살았다. 40세 때 임회면의 폐교를 구입하여 여기에 연못을 파고, 상록수도 심고, 그림 전시하는 미술관으로도 사용한다. 여귀산 자락의 물이 관을 타고 집안의 연못으로 쏟아져 들어오는 모습을 보면 왠지 부자가 된 느낌이 든다.

　"낚시광이었던 아버지가 진도군 목섬에서 낚시를 즐겼어요. 10대 시절 심부름 가면서 난대림과인 동백나무, 후박나무, 돈나무, 다정금, 생달나무가 우거진 숲길을 통과하곤 했어요. 5월에 꽃이 피면 그 녹색의 나뭇잎 냄새와 꽃향기가 코를 찌르고, 그 열매들을 따 먹으면서 자연이 주는 행복감을 맛보았던 것 같아요. 그 행복했던 기억이 저를 진도의 상록수 나무숲에서 살도록 한 것 같습니다."

당나라 때 시인 유우석(劉禹錫, 772~842)의 〈누실명陋室銘〉에 나오는 문장. 안록산의 난으로 시골로 좌천된 그는 '누추한 집(누실)이지만 덕의 향기로 가득 채우겠다'는 다짐을 했다. 자신을 명산의 신선으로 비유하면서 위로한 것이다.

아내 복으로 사는 남자

> 펄펄 끓는 물에 계란을 삶는데,
> 계란에서 병아리가 나와 아무렇지도 않게
> 걸어 다니는 꿈을 꾸었다.

'인처치관因妻致官'이라는 말이 있다. '아내 때문에 벼슬한다'는 뜻이다. 지난 2016년 박근혜 대통령 탄핵 정국에서 불려 나가 곤욕을 치렀던 고위 인사 A씨. 검찰 조사에도 여러 번 불려 다녔다. 최근에 얼굴 볼 기회가 있어서 관상을 보니까 의외로 혈색이 좋다.

"꽉 늙을 줄로 알았는데 어찌 이리 혈색이 좋습니까?"

"아내 공덕입니다. 사건이 나 보니까 집사람이 적선해 놓은 공덕이 작용한다는 걸 알았어요. 조 선생님 이론대로 팔자 바꾸려면 적선이 중요하다는 걸 실감하는 계기였어요."

A씨의 아내는 충청도 양반 집안의 딸이었다. 평소에 차분하면서도 겸손한 인상이었다. 명절이 닥치면 아파트 관리인들에게 작은 선물이라도 하나씩 돌렸다. 더운 여름에는 냉장고에 넣어 시원하게 해둔 수박을 2~3통씩 1층 관리실에 갖다 주곤 하였다. 겨울에는 선물로 들어온 인삼

차 박스라도 관리실에 건넸다.

아파트 관리인이 다른 동으로 옮기면 일부러 찾아가서 3~4명 정도의 저녁 식사비를 봉투에 넣어서 고맙다며 쥐여주곤 하였다. 청소하는 아주머니들도 마주치면 그냥 빈손으로 보내지 않았다. 주변의 과일가게에서 과일 살 때도 물건값을 절대 깎지 않았고, 상인이 물건 값에 약간 바가지를 씌우더라도 모른 체하고 달라는 대로 주었다. '남들 보기에 나는 상류층인데 이렇게라도 적선한다고 생각해야지'가 이 부인의 생각이었다.

탄핵이 터졌다. 기자들이 A씨를 만나려고 아파트 입구에 몰려들면 관리인 한 명은 기자들에게 커피를 타 주면서 시선을 다른 데로 돌렸고, 다른 관리인은 A씨가 평소 모르고 있었던 지하 이동통로를 통해서 다른 동으로 몰래 나갈 수 있도록 도와주었다. 퇴근 시간 무렵에 방송 중계차가 아파트 입구에 대기하고 있으면 관리인들이 아내에게 전화해서 '상황이 이렇습니다' 하고 알려주었다. 그러면 A씨는 그날 집에 오지 않고 호텔에서 숙박하였다.

검찰 조사받으러 가는 날 새벽에 부인이 꿈을 꿨다. '펄펄 끓는 물에 계란을 삶는데, 계란에서 병아리가 나와 아무렇지도 않게 걸어 다니는' 꿈이었다. 그래서 걱정이 안 되었다고 한다. 처덕으로 사는 남자 많다.

21세기는 인사하는 사람

19세기 조각은 로댕의 '생각하는 사람',
20세기는 브롭스키의 '망치질하는 사람',
21세기는 배려의 마음을 표현한
'인사하는 사람'이다.

1980년대 후반 경남 김해에서 진영 가는 쪽에 묵담默潭이라는 선생이 있었다. 아집이 강한 사람이나 마음속에 '나 잘났다' 하는 마음이 숨어 있는 사람이 묵담을 찾아오면 어김없이 박살을 내는 초식이었다. 그 시절 서울대 미대에서 조각을 공부하던 대학생 유영호는 방학 때마다 묵담 선생을 찾아가서 화장실 청소도 하고 심부름도 하였다.

어느 날은 마음속에 살기를 품고 있던 사람이 묵담을 찾아왔다. 이야기를 하던 중에 묵담은 "당신은 칼이다"라고 하면서 부엌칼을 그 사람 손에 쥐여주었다. 곁에 있던 유영호는 부엌칼을 쥔 그 사람의 손이 부들부들 떨리는 장면을 보고 소름이 끼쳤다. 스스로가 공부 많이 한 스승이 되겠다는 자부심이 가득했던 청년이 찾아왔을 때에는 그 사람 손에다가 붓을 쥐여주었다. 세월이 흘러 그 사람은 시를 쓰고 그림을 그리게 되었다.

유영호는 대학 졸업하고 5년 동안 묵담 밑에서 밥하고 청소하면서 그

문하에서 놀았다. 유영호에게는 100일 동안 매일 소주 네댓 병을 마시게 하고 유행가를 목청 터지도록 부르도록 하는 방편을 썼다. 모든 이원성二元性을 깨는 아드바이타advaita 요기yogi이기도 했던 묵담 밑에서 시달렸던 유영호는 스승의 만류를 뿌리치고 문하를 떠나 여기저기를 떠돌았다.

어느 날 전남 완도에서 고속버스를 타고 부산으로 가던 유영호는 지리산과 섬진강물이 보이는 섬진강 대교를 건너고 있었다. 평소 외우고 있던 《임제록臨濟錄》의 어느 한 구절을 떠올리고 있었는데, 그 순간 '태공(유영호의 법명), 태공'하고 부르는 스승의 목소리가 천둥처럼 들렸다. 그러고 나서 유영호는 버스 안에서 2시간 정도 가량 까무러쳐버렸다.

이 체험이 조각상 '인사하는 사람(그리팅맨Greeting Man)'*을 만드는 밑천이 되었다. 남자가 서서 공손하게 인사하는 조각이다. 19세기 조각은 로댕의 '생각하는 사람', 20세기는 브롭스키의 '망치질하는 사람', 21세기는 상대방에 대한 배려의 마음을 표현한 '인사하는 사람'이라는 생각이 든다.

조각 '인사하는 사람'은 2007년 경기도 파주에 3.5m 크기로 처음 설치되었다. 이후 2019년 8월 브라질 상파울루에 6m 크기의 그리팅맨이 설치되었고 국내외에 계속 선보이고 있다. "인사라는 게 단순히 몸으로 하는 행동을 넘어서 더 깊이 있는 철학적인 뜻까지 포함할 수 있겠다는 생각을 했습니다." 유영호 작가의 말이다.

사람에게 기대다

눈으로 보고
발로 밟아 보라

조건에 맞는 장면은 금방 사라진다. 짧은
시간 안에 초집중해서 카메라를 조작하고
셔터를 눌러야 한다. 인생이 그렇다.

강호학江湖學을 하려면 갖춰야 할 자질이
역마살이다. 현장을 가서 눈으로 보고 발로 밟아 보아야 하는 학문이기
때문이다. 조선 팔도 백학천봉百壑千峰이 모두 사정권에 있다. 골짜기마다
인물이 있고 봉우리마다 풍광과 기운이 다르다.

경북 청도군 화양읍에 '촬영 삼매'라고 하는 독보적 경지에 들어간
고송古松 장국현 선생이 산다고 해서 동네로 들어갔다. 도로 옆과 음식
점 담벼락에도 붉은 감이 주렁주렁 열려 있다. '청도 반시'라고 하는 감
이다. 동네 사람들 이야기로는 이 근방에 안개가 많이 끼어서 감에 씨가
없는 게 아닌가 하고 짐작한다.

감나무 길을 통과하니 고송 선생의 마당 앞에 소나무가 서 있다. 소
나무 전문 사진작가의 풍모를 상징하는 소나무. 세월의 풍상에 찌든
소나무이다. "집터가 좋네요. 소쿠리가 둘러싼 소쿠리 명당 같습니다."
"옛날 가야 시대 이서국이라는 조그만 나라가 있었는데, 그 왕이 살던

터라고 전해집니다." 깊은 심산유곡에 사는 수백 년 된 소나무를 찍기 위해서 산속에서 몇 달씩 카메라를 품고 집중하다 보니 '촬영 삼매'가 생겼다는 설명이다.

"좋은 소나무 사진을 찍기 위해서 어떤 때는 밤 12시부터 20kg의 장비를 메고 영하 20도의 산봉우리를 올라가기 시작합니다. 그래야만 신비로운 일출 장면과 소나무를 같이 찍을 수 있습니다. 조건에 맞는 장면은 20~30분 후면 사라지기 때문에 그 시간 안에 초집중해서 수동 카메라를 조작하고 셔터를 눌러야 합니다. 이걸 하다 보니 그 촬영 순간에 나를 잊고 대상에 집중하는 삼매력三昧力이 생긴 것이죠."

고송은 1997년 백두산 꼭대기인 천문봉 근처에서 두 달간 머문 적이 있다. 중국 기상 관측소가 있었는데 천지天池를 내려다보는 위치였다. 이 낡은 건물에서 숙식하며 추위와 배고픔에 떨었다. 체중이 무려 12kg이나 빠지는 고생을 하였다. 그 고생을 하며 카메라 렌즈에 집중하다 보니 성령(聖靈, spirit)이 임하는 체험을 하였다고 한다.

내가 보기에 그의 사진 작품에서는 영기靈氣가 느껴진다. 작품집 제목도 영어로 'spirit'이다. 말하자면 사진 찍다가 '한 소식(어떤 차원의 깨달음)' 하게 된 사례다. 나도 한 소식 하려고 30년 넘게 백학천봉을 돌아다녔지만 하지 못했는데, 이 양반은 어찌 사진 촬영하다가 성령을 체험하게 되었단 말인가! 성령 체험 후부터 잘 늙지 않는다. 그는 신선의 풍모를 유지하고 있었다.

허탕, 오늘은
공부만 했구나

포기한 채 산길을 내려가면 그 앞에
신기하게도 산삼이 보이는 경우가
여러 번 있었다.

전국의 심산유곡을 돌아다니며 약초를
캐는 약초꾼을 일컬어 심마니라고 한다. 나는 전국의 명당을 찾아 유람하
는 명당꾼인데, 남극노인성南極老人星*이 가장 잘 보인다고 하는 제주도
서귀포의 산방산에 갔다가 우연히 심마니 백봉白峰 박길수 씨를 만났다.
할아버지, 아버지에 이어 본인까지 3대째 심마니 업을 이어오고 있다. 그
는 국립공원으로 유명한 산보다는 이름이 없고 인적이 드문 중간 정도의
산에 약초가 많다고 말한다.

유년 시절에는 심마니 부모와 함께 남해 보리암 건너편의 뒷산 7부
능선에서 한집에 살았다. 70년대 초반에 아버지가 가끔 노루도 잡아다
가 부자들한테 팔았다. 어머니는 땔감을 해서 머리에 이고 10km를 걸
어가 바닷가 어부들에게 땔감을 주고 생선을 받아 왔다. 그러다가 산에
불이 나서 살 수가 없었다. 할 수 없이 제주도로 이사 왔다. 초·중·고
시절에는 제주도 남원 공천포, 이후로 강원도 인제, 풍기의 소백산 골짜

기, 안동의 학가산 자락, 제천 백운산의 덕동계곡, 문경 주흘산 자락에서
도 살았다. 남들은 아파트와 슈퍼가 가까운 곳에서 살았지만 백봉은 초
롱불과 함께 등산화와 약초 배낭을 친구 삼아 전국 심산을 떠돌며 사는
인생이었다. 전국의 어떤 산, 어느 경사면에 어떤 약초가 있다는 것은 대
강 파악하고 있을 정도이다.

"당신에게 산은 무엇이냐?"

"산이 나에게는 스승이요, 친구요, 가족이다."

"어떤 경우에 스승이 되나?"

"이 산에서는 틀림없이 산삼 몇 뿌리를 캘 거라고 사전에 확신을 하
고 가면 7~8시간을 돌아도 허탕을 치는 수가 있다. 그러고 나면 '이게
뭐지' 하는 생각이 든다. '오늘은 공부만 했구나' 하고 포기한 채 산길을
내려가면 그 앞에 신기하게도 삼蔘이 보이는 경우가 여러 번 있었다."

1995년도 안동 학가산 자락에 살 때 아버지가 산삼을 한 뿌리 캐왔
다. 부자지간에도 삼을 캔 정확한 지점은 절대 알려주지 않는 법이다. 대
강 어디 근방이라는 이야기만 듣고 그 일대를 일주일간 이 잡듯이 뒤졌
다. 그러고 나서 처음으로 한 뿌리를 캤다. 20년이 지난 지금에도 그때
에 느꼈던 그 희열감을 생각하면 심장이 뛴다고 한다. 이때부터 심마니
로서의 자신감을 가지게 되었다.

남극노인성南極老人星은 하늘의 별 가운데 시리우스 다음으로 밝은 별. 서양에서는 카노푸
스canopus, 동양에서는 남극성南極星, 남극노인성이라고 부른다. 수명壽命을 맡아 보는 별
로, 이 별이 비치면 천하가 태평하고 왕이나 그 별을 보는 사람이 오래 산다고 함. 우리나
라에서는 제주도 서귀포 해안에서만 볼 수 있다.

송시열에
독을 처방한 허목

정치적으로는 반대파였지만
인간적으로는 서로 일말의 신뢰가
깔려 있었다.

조선 당쟁사에서 노론당이었던 우암尤庵 송시열(宋時烈, 1607~1689)과 남인당이었던 미수眉叟 허목(許穆, 1596~1682)은 정적이자 라이벌이었다. 상대 당파 사람들을 서로 죽이던 관계였다. 그런데 아주 흥미로운 부분이 하나 발견된다. 중년에 송시열이 병에 걸렸을 때 반대 당파였던 허목에게 자기 병을 고쳐 달라고 부탁을 했다는 점이다.

송시열의 병은 한의학에서 말하는 식적食積이었던 것으로 전해진다. 소화불량 증상이다. 음식을 먹으면 항상 속이 더부룩한 느낌이 든다. 식적은 음식물이 제대로 소화되지 못하고 체내에 머무르면서 나타나는 부작용이다. 독소, 노폐물, 가스가 찬다. 복부 비만의 원인이 되기도 한다. 우암도 주변에 한의사를 여럿 알고 있었을 터임에도 불구하고 정적인 미수 허목에게 처방전을 부탁했다는 점이 인간관계의 다차원적 측면을 생각하게 만든다.

허목은 50세 이전까지는 벼슬도 하지 않았고 방외의 여러 도사들과도 교류가 깊었던 인물이다. 우암은 키 190cm에 육박하는 거구의 UFC 선수 같은 몸집이었다. 이에 비해 미수의 초상화를 보면 호리호리하면서도 채식주의자 '비건' 같은 인상을 풍긴다. 미수는 '방외지사'들과 교류하면서 영적인 파워도 있었던 모양이다. 삼척부사를 할 때 쓴 '동해척주비'가 해일을 막았다는 전설도 있고, 그의 지렁이체 글씨가 귀신을 쫓는 부적의 효과가 있다고 소문나기도 하였다. 의학에도 조예가 깊었던 모양이다.

십여 년 전 필자가 미수 종손에게 직접 들은 바에 의하면 미수가 우암에게 써준 처방전에는 비상砒霜 2냥이 들어 있었다고 한다. 비상은 독극물이다. 그 처방전을 받으러 갔던 우암 아들이 '우리 아버지 죽이려고 비상을 2냥이나 넣었구나' 생각하고 비상을 1냥으로 줄였다고 한다. 나중에 우암이 이걸 먹고 효과는 있었지만 완쾌는 안 되었다. 1냥으로 줄여 복용해서일지 모른다. 지금 생각하면 비상 1냥이라도 복용한 것이 대단하다. 정치적으로는 반대파였지만 인간적으로는 서로 일말의 신뢰가 깔려 있었던 것 같다.

강남의 한의사 L은 '식적' 전문가이기도 해서 '비상을 과연 약재로 쓸 수 있느냐?'라고 물어 보았다. "쓸 수 있다. 아마 비상을 그대로 쓰지는 않고 미수가 법제를 해서 주었을 가능성이 높다고 본다." 법제法製는 화학 변화를 일으켜 독소를 제거하는 방법이다. 도가에서는 유황·수은·청산가리 같은 독극물을 땅에다 묻거나, 술의 주정, 짚풀에 넣어서 법제하는 방법이 있다. 미수도 비상을 법제하는 비법을 이미 알고 있었다고 여겨진다.

가수 김완선과 춤DNA

고목에 꽃이 피면 부르는 게 값이다.
제철에 피는 꽃보다는 수십 배의
값어치가 있다.

대학 축제 공연 무대에서 보여준 가수 김완선의 댄스 음악을 동영상으로 보았다. 이 공연 장면은 60대 초반 필자에게도 기쁨을 주었다. 어지간한 가수들 노래를 들어도 별 감흥이 없는 나를 김완선의 댄스와 그 현란한 율동은 격발시키는 게 있었다. 문제는 댄스였다. 어떻게 50대 중반 나이에 저렇게 흥겨운 율동을 보여줄 수 있을까? 30여 년 전에 보았던 김완선이 아직까지도 저런 몸동작을 유지하고 있단 말인가. 80년대 후반을 기억하는 중장년들에게 강력한 감정이입을 하게 만들면서 어떤 희망의 메시지를 던져주었다. 그 메시지를 전달받고 드는 생각은 '고목에 꽃이 피었구나. 고목에 꽃이 피면 부르는 게 값이다'였다. 제철에 피는 꽃보다는 수십 배의 값어치가 있다. 김완선 팔자는 고목에 꽃이 피는 팔자로구나!

50대에 도교의 연단술煉丹術을 익혀 임독맥任督脈이 뚫리면 회춘이 된다. 이를 고목에 꽃이 피는 것에 비유한다. 김완선은 연단술을 익히지도 않았는데 저런 상태라면 이건 팔자라고 보아야 한다. 팔자에는 DNA가 큰 비중을 차지한다. 혈통을 무시할 수 없다. 혈통을 과도하게 신봉하면 골품제骨品制로 빠지지만 말이다.

김완선의 외증조부가 유명한 춤꾼이었다고 전해진다. 학鶴춤과 태평무에서 한 획을 그은 한국 근대 춤의 아버지 '한성준'이다. 전라도는 명창과 소리꾼이 많이 배출되었고 경상도 한량들은 학춤을 잘 추는 전통이 있다. 학춤의 기원은 멀리 신라 화랑들에게까지 거슬러 올라간다. 화랑도의 신체와 정신을 단련하는 수련 방법이었다. 외조부는 학춤 전문가였다고 하니 그 혈통과 전생의 인과因果가 축적되어 손녀딸 김완선의 댄스가 탄생한 셈이다.

유전은 대개 한두 세대를 건너뛰었다가 나타나는 격세유전隔世遺傳이 많다. 이모들도 민속춤의 대가였고, 김완선을 중학교 시절부터 연예인으로 조련한 이모 본인도 춤꾼 집안의 DNA였기 때문에 댄스 음악 전문 매니저가 되었던 것이다. 10여 년 넘게 사회와 격리되면서 춤만 추는 생활을 김완선이 견딘 것도 전생부터 댄스에 단련된 유전자가 있었기 때문이라고 보아야 한다. 춤꾼 소질이 없었으면 혹독한 훈련을 못 견딘다. 김완선 본인도 그동안 삶의 풍파를 겪었음에도 불구하고 얼굴에는 크게 찌든 때가 안 보인다. 20대 초반에 풍겼던 백치미와는 좀 다른 성숙하고 발효된 순수미가 있다.

인생에 상처 없는 사람 없다. 그러나 그걸 극복하고 꽃이 피었으니 많이 불러라!

이을호 선생을 추억하며

"가장 최악의 조건이 때로는 가장
큰 즐거움을 가져다줄 수 있다"고 썼다.
옥중에서 '알몸'을 만났다고도 했다.

　　　　대장부 4대 과목이 감방, 부도, 이혼, 암
(병)이다. 난도難度가 높은 4대 과목을 수료하였으면서도 아직 목숨이 붙
어 있으면 그런 인물은 대장부(?)다. 나는 아직 한 과목도 제대로 이수하
지 못해서 대장부를 만나면 쩔쩔맨다. 졸장부급級인 것이다. 사이즈 늘리
기가 이렇게도 힘들다.

　필자가 30대 초반에 여러 번 찾아뵙고 다산학茶山學과 사상체질에
대한 강의를 들었던 현암玄庵 이을호(李乙浩, 1910~1998) 선생은 풍파를
많이 겪었으면서도 항상 온화한 표정을 지니고 계셨다. 나를 만날 때마
다 "자네는 화기火氣를 내리는 게 관건이네. 성질 좀 죽여!"라고 당부하
곤 하였다.

　선생은 1920년대 후반 서울 중앙고보를 다닐 때 폐결핵에 걸렸
다. 당시 종로 화평당 약국이 유명하였다고 한다. 화평당에는 함경도
에서 내려온 최승달 선생이 있었는데, 최승달은 동무東武 이제마(李濟馬,

1837~1900)의 8대 제자 가운데 하나였다. 8대 제자 중에 7명은 이북에 있었고, 최승달만 서울에 내려와 화평당을 열고 있었던 것이다. 폐결핵을 완치하고 나서 현암은 이제마에게 심취하여 경성약전에 들어갔고, 《동의수세보원東醫壽世保元》을 최초로 한글 번역하였다. '사상의학四象醫學'이라는 용어도 이을호 선생이 처음으로 사용하였다. 1937년에는 영광에서 항일운동을 하다가 주모자로 체포되어 목포형무소에 수감된다. 1년 6개월간 감방 생활을 하면서 한문으로 된 다산의 《여유당전서與猶堂全書》를 독파한다. 다산학을 개척하게 된 계기였다.

그의 한문 실력은 외가의 영향이다. 외가인 영광의 창녕 조씨 집안은 자체적으로 '적서암積書庵'이라는 도서관을 운영했을 정도로 호학하던 집안으로 유명하다. 조씨들은 북경에까지 책을 구입하러 사람을 보내기도 하던 집안이었다. 인근의 식자층이 적서암에 와서 보고 싶은 책을 읽으며 며칠씩 묵어가기도 했다. 어린 이을호는 일찍부터 외가 어른들로부터 한학을 배울 수밖에 없었다. 《간양록看羊錄》을 번역하다가 6·25가 발발하자 목포에서 흑산도로 들어갈 때 청진기, 침, 체온계 그리고 《간양록》만 달랑 가방에 넣고 흑산도행 배에 올랐다.

훗날 선생은 목포 형무소 시절을 회상하며 "가장 최악의 조건이 때로는 가장 큰 즐거움을 가져다줄 수 있다"고 썼다. 옥중에서 '알몸'을 만났다고도 했다. 현실의 고난과 악조건은 의복과 같아 벗어 버리면 될뿐 "외화外華를 좇지 말고 자기의 참된 모습과 함께 살라"는 것이 선생의 가르침이다.

합천군 가회면장의 덕

> 허임상은 '나를 먼저 총으로 쏜 다음에
> 이 사람들 죽여라' 하고 자기 가슴을
> 먼저 내밀었다.

약초꾼과 나의 행보는 겹치는 면이 있다. 약초꾼은 약초를 캐기 위해서 배낭을 메고 전국의 깊은 산속을 다니지만, 필자는 노트북과 메모 수첩을 들고 이야기를 채집하기 위하여 전국의 명산과 산골 마을을 돌아다닌다. 채담가採談家와 약초꾼은 전국을 돌아다닌다는 점에서 비슷하다. 누구는 약초로 먹고 살고 누구는 채담으로 먹고 산다.

경남 합천군에 가회면佳會面이 있다. 옛날 같으면 아주 심심산골에 해당한다. 인조반정 이후로 몰락한 남명 학파의 제자들이 숨어 살면서 책 읽기에 좋았던 동네이다. 깊은 산골에다가 기본 생계는 가능한 전답이 있어서 안빈낙도安貧樂道할 수 있는 환경을 갖추고 있다. 토체土體의 덕을 갖춘 명산인 황매산(黃梅山, 높이 1108m)을 뒷산으로 삼고, 오도천吾道川·영계천穎溪川·사수천泗水川이 감아 돌아 흐르는 가회면은 산과 물이 아름답게 만난 곳이다. 산과 물이 감아 돌아 흐르는 모습을 보면 이만한 구경거리가 따로 없다. 말 없는 산천이 최고의 구경거리이다.

이 동네에 가니까 암파岩波 허임상(許壬相, 1912~1958)이라는 면장 이야기가 자자하다. 6·25 당시에 가회면장을 하고 있었는데, 좌익 성향을 지녔다고 판단되는 보도연맹保導聯盟 관련자 200여 명이 총살될 위기에 있었다. 서울에서 내려온 경찰 책임자가 가회국민학교 운동장에 200여 명을 집합시킨 다음에 산골짜기로 끌고 가서 총으로 쏠 예정이었다. '골(谷)로 간다'는 말도 아마 이 무렵에 나온 말이 아닌가 싶다.

가회면장을 맡고 있었던 허임상은 잘 아는 지서장 조정수와 함께 '이 사람들 죽이면 안 된다'고 통사정을 하였다. 특히 허임상은 '나를 먼저 총으로 쏜 다음에 이 사람들 죽여라' 하고 자기 가슴을 먼저 내밀었다. 가회면 터줏대감이자 유지였던 허임상 면장이 자기 목숨을 내놓고 막아서니까 서울에서 내려온 경찰 책임자도 할 수 없이 물러설 수밖에 없었다. 이렇게 해서 200여 명이 목숨을 건졌다.

허임상은 공덕이 또 있다. 일본 강점기 때인 1933년에 '영암사지 쌍사자석등'을 일본 도굴꾼들이 훔쳐 가고 있었다. 이 석등은 신라 시대 것인데 지금 보아도 아주 아름답다. 장대 주막에서 석등 끌고 가는 모습을 발견한 사람들로부터 소식을 들은 허임상은 장정 몇 명을 모아 추격하였다. 40리 떨어진 의령군 대의까지 쫓아가 일본 도굴꾼들을 위협하여 이 쌍사자석등을 되찾아 왔다. 허임상이 21세 때 일이었다.

사람은 어디로 가고 공덕만 남았다.

교육에 투자하는 부자들

일제강점기 호남의 부자들은
학교 사업에 투자하는 것이 하나의
흐름이었다.

해방 이후에 책을 써서 가장 돈을 많이 번
인물은 아마도 홍성대(1937~)가 아닌가 싶다. 《수학의 정석》 저자이다.
바둑에만 정석이 있는 줄 알았던 한국 사람들에게 수학에도 정석이 있다
는 사실을 알려준 인물이기도 하다. "영어의 정석은 왜 안 쓰셨습니까?"
"내 전공만 써야지요. 영어는 전공 아니니까요." 10년 전쯤 남성고 총동
문회에 강연 갔다가 헤드 테이블에서 동석한 홍성대 상산고 이사장과 필
자가 나누었던 이야기다. "관상이 사자 상相인데, 정치를 한번 해 보시지
그랬습니까?" "소석(素石, 이철승)이 정치는 하지 말라고 했어요. 교육 사
업에 투자하라고 했지."

홍성대는 정읍이 고향이지만 익산의 남성고南星高를 다녔다. 남성고
도 사연이 있는 학교이다. 전주의 '백부자집(學忍堂)' 후손인 백남신(白南
信, 1858~1920)의 재산으로 만든 학교이다. 1894년 동학혁명으로 전주
성이 동학군에 함락되었고 전주는 양반, 상놈의 차별이 가장 먼저 없어

진 도시가 되었다. 이 혼란 상황에서 중인 출신 부자인 백남신이 양쪽의 중재를 하지 않았나 싶다. 고종은 백남신을 신뢰하였다. 그래서 이름을 '남쪽에 믿을 사람은 너다'라는 의미로 '남신南信'이라는 이름을 특별히 하사하였다.

백남신은 왜정 때 익산에서 쌀 농장을 경영하여 큰돈을 벌었고, 1946년에 그 며느리가 당대 일류 교사들을 초빙하여 남성고를 세운 것이다. 일제강점기 호남의 부자들은 학교 사업에 투자하는 것이 하나의 흐름이었다. 대표적으로 인촌 김성수의 1932년 고려대학교 인수이다. 이것은 인촌의 단독 드리블이 아니고 호남의 돈 있는 여러 지주의 공동 투자가 있었다.

인촌의 고려대 투자는 호남 부자들에게 많은 영향을 미쳤다. 순천에서는 우석友石 김종익(金鍾翊, 1886~1937)이 있었다. 자신의 딸이 어려서 죽자 거액을 기부하여 '경성여자의학전문학교'를 세웠다. 고려대 의대의 전신이다. 인촌과 쌍벽을 이루는 호남 부자였던 무송撫松 현준호(玄俊鎬, 1889~1950), 현대그룹 현정은 회장의 조부이다. 민족자본을 지키기 위해 호남은행을 세웠지만 총독부에 찍혀서 강제 해체당했다. 삼성그룹 홍라희의 외조부 김신석이 무송의 오른팔로 스카우트되어 일제강점기 호남은행 목포지점장을 하였다. 전남대는 의대가 가장 먼저 세워진 특이한 학교이다. 전남의대를 세울 때 그 돈을 현준호가 댔다. '민족사관고등학교'를 세운 파스퇴르우유 최명재도 전북 김제가 고향이다. 상산고와 민사고는 호남 부자들의 학원 사업 전통과 연결되어 있다.

고창 방우산과 신재효

떠돌이·기생·상여꾼·광대 등이
모여들어 기식하면서 판소리 공부를 하였다.
말이 판소리 공부이지 사실은
'의식화 교육'이 아니었을까.

하늘에 있는 용이 비를 내리면 땅에 사는
개구리가 이 빗물을 받아먹는다. 하늘의 용과 땅의 개구리는 복식조이
다. 동학혁명을 놓고 볼 때, 그 사상적 틀을 세운 수운水雲 최제우(崔濟愚,
1824~1864)가 용이라면 전북 고창에서 판소리를 정립했던 동리桐里 신
재효(申在孝, 1812~1884)는 개구리에 비유하고 싶다. 사람들은 용은 주목
하였지만 개구리는 주목하지 않았다.

동학이라는 혁명 폭탄을 제조한 것은 수운이었지만, 그 폭탄이 터지
려면 안전핀을 뽑아야 하는데 그 안전핀을 뽑은 인물은 고창에 살았던
신재효였다. 경상도에서 제조한 동학이라는 폭탄이 고향 경상도에서 터
지지 않고 전라도에서 대폭발을 일으킨 데는 신재효가 깔아 놓은 떡밥
이 크게 작용하였다는 생각을 필자는 오래전부터 해왔다. 그 떡밥은 판
소리 교육이었다.

최제우는 가난해서 20대에 10여 년을 전국을 떠돌며 행상을 하였다.

신재효는 이방과 호방을 지낸 중인 신분이었지만 재산 5000석을 지닌 부자였다. 5000석이면 요즘 개념으로 5000억 부자다. 신재효의 아버지는 서울에서 고창의 경주인京主人을 하며 재산을 모았고, 고창에 내려와서는 관약방官藥房을 하며 재산을 모았다. 경주인은 그 지방 수령이 서울에 파견해둔 아전·향리를 가리킨다. 그 지역 사람들이 서울에 오면 숙식을 제공하거나 수령의 서울 민원 사항을 챙기기도 하고 때로는 필요한 자금도 융통했던 복합 출장소장이었다. 숙박·금융·로비스트를 겸한 자리였으므로 아주 실속 있는 자리였다.

신재효가 살았던 집터도 부자 터의 전형이다. 거대한 창고처럼 보이는 고창의 방장산(方丈山, 743m)을 정면으로 마주 보고 있다. 서해안 고속도로를 타고 고창 근방을 지나가다 보면 이 방장산이 네모반듯하게 잘생긴 모습으로 보인다. 그 방장산 기운이 정면으로 쏟아져 들어오는 자리에 신재효의 집이 있었다. 신재효의 집터는 약 3000평 장원이었다. 그 담벼락 주변에 조그만 방 50~60여 개가 붙어 있었다. 일종의 기숙사였던 셈이다.

여기에는 고창을 중심으로 한 호남 일대의 밑바닥 계층, 즉 떠돌이·기생·상여꾼·광대 등이 모여들어 기식寄食하면서 판소리 공부를 하였다. 말이 판소리 공부이지 사실은 민초들의 의식을 일깨우는 '의식화 교육'이 아니었나 싶다. 5000석 재산의 상당 부분을 여기에다 썼다. 그가 죽고 나서 10년 후에 동학의 전봉준이 고창에서 들고일어날 수 있었던 배경은 신재효가 깔아 놓은 떡밥이었다고 보아야 한다.

인생이 묻어 있어야
진짜 '구라'

구라는 이야기입니다. 한번 들으면
머릿속에 쏙 남아요. 자연스럽게 기억이
되죠. 그래서 역사보다 한 차원 더 높은
경지가 구라라고 생각합니다.

'구라'라고 하는 단어는 점잖지 못한 비속어지만 어떤 경우에는 긍정적인 의미로 쓸 때도 있다. 때로는 고상한 맥락에서 통용될 수도 있다는 사실은 유홍준 선생에게 들었다. 이건 필자에게 지적 자극이 되었다.

재작년이었다. 부산에서 출발하여 대만까지 갔다 오는 그린보트를 1주일 동안 유 선생과 같이 탄 적이 있다. 배를 타고 망망대해에 떠 있는 상황에서는 육지로 나갈 수도 없고, 전화도 오지 않기 때문에 장시간 이야기를 나누기에 좋다. 배의 갑판에 설치한 의자에 앉아 동중국해를 바라보면서 한국 구라의 계보와 전통에 관한 대담을 하게 되었다.

"구라를 그리 차원 높게 보는 이유는 무엇입니까?"

"나는 히스토리보다 높은 단계로 보죠. 역사는 한번 읽는다고 해서 완전히 머리에 들어오지 않잖아요. 노력을 해서 외워야 하는 부담이 있죠. 그런데 구라는 이야기입니다. 한번 들으면 머릿속에 쏙 남아요. 자연스럽게 기억이 되죠. 그래서 역사보다 한 차원 더 높은 경지가 구라라고 생각합니다. '이야기'라는 것이죠."

역사보다 한 단계 더 높은 것이 구라다! 역사는 습기를 제거해 버린 건어물이라고 한다면, 구라는 등이 푸른 싱싱한 제주도 방어에 비유할 수 있다. 건어물은 씹으려면 딱딱하고 방어 회는 씹는 부담이 작고 입에서 녹는다. 구라(이야기)의 특징은 개방되어 있다는 점이다. 그 이야기에 내가 참여할 수도 있고, 반대로 그 이야기가 나의 삶에 들어와서 에너지로 전환될 수도 있고, 나의 경험이 그 이야기에 보태져서 또 다른 이야기로 분화될 수도 있다. 물론 역사도 그럴 수는 있지만 그 형식에서 구라가 훨씬 흡수율이 높다.

구라의 단계로 전환되려면 자기의 인생 체험과 체취가 녹아 있어야 한다. 인생 체취가 결여되어 있으면 전달력이 약하다. 책만 많이 읽는다고 해서 구라꾼이 될 수 있는 게 아니다. 책상물림이 된다. 거기에 인생이 묻어 있어야 윤기가 돈다. 양봉하는 벌이 먹은 설탕물이 배 속에 들어갔다 나오면 꿀이 된다. 벌의 배 속을 통과하지 않은 상태는 그냥 설탕물이다.

"그렇다면 한국 구라계의 원조는 누구를 꼽겠습니까?"

"벽초 홍명희라고 봐요. 《임꺽정》이 구라계의 대작이죠. 여기에는 조선의 정조가 들어가 있습니다." 지방 촌놈이 아닌 서울 사람이 구라꾼 되기가 어려운 법인데, 유 선생은 일찍부터 시골 유적지 답사를 많이 하면서 한 꺼풀을 벗은 구라꾼이 되었다.

사람에게 기대다

명품은 값을 깎지 않는다

많이 보고, 손으로 만져 보고, 사용해
보아야만 안목이 깊어진다. 촉감으로
느끼고 심지어는 작품에서 품어져 나오는
기운도 감지할 수 있어야 한다.

간송澗松 전형필(全鎣弼, 1906~1962). 필
자는 15년 전쯤 간송 집안사람들을 집중 인터뷰하면서 내린 결론이 '문
화재로 독립운동을 한 집안'이었다. 일제강점기 때 조선의 부자로는 호
남에 인촌 김성수가 있었고, 영남에는 경주 최부자, 충청도에는 공주 갑
부 김갑순이 있었다. 서울에는 간송 전형필이다.

당시 간송의 재산은 10만 석, 이 재산으로 조선의 미술품을 수집하
였다. 간송은 죽어서 문화재를 남겼다. 간송 덕택에 한국에서 미술사라
는 분야가 자리 잡을 수 있었고, 후학들이 미술품을 감상하는 안목이 배
양될 수 있었다. 간송은 미술품을 수집할 때 특징이 값을 깎지 않는다
는 점이었다. 값을 깎는다고 소문나면 골동상들이 일급 물건은 가지고
오지 않는다.

1937년 도쿄에서 변호사 일을 하면서 30년 동안 거주했던 영국 변
호사 존 개스비가 그동안 수집했던 고려청자들을 팔고 영국으로 돌아간

다는 정보가 입수되었다. 평소 개스비의 청자들을 주목하고 있던 간송은 황해도 땅 5000석을 팔아서 그 돈을 들고 도쿄로 날아갔다. 30대 초반의 새파란 젊은 사람이 자신의 청자 컬렉션을 전부 사겠다고 덤벼드니까 개스비는 '네가 감히 이걸 사겠다고. 돈은 가지고 있어?' 하는 심정으로 간송을 대하였다. 당시 쌀 1만 석에 해당하는 거금을 요구하였다. 간송은 그 자리에서 군더더기 없이 'OK, 내가 사겠다'고 결정하였다. 공주에 있던 땅 5000석을 추가로 팔아서 값을 지불하였던 것이다.

피카소부터 모네, 고갱, 르누와르에 이르기까지 세계 일류 작품들을 수집한 이건희도 간송처럼 물건 값을 깎지 않았다는 공통점이 있다. 선수는 깎지 않는다. 그 이유는 명품을 알아보는 안목을 가지고 있기 때문이다. 그 가치를 충분히 알아보는 '지물지감知物之鑑'이 있어야 돈을 아끼지 않는다.

그런데 안목, 이것이 쉽게 길러지지 않는다. 이건희는 자기 세계에 몰두하는 '덕후' 스타일이었지 않나 싶다. 이런 내성적 성향의 인간들이 사물을 골똘히 생각하고 거기에서 통찰력을 뽑아내게 된다. 후천적인 교육도 작용하였다. 아버지 이병철의 컬렉션을 보고 안목이 길러졌다. 명품을 많이 보고, 손으로 만져 보고, 사용해 보아야만 안목이 깊어진다. 보는 것 외에도 촉감으로 느끼고 심지어는 그 작품에서 품어져 나오는 기운도 감지할 수 있어야만 안목이 숙성된다.

간송이 일본 부자들과 경쟁을 하였다면 이건희는 루이비통 회장을 비롯한 세계의 부호들과 경쟁을 하였다. '이李컬렉션'이 한국의 문화 산업을 일으키는 종잣돈이 될 것이다.

스티브 잡스와
요가난다 자서전

> 외부의 기대, 자부심, 수치심, 실패의
> 두려움은 죽음 앞에서 모두 떨어져 나가고
> 오로지 진실로 중요한 것만 남는 그것.

'보리 방아 찧을 만하니까 보리가 떨어진다'라는 속담이 있다. 살 만하니까 배터리 떨어진 경우를 주변에서 한 번씩 목격한다. 10년 전 스티브 잡스의 죽음을 보면서 느꼈던 소감이다. 천신만고 끝에 '아이폰 개발'이라는 세계적인 성공을 이루었으나 그 성공을 제대로 누리지도 못하고 췌장암으로 죽었다. 그가 2005년 스탠퍼드 대학 졸업식에서 행한 연설 내용이다.

"'곧 죽는다'는 생각은 인생에서 결단을 내릴 때마다 가장 중요한 도구였습니다. 외부의 기대, 자부심, 수치심, 실패의 두려움은 죽음 앞에서 모두 떨어져 나가고 오로지 진실로 중요한 것만 남기 때문입니다. 죽음을 생각하는 것은 무엇인가를 잃을지도 모른다는 두려움의 덫에서 벗어나는 최고의 방책입니다."

잡스가 죽음의 공포를 극복하기 위하여 의지했던 책이 하나 있는데, 바로 인도의 크리야 요가kriya yoga 구루였던 요가난다yogananda의 자서

전(한국어판《요가난다 영혼의 자서전》)이었다. 잡스는 젊었을 때부터 매년 한 번씩 이 책을 읽었고, 마지막 죽기 전까지도 아이패드에 오직 이 책 한 권만 저장해 놓고 읽었다고 한다.

이 책에는 환생 이야기도 나온다. 요가난다의 어린 제자 카시가 일찍 죽었고, 요가난다는 이 제자가 어디에서 환생했는지를 찾아내는 스토리다. 양쪽 눈썹 사이에 있는 영안靈眼을 통하여 죽은 제자의 영혼이 어디에 있는지를 탐색하고, 다른 한편으로는 팔과 손가락을 치켜들고 뱅글뱅글 그 자리에서 돌면서 제자의 영혼이 어느 어머니의 배 속에 탁태托胎하였는지를 알려주는 전파를 수신하려고 했다는 내용이 나온다.

마침내 요가난다는 캘커타의 번화가를 걷다가 팔과 손가락을 통하여 전기적인 박동이 전해져 왔다. "카시예요, 카시. 저한테 오세요!" 카시가 보내는 파동을 따라서 어느 골목길의 대문 앞에 서니까 어떤 부인이 임신 6개월째였다. 요가난다는 그 부부에게 이렇게 예언하였다. "앞으로 살결이 하얀 사내아이가 태어날 겁니다. 그 아이는 얼굴이 넓고 아마 위쪽 머리카락이 꼿꼿할 겁니다. 그리고 영적 기질이 뚜렷할 거예요." 스티브 잡스가 죽음을 앞에 두고 고민할 때 그를 위로해 준 대목은 바로 이러한 카시의 환생還生 대목이 아니었을까 싶다.

요가난다는 크리야 요가의 고단자였다. 신에 대한 헌신과 사랑의 노선이다. 신과의 교감이 일어난다. 넓게 보면 잡스도 크리야 요가의 멤버였고, 아이폰도 신으로부터 영감을 받아서 개발하지 않았나 싶다. 영감은 정신세계로부터 온다.

플루타르코스 영웅들

전기학을 통해 위대한 성취가 아니라
마음과 태도가 영웅을 만든다는
사실을 배운다.

역사를 읽다 보면 결국 사람에게 관심이
귀결된다. 그래서 편년체編年體 역사 서술보다는 열전列傳, 인물사人物史,
전기학傳記學이 훨씬 흥미롭다. 해방 공간의 좌우 인물들을 연구한 신복
룡 선생과 대화할 때마다 귀를 쫑긋하게 하는 이야기가 많다.

"해방 공간에서 좌우로 진영이 나뉠 때 처음에는 이데올로기 때문이
었지만 좀 더 파고들면 혈육이 나와요. 여운형, 허헌, 홍명희, 박헌영의
자식들은 이미 이북에 가서 살고 있었어요. 이들이 이북으로 가게 된 원
인의 일정 부분은 자식들 문제도 있었다고 봐야죠. … 혈육보다도 더 강
력한 것이 돈이에요. 돈 앞에 장사 없었죠. 여운형이 가장 믿었던 동생
여운홍이 형의 믿음을 떨쳐 버리고 인민당을 떠나 사민당을 창당하게 된
데는 돈이 작용했죠. 미 군정청 공작금이 들어갔던 것입니다".

"하지 중장 밑에서 정치 참모를 했던 리어나드 버치는 어떤 인물이
었습니까?"

"하버드 법대를 졸업하고 변호사를 하다가 한국으로 왔죠. 계급은 중위였어요. 자신이 '세계에서 가장 출세한 중위'라고 말했죠. 1910년에 태어나서 1976년에 죽었으니까 30대 중반 한국 해방 공간에 와서 좌우 합작 플랜을 주물럭거렸어요. 술을 마시고 난폭 운전을 해서 교통 딱지를 여러 장 뗴였다고 해요. 버치가 미국에서 죽기 전에《한국전쟁의 기원》을 준비하고 있었던 브루스 커밍스가 직접 만나 인터뷰도 했다고 나오죠."

박근혜 정권 때 국방장관을 지내고 있던 한민구를 필자가 용산 국방부로 찾아가 인터뷰하게 된 계기도 신복룡의 이야기를 들은 것이었다. 일제강점기 항일 의병대장이자 게릴라전을 하면서 총을 잘 쐈던 명사수가 한봉수(韓鳳洙, 1884~1972)였다. 그 한봉수의 손자가 한민구라는 이야기를 들었기 때문이다.

"할아버지는 정말 총을 잘 쐈습니까?"

"명사수였어요. 말년까지 총에 대한 관심을 놓지 않았고, 손자인 제가 어렸을 때부터 총을 가지고 놀도록 허락하셨죠. 그래서 제가 10대 때부터 총을 분해할 줄 알았어요."

신복룡 선생이 이번에《플루타르코스 영웅전》(총 5권)을 번역해 출간했다. 사마천의《사기열전》보다 인물사에서 한 수 위라고 할 수 있는 서양 전기학의 요람이 되는 책이다. 아테네의 전성기 정치인이자 파르테논 신전을 지은 페리클레스 편을 보니까 태몽이 사자 꿈이었다. 어머니가 사자를 낳는 꿈을 꾸고 페리클레스를 낳았다는 내용이다.

그 외에도 카이사르, 한니발 등 수많은 인물들이 등장한다. 완벽한 영웅이 아니라 실수나 단점까지 뒷모습도 보여준다. '위대한 성취가 아니라 마음과 태도가 영웅을 만든다'라는 메시지를 전기학을 통해 배운다.

거북털 토끼뿔

> 현실 참여는 그냥 되는 게 아니다.
> 눈물도 쏟고 머리가 깨져 피를 흘리는
> 고통을 겪어야 한다.

중진 정치인에게 물었던 적이 있다. "종교가 뭡니까?" "기천불입니다." "그게 무슨 종교인가요?" "기독교, 천주교, 불교입니다. 저는 이 세 종교 다 믿습니다."

정치인은 될 수 있으면 자기 종교색을 강하게 드러내면 안 된다는 교양을 환기해 주는 답변이었다. 아울러 '기천불'의 태도가 한국에서 종교전쟁이 일어나지 않는 이유이기도 하다.

1980~90년대의 기천불을 대표하는 3인방이 기독교는 강원용 목사, 천주교는 김수환 추기경, 불교는 송월주 스님이었다. 자주 만나서 밥도 먹고 문제를 협의하였다. 김수환과 강원용이 먼저 세상 떠난 뒤에 혼자 남은 송월주는 외로웠다.

불교는 심산유곡에서 면벽面壁하는 출세간의 종교이다. 면벽도 중요하지만 입세간入世間의 현실 문제 참여에서 도를 닦아야 한다는 게 이번에(2021) 작고한 태공당 월주 대종사(1935~2021)의 일관된 신념이었다.

현실 문제에서 부대끼며 도를 닦아야 한다는 한국 불교 사판의 수행 노선을 대표하는 스님이 월주 대종사였다. 그의 회고록 제목도 하필 《토끼뿔 거북털》이다. 세간을 떠나서 깨달음을 구한다면 마치 토끼뿔과 거북털을 구하는 것과 같다는 뜻이다. 《육조단경》의 '이세멱보리離世覓菩提 흡여구토각恰如求兎角'에서 뽑아낸 말이다.

현실 참여는 그냥 되는 게 아니다. 눈물도 쏟고 머리가 깨져 피를 흘리는 고통을 겪어야 한다. 1980년 전두환 정권에 협력하지 않는다는 괘씸죄에 걸려 당시 신임 총무원장이었던 송월주는 차가운 얼음을 23일간이나 복용해야만 하였다. 보안사 서빙고西氷庫 분실에 끌려가 혹독한 취조를 겪어야만 했던 것이다. 전국 수백 군데 사찰에 군인들이 쳐들어가 법당을 짓밟고 승려들을 잡아가는 1980년 10·27 법난도 따지고 보면 송월주가 군사정권에 협조만 했더라면 피할 수 있는 일이기도 하였다.

법난 뒤에 한국을 떠나 3년간 미국과 유럽을 떠돌았다. 1994년 다시 총무원장에 선거로 복귀하였다. 해방 이후 조계종이 종정 체제로 있다가 총무원장이 실권을 갖는 총무원장 중심 체제로의 전환, 교구본사 주지를 원장이 임명하지 않고 선거로 뽑는 제도를 디자인하고 정착시킨 사람은 송월주이다.

그는 금산사 출신이었다. 8세기 진표율사 이래로 금산사는 한국 미륵 사상의 진원지였다. 난세가 닥쳤을 때 그 난세에 은둔하지 않고 직접 뛰어드는 스타일이 미륵 사상이다. 월주 대종사는 그 미륵의 전통을 계승한 인물이다. 거북털과 토끼뿔을 구하지 않고 사판事判 속에 이판理判이 있다는 신념대로 살다가 갔다.

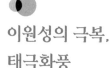

이원성의 극복,
태극화풍

고독을 극복하려면 이원성을
극복해야만 한다. 나와 우주, 동양과 서양,
자연과 기계문명, 남과 여, 고향과 타향.

그 사람이 사는 집을 가 보면 그 사람 취
향과 내면세계 또는 지향점이 무엇인가를 짐작할 수 있다. 공간이 생각
을 형성하기도 하고 반대로 생각이 공간을 창조하기도 한다.

프랑스 남쪽 프로방스에 있는 화가 이성자(李聖子, 1918~2009)의 작
업 공간은 태극 형상이다. 반달 모양의 음과 양이 약간 떨어져 있으면
서도, 서로 붙어서 태극으로 복귀하려는 형상이다. '은하수'라는 이름이
붙은 이성자의 둥그런 태극 형태 아틀리에는 매우 이색적이다. 평지에
서 보면 둥그런 집이지만, 공중에서 바라보면 동양사상의 태극도 모습
이기 때문이다.

1951년도에 프랑스로 건너가 여기에서 처음 미술 공부를 시작하고
죽을 때까지 50여 년을 프랑스 주류 화단에서 활동한 이성자는 어떻게
태극과 음양으로 자신의 세계관을 정립하게 되었을까? 태극과 음양은
도사들의 아이콘이 아니던가!

내가 30년 넘게 강호동양학의 3대 과목인 사주, 풍수, 주역을 연구하면서 최종 귀의처로 여긴 도상이 바로 태극도다. 태극을 알아야 강호동양학이 완성된다. 태극에서 음양이 나오고, 음양에서 다시 오행으로 분화되고, 오행이 만물을 형성한다는 우주관이 바로 태극도다. 도를 닦는다는 것은 처음 시작인 태극의 상태로 복귀하는 것이다. 퇴계 선생의 공부 요체인 '성학십도聖學十圖'의 제일 첫째인 제1도圖에 나오는 그림도 바로 태극도太極圖다. 한국의 국기도 태극기다. 세계 어느 나라 국기보다도 심오하면서도 웅혼한 우주관을 표현한 국기가 태극기라고 생각한다.

이성자는 유년 시절에 아버지 손 잡고 김해 수로왕릉의 숭인문에 그려진 태극 문양을 보았는데, 이 태극이 죽을 때까지 무의식에서 떠나지 않고 그의 전 생애 화풍을 지배하였다. 반달 모양 음양이 태극으로 복귀하려고 하는 그의 태극 화풍은 모든 이원성을 융합하고 녹여내려는 그의 예술철학으로 여겨진다. 나와 우주, 동양과 서양, 자연과 기계문명, 남과 여, 고향과 타향이다.

30대 초반 나이에 아들 셋을 한국에 놔두고 단신으로 프랑스에 건너가서 그림 공부를 시작한 여인. 이 여인이 가졌던 비장한 고독을 극복하려면 이 모든 이원성을 극복하여야만 하였던 것이다. 그가 죽고 나서 생각해 보니 이성자의 태극 화풍은 한류의 시작이자 사상적 모태였다는 생각이 든다. 태극도를 서구적 시각으로 재해석해서 건축한 '은하수'는 강호동양학자를 감동시켰다.

김병기 할머니의 일생

"너희 나라는 남의 집 안방에 들어올 때
신발 신고 들어오느냐"고 외치다가
일본 순사한테 구둣발로 허리를 얻어 차여
평생 허리가 아팠던 김병기 할머니.

영남 사대부 집안 후손들의 특징이 직장
퇴직 후에 한문과 보학譜學 공부에 열심이라는 점이다. 직장 다닐 때는 먹
고산다고 공부를 못 하다가 퇴직하고 난 다음에는 청소년 시절에 집안
어른들로부터 들었던 유림사회儒林社會에 대한 이야기들을 추적하게 되
는 것이다. 70대가 되면 일가견을 갖게 된다. 서울 인사동에서 이런 인물
2~3명과 만나면 점심 무렵 만나 밤 10시까지 이런 주제들로 이야기를 나
누게 된다. 호남 출신인 나에게는 문화인류학적인 인터뷰에 해당한다. 증
권회사 다니다가 퇴직한 장달수 선생은 여헌 장현광의 15대손인데, 보학
과 묘비명, 양반 집안의 생활사에 훤하다. 장달수의 할머니 이야기를 들
어 보니 기가 막히다.

할머니는 남자 이름 같은 김병기(金炳基, 1901~1995). 독립운동가로
유명한 심산心山 김창숙(金昌淑, 1879~1962)의 따님이다. 친정아버지가
독립운동하니까 왜정 때 핍박이 심했다. "너희 나라는 남의 집 안방에

들어올 때 신발 신고 들어오느냐"고 큰소리로 외치다가 일본 순사한테 구둣발로 허리를 얻어 차여서 평생 허리가 아팠다. 친정 남동생 환기煥基는 독립운동하다가 대구 감옥에서 죽었다. 동생 찬기燦基도 독립운동하다가 중국 중경에서 죽었다. 해방 후에 백범 선생이 유골을 메고 왔다.

할머니의 아들 장경익張慶翼은 와세다대를 나와서 사회주의 운동을 하다가 감옥에 갇혀 사형당할 뻔했다. 이때가 1946년이다. 할머니 남편이 장세형이었는데, 장세형이 당시 집안 간이고 수도경찰청장을 하던 장택상張澤相을 찾아갔다. "당신 할배가 우리 집에서 공부했는데, 내 아들을 죽일 작정이오?" 장택상의 조부 장석용張錫龍은 대과 급제하여 형조판서를 지냈다. 장석용에게 공부를 가르쳐 준 인물이 장석이張錫頤였다. 장석이는 경주 최 부잣집 따님과 결혼하였고, 이 최 부잣집 따님이 시집을 때 가져온 상당한 돈으로 동천학당東泉學堂을 고향인 경북 인동仁同에 열었다. 동천학당에서 공부하여 대과 급제한 장석용이 장택상의 할배가 된다. 장석이는 장세형의 고조부에 해당한다. 결국 장경익은 장택상의 도움으로 '전향서'를 쓰고 살아 나왔다. 할머니의 작은아들 장상익張尙翼은 국방경비대에 있다가 6·25 때 전사하였다.

심산 김창숙이 이승만에게 밀려 1955년에 경북 영주에서 살던 딸네집에 피신해 있었다. 심산을 만나러 각지에서 손님들이 밀려드니까 그 접대 비용을 대기 위하여 대원군이 그려 주고 간 석파란 병풍을 2개 팔아서 쌀값을 댔다고 한다. 한국 현대사가 이렇다. 역사의 소용돌이에 개인의 삶은 휩쓸리고 만다.

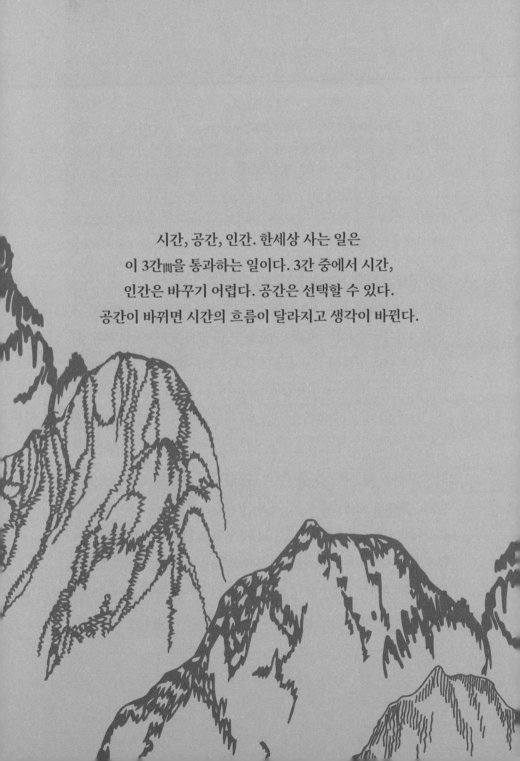

시간, 공간, 인간. 한세상 사는 일은
이 3간間을 통과하는 일이다. 3간 중에서 시간,
인간은 바꾸기 어렵다. 공간은 선택할 수 있다.
공간이 바뀌면 시간의 흐름이 달라지고 생각이 바뀐다.

3

밝은 곳으로 가라

공간이 정신을 바꾼다

용서는 하지만
잊지 않는다

만델라는 열악한 교도소 환경에서
거문토성의 공평무사한 정기를 받았다.
342년 만에 흑인이 정권을 잡았지만
백인들에게 보복하지 않았다.

남아프리카공화국 케이프타운에 있는
'테이블마운탄Table Mountain'은 필자가 가장 가 보고 싶은 산이다. 하지
만 인연이 없어서 아직까지 가 보지 못했다. 높이는 1086m밖에 안 된다.
산은 높다고 장땡이 아니다. 그런데 산 정상 부분이 평평하게 생겼다. 마
치 테이블처럼 평평하다. 식탁같이 생겼다고 해서 혹자는 '식탁 산'이라
고도 부른다. 산 정상의 평평한 부분의 길이가 무려 3.2km나 된다고 하니
굉장하다. 칼로 두부를 잘라 놓은 모습이기도 하다.

필자가 이 산을 주목하는 이유는 테이블처럼 평평한 그 모습 때문
이다. 동양의 감여가(堪輿家, 풍수, 터를 연구하는 사람)들은 이런 모양의
산을 거문토성巨門土星의 형태로 분류한다. 아주 귀하게 여긴다. 제왕이
배출되는 기운을 지녔다고 본다. 왜 제왕인가? 제왕의 첫째 자질은 공
평公平에 있다. 공평해야 만인을 다스린다. 공평함에서 카리스마가 나오
는 것이다. 편파적이면 존경받지 못하고, 결국은 분란을 초래한다. 거문

토성의 산은 정상 부위가 평평하므로 이 산을 평상시에 많이 보고 생활한 사람은 무의식에 공평한 마음을 축적하게 된다. 테이블처럼 생긴 모습은 마치 저울대의 양쪽이 어느 한쪽으로 기울지 않는 평평한 균형 상태의 모습과 같다.

그렇다면 케이프타운의 테이블 마운틴에서 과연 제왕이 나왔단 말인가? 넬슨 만델라(1918~2013)가 나왔다. 이제까지 아프리카 대륙에서 배출한 세계적인 인물이 남아프리카공화국 대통령이었던 넬슨 만델라가 아닌가.

만델라는 정치범으로 27년 감옥 생활을 했는데, 그중에서 18년 동안 로벤섬Robben Island 교도소에 갇혀 있었다. 교도소에서 바라보면 눈앞으로 테이블 마운틴이 보인다고 한다. 눈만 뜨면 테이블 산이 보이는 셈이다. "며칠, 몇 주를 내다보면 비관스럽지만 몇십 년을 멀리 보면 희망적이다." 만델라의 말이다.

만델라는 교도소라는 열악한 환경에서 거문토성의 공평무사한 정기를 받았다고 본다. 342년간의 백인 통치를 종식하고 처음으로 흑인이 정권을 잡았지만 가해자였던 백인들에게 보복하지 않았다. 공존의 정치를 하였다. '잊지는 않지만 용서한다(Forgive without forgetting)'가 그것이다. 나는 풍수를 신봉하는 감여가이므로 테이블처럼 평평한 거문토성의 산세에서 이런 철학이 나왔다고 여긴다.

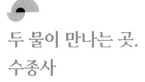

두 물이 만나는 곳,
수종사

> 좋은 풍경을 보면 과도한 욕구가 줄어든다.
> 풍경 중에서도 강물이 흘러가는 모양을
> 보는 게 좋다.

아름답고 장엄한 풍경을 보는 것도 공부
이다. 책만 보는 게 공부는 아닌 것이다. 좋은 풍경을 보면 세상 출세 욕구
가 줄어든다. 풍경 중에서도 강물이 흘러가는 모양을 보는 게 인상적이
다. 특히 두 줄기의 강물이 합수合水되는 장면은 장관이다. 강은 풍수에서
재물을 상징하고, 농사의 물을 대고, 물동량이 왔다 갔다 하는 젖줄에 해
당한다. 강물마다 미네랄 함유량도 다르다. 통과하는 암반층과 지층이 다
르기 때문이다. 두 줄기의 강물이 합해지는 장관을 보여주는 지점이 바로
남양주시의 '두물머리'이다. 다산기념관이 자리 잡고 있는 지세를 지도
에서 찾아보니까 둥그렇게 튀어나와 있다. 돌출된 지형이 흡사 사람 머리
같다. 바로 이 지점에서 남한강 물과 북한강 물이 합쳐진다.

이 두 강물이 합쳐지는 모습을 조망하는 지점으로는 인근의 수종
사水鐘寺가 뛰어나다. 운길산(雲吉山, 610m) 중턱의 해발 400m 지점에
자리 잡은 수종사는 천년 고찰이다. 수종사에서 내려다보니 강물이 3개

나 보인다. 남한강, 북한강 그리고 아래쪽에서는 보이지 않던 경안천까지. 경안천은 경기도 광주 쪽에서 내려오는 물이다. 이렇게 보면 '세물머리'인 셈이다.

3개의 강물이 합수된다는 것은 3군데의 인심과 물류가 합해지면서 만난다는 의미를 담고 있다. 조선 시대까지만 하더라도 이 강물마다 화물과 사람을 싣고 돛단배들이 떠다녔을 테니까 그때가 훨씬 더 장관이었을 것이다. 수종사 산신각 터에서 보는 두물머리 풍경이 가장 멋지다. 옛날 같으면 강포귀범江浦歸帆의 풍광이었지 않았나 싶다. 중국 동정호의 8가지 풍경 가운데 하나로 원포귀범(遠浦歸帆, 저녁나절 멀리서 포구로 돌아오는 돛단배가 떠다니는 풍경)이 있다.

30년 동안 수종사에서 주석한 주지 동산東山 스님에 의하면 조선 초기 서거정徐居正은 "수종사에서 바라본 강물 풍경이 해동海東 제일"이라고 표현했다고 한다. 돛단배는 안 보이지만 이제는 다리가 4개나 서 있는 풍경이 보인다. 강물을 가로지르는 용담대교, 양수대교, 전철 다니는 철교, 자전거 다니는 다리 등이다. 삼각주로 보이는 양수리에는 카페, 음식점, 아파트, 여관의 모습이 오밀조밀 내려다보인다. 인간 삶의 모습이다. 수종사는 물도 좋다. 해남 대흥사에 기거하던 초의 선사草衣禪師도 다산 선생 만나려고 수종사에 머물렀는데 '차茶하고 같이 먹으면 수종사 물이 천하일품이다'라고 찬탄한 바 있다. 수종사 터는 청룡은 약하고 백호 줄기에 힘이 들어가 있다. 그 백호 줄기에 자리 잡은 응진전, 산신각 터는 암반에서 올라오는 기운이 쨍쨍하다.

닭발 서기

> 후학들은 그 피 묻은 바닥을 떼어다가
> 아자방 다락에 보관하였다. 게으른 마음이
> 들면 그 피 묻은 장판을 쳐다보았다.

채담가에게 두꺼운 역사는 풍부한 단백질과 같이 느껴진다. 역사야말로 이야기꾼의 밑천인 것이다. 지리산 계곡 깊숙이 자리 잡고 있는 하동 칠불사七佛寺. 가야국의 시조인 김수로왕의 일곱 왕자부터 이야기가 시작되니까 거의 2000년의 역사를 가지고 있다. 해발 700m의 터에다 커다란 소가 감싸고 있는 와우형臥牛形의 명당이다. 날카롭지 않고 무난한 듯하면서도 은근히 밑에서 올라오는 기운이 강한 터이다. 신선들은 이런 터를 좋아했던 것 같다.

칠불사 뒤에서 토끼봉 사이의 능선 구간에 신선들 이야기가 많다. 이 구간에 4차원의 또 다른 공간이 감추어져 있다고 도사들 사이에서 전해진다. 바로 금강굴金剛窟이다. 이 굴은 영안靈眼이 열린 사람들 사이에서만 가끔가다 보인다고 한다. 수백 살 먹은 신선이기도 한 지리산의 개운 조사開雲祖師가 바로 이 금강굴에서 자주 거처한다고 해서 개운 조사 추종자들은 이 금강굴에 한번 들어가 보고 싶은 향수와 염원이 있다. 1980

년대에 개운 조사의 존재를 신봉했던 이 근방 군부대의 대대장이 장병들 수백 명을 풀어서 이 금강굴을 찾겠다고 대대적인 수색을 한 적도 있다.

엊그제 칠불사에 들러보니까 조선 중기 추월조능秋月祖能 대사의 고행했던 이야기가 나를 숙연하게 만든다. 닭이 서 있는 것처럼 뒤꿈치를 들고 발끝으로만 서서 다니는 수행을 했다고 전해진다. 이걸 계족정진鷄足精進이라고 한다. 칠불사 내의 특수온돌 선방인 아자방亞字房에서 머무를 때는 항상 뒤꿈치를 들고 있었다. 그러고는 매일 20리 넘게 떨어진 쌍계사에 가서 참배하였다. 쌍계사 탑전에는 육조혜능 대사의 두개골인 육조정상六祖頂相이 모셔져 있었기 때문이다. 쌍계사까지 왕복 50리 길을 갈 때는 등 뒤에다가 10kg 정도의 돌을 메고 다녔다. 때로는 호랑이가 나타나 조능 대사의 등에 멘 돌을 받쳐주기도 했다고 한다. 고행이 계속되니까 어느 날 조능 대사의 종아리에서 피가 터졌다. 그 피가 흥건하게 아자방 바닥에 스며들었다. 후학들은 그 피 묻은 바닥을 떼어다가 아자방 다락에 보관하였다. 게으른 마음이 들면 그 피 묻은 장판을 쳐다보는 관습이 있었다.

조능 대사는 죽을 때 앉아서 죽었고, 앉은 채로 죽은 시신을 항아리에 담아 그대로 묻었다. 지금 부도전 위쪽의 왼쪽에 있는, 이끼가 낀 두꺼운 너럭바위는 그 시신 항아리를 덮어 놓은 뚜껑이다. 부도전에서 바라보니 지리산 영봉들이 자욱한 안개에 둘러싸여 있다.

굽은 곳에 기운이 모인다

물이 산을 감싸고 돈다는 것은 마치
인간사에서 상대방을 보호해 주려고
팔을 감싸 안는 것과 같은 이치이다.

인생을 살면서 수많은 기차역을 지나가
지만, 그중에서 자기가 내리고 타는 역은 몇 개 되지 않는다. 기차를 탈 때
마다 그냥 지나친 역에 대한 호기심과 노스탤지어가 있다.

김천에서 영주까지 가는 경북선을 타고 가다 보면 중간에 용궁역이
있다. 지나가면서 보기에는 사람이 별로 많이 타지 않는 한가한 시골 역
이다. 그러나 지나칠 때마다 그 역의 환상적인 이름이 호기심을 자극하
곤 했다. 왜 역 이름을 용궁으로 지었을까? 토끼가 간을 빼주려고 갔던
용궁인가. 심청이가 인당수에 몸을 던지고 들어갔던 용궁이란 말인가.
아니면 신라 원효가 《대승기신론소大乘起信論疏》를 용궁에서 구해 왔다
는데 그 용궁인가. 아니면 산세가 용의 형상을 하고 있어서 그리 이름을
붙인 것일까? 마침 예천군에 강연 갔다가 토박이이기도 한 김학동 군수
와 저녁 식사 자리에서 이것부터 물었다. "왜 용궁이라 한 것입니까?"
"자세히는 모르겠지만 회룡포回龍浦, 삼강三江과 관련이 있지 않나 싶습

니다." 선수 생활 30년을 한 강호동양학자에게는 이 정도의 정보만 입수해도 대강 답이 나온다.

다음 날 비룡산飛龍山 장안사 뒤에 있는 회룡포 전망대에 올라가서 보니까 회룡포가 굽이 도는 모습이 한눈에 보인다. 내성천이 완벽한 S자 형태로 돌아 나가는 모습이다. 이렇게 완벽하게 S자로 돌아 나가는 강물이 있다니! 감여가 사이에 전해져 오는 핵심 문구가 있다. '地氣專於乙字(지기전어을자)' 땅의 기운은 전적으로 乙자처럼 휘어져 내려오는 데에 있다는 뜻이다. 이는 물의 기운도 마찬가지이다. S자나 乙자처럼 휘어져 내려오는 데에 기운이 뭉쳐 있는 법이다. 직룡直龍은 사룡死龍이다. 일직선으로 뻣뻣하게 내려오는 용은 죽은 용이다. 맛대가리가 없다. 물이 굽이 돌아야만 흘러가면서 윗물과 아랫물이 섞이게 된다. 섞여야 산소 함유량이 풍부해진다.

이탈리아의 베네치아에 가서 필자가 놀란 사실은 베네치아를 관통하는 대운하의 모양이 S자 형태였다는 점이다. 일부러 이렇게 조성한 것이다. 알긴 알았다. 베네치아 대운하의 굽어 돌아가는 모습을 보고 나는 거기에서 큰 용이 꿈틀거리는 모습을 본 적이 있다. 베네치아는 용의 도시였다. 예천 회룡포는 꿈틀거리는 용이 살고 있는 용의 집이었다. 용이 사는 집이니까 용궁龍宮이 맞다. 용은 수운水運을 상징하고, 재물을 가져다 주고, '산태극 수태극'●을 형성하여 결국에는 인물을 배출한다.

산과 물로 대변되는 음양이 조화되기 위해서는 무엇보다 물의 흐름이 산을 감싸고 돌아 주어야 한다. 마치 인간사에서 상대방을 보호해 주려고 팔을 감싸 안는 것과 같은 이치이다. 그러한 지형을 산태극 수태극山太極水太極의 지형이라고 표현한다.

최치원의 둔세지지

시비 소리가 귀에 안 들리는
시대는 없다. 씻어낼 수 있느냐
없느냐만 다를 뿐.

세상과 불화不和하면 어떻게 되는가? 죽든지 방랑하는 수밖에 없다. 방랑도 쉬운 문제가 아니다. 방랑의 한 유형을 보여준 인물이 신라 말기의 고운孤雲 최치원(崔致遠, 857~?)이다. 좌절한 지식인이 명산대천에 숨어버린 삶의 전형이다. 지리산의 화개 골짜기도 최치원이 좋아하였던 곳이지만, 그가 말년에 세상과 인연을 끊고 완전히 숨어버린 곳은 가야산의 홍류동紅流洞 계곡이라고 알려져 있다. 가을 단풍 그림자가 붉게 흐른다 하여 홍류동이다. 전국을 떠돌다가 홍류동 계곡으로 들어온 최치원은 '一入青山更不還(일입청산갱불환)'이라는 시구를 남기고 자취를 감췄다. '이번에 청산으로 들어가면 다시는 세상에 나오지 않으리라'는 다짐이 들어 있는 시구이다.

홍류동 계곡 중간쯤에는 그가 세상을 피해 숨었던 장소가 전해져 온다. 바로 농산정籠山亭이다. 계곡물이 내려오다가 화강암 바위가 솟아 있는 지점을 'ㄱ'자 비슷하게 꺾어 돌아가는 위치에다가 정자를 지어 놓았다. 정자 앞에는 백색의 커다란 화강암들이 용의 이빨처럼 박혀 있다. 그 이빨 사이를 흐르는 계곡 물소리에 옆 사람의 목소리가 잘 들리지 않는다.

계곡물의 소리는 묘한 효과가 있다. 머릿속의 근심을 씻어내는 효과이다. 물소리가 인간의 번뇌를 씻어준다는 이치는 이 농산정에 와 보면 실감한다. 머릿속의 뇌세포와 심장에 박혀 있는 좌절과 분노의 화기는 콸콸 쏟아지는 물소리만이 빼낼 수 있다. 고운이 하필이면 왜 이 지점을 택해서 도를 닦았겠는가? 그 비밀은 계곡 물소리라고 보는 것이다. 자연의 소리만이 인간의 우울증을 달랜다. 농산정 앞에는 '孤雲崔先生遯世地고운최선생둔세지'라고 새겨진 돌비석이 서 있다. 고운이 남긴 둔세시遯世詩의 마지막 구절은 이렇다.

常恐是非聲到耳 상공시비성도이
故教流水盡籠山 고교류수진롱산

행여나 세상 시비 귀에 들릴까
흐르는 물 시켜 산을 감쌌네

시비 소리가 귀에 안 들리는 시대는 없다. 계곡 물소리로 이를 씻어낼 수 있느냐 없느냐만 다를 뿐이다. 홍류동 계곡에서 쏟아지는 농산정 물소리를 듣고 오니 보약 한 첩 먹고 온 것 같다.

팔오헌의 장사추와

> 내 밭을 갈고, 내 샘물을 마시며,
> 내 책을 펼치고, 내 고요한 생활을 지키며,
> 내 생애를 마치리라.

경북 봉화의 옛날 지명이 내성乃城이다. 조선 시대 내성은 큰 장이 열렸다. 동해안 울진 항구의 고등어와 해산물을 보부상들이 지게에다 지고 태백산맥의 험준한 십이령(열두 고개)을 넘었다. 그 고등어의 도착 지점이 내성 장이었다. 내성 장의 고등어가 다시 경북 내륙 일대로 분산되었던 것이다.

그 내성의 어느 장날에 옷도 더럽게 입고 약간 미친 듯한 남자가 동물 그림이 그려진 깃발을 들고 외치고 있었다. 용, 호랑이, 거북이 그림을 들고 '용은 만 냥, 호랑이는 오천 냥, 거북이 삼천 냥'이라고 호객을 하였다. 다른 사람은 '웬 미친놈이야' 하고 거들떠보지도 않았지만 봉화 바래미(해저) 마을에 살았던 팔오헌八吾軒 김성구(金聲久, 1641~1707)는 그 얼빠진 남자를 집으로 데려왔다. '내가 사 줄게.' 뭔가 있다고 보았던 것이다. 사랑채에서 깨끗한 옷으로 갈아입히고 그 미친(?) 사람과 바둑을 두어 보니 팔오헌이 3판을 내리 졌다. 팔오헌도 바둑 실력이 만만치 않았는데 말이다. 알고 보니 그 남자는 금강산에서 도를 닦다가 내려온 장두병이었다. 유점사에서 도가 높은 고승 밑에서 시중을 들다가 스님이 한 달 정도 평양에 출타한 사이에 '명당이 어디에 있는가를 적어 놓은' 풍수의 비급을 몰래 훔쳐보았던 것이다. 그래서 쫓겨났고 동해안 일대의 장날을 떠돌며 명당 장사를 하고 있었다.

장두병이 사랑채에 누워서 침을 뱉으면 대들보에까지 튀어서 붙을 만큼 내공이 있었다. 그 장두병이 잡아준 명당자리가 영주의 평은 마을에 있는 장사추와長蛇追蛙 못자리이다. 긴 뱀이 개구리를 추적한다는 뜻이다. 이런 명당 터를 보고 다녀야 사는 재미가 있다. 포인트는 개구리가 어떻게 생겼는가, 큰가 작은가를 살펴보는 일이다. 영지산에서 갈라진 지맥이 1km쯤의 길이로 내려오면서 큰 뱀의 형상을 만들었고, 그 뱀의 대가리 위에 팔오헌의 묘를 썼다. 뱀 주둥이 앞에 자그마한 동산이 있다. 개구리이다. 개구리 너머 안산案山도 잘생긴 밥상처럼 보인다.

'장사추와'를 쓰고 나서 바래미가 발복했다고 이 집안사람들은 생각한다. 집안에 과거 합격자가 80명이 넘었다. 벼슬을 상징하는 솟대가 빼곡하게 세워져 "바래미 솟대 그늘 때문에 우케(벼)를 못 말린다"라는 말이 생겨날 정도였다.(《봉화 팔오헌 김성구 종가》, 김미영, 경북대학교출판부) 독립유공자로 추대된 사람도 14명에 이르렀다. '팔오헌'의 팔오八吾는 내 밭을 갈고(경오전耕吾田), 내 샘물을 마시며(음오천飮吾泉), 내 산에서 나물을 캐고(채오령採吾嶺), 내 시내에서 낚시하며(조오천釣吾川), 내 책을 펼치고(피오편披吾編), 내 거문고를 뜯고(무오현撫吾絃), 내 고요한 생활을 지키며(수오현守吾玄), 내 생애를 마치리라(종오년終吾年)이다. 팔오헌 선생이 살아 있었다면 할 이야기가 참 많을 것 같다.

토정 이지함의 공부처

'사군산수四郡山水'는 옛날부터 시인,
도사, 학자들이 가 보고 싶어 했던
지역이다.

《정감록》이 주로 남성 독자층의 사랑을
받았다면《토정비결》은 남녀가 모두 좋아하는 비결서였다. 정권의 교체
를 파악하는 데는《정감록》이 필요했겠지만 자기 인생의 앞날과 운명을
알고 싶은 사람에게는《토정비결》이 필요하다.

그동안 필자는 최고의 스테디셀러《토정비결》의 저자로 알려진 토
정土亭 이지함(李之菡, 1517~1578)이 어느 산, 어떤 지역에서 집중적인 정
신 수련을 하였을까 하는 의문을 지니고 있었다. 이번에 '퇴계 선생 귀
향길' 재현단에 합류하여 충북의 청풍淸風과 단양丹陽을 지나면서 미처
몰랐던 부분을 우연히 알게 되었다.

토정의 친형인 성암省菴 이지번(李之蕃, 1508~1575)이 48세부터 단양
의 구담봉龜潭峰에 들어와 은둔생활을 하였고, 말년인 60세에 청풍군수
를 하였다는 사실이다. 이지번과 동생 이지함은 모두 일찍부터 서화담徐
花潭 문하에서 공부한 화담학파였다. 화담학파의 특징이 벼슬하는 것을

꺼리고 최소한도의 먹고살 것만 있으면 산골에서 은둔, 수도에 집중하는 경향이 강하다. 도가적인 취향이다. 유학자이면서도 도가적인 취향을 지녔던 이지번도 '세상 험하다'고 여기고 단양 산골로 숨었던 것이다. 스승인 서경덕이 화담花潭에서 살았듯이 이지번도 구담龜潭에서 은거하였다. 이때부터 동생 이지함도 본격적인 정신세계로 들어가는 공부를 한 것으로 추측된다. 그동안 전국을 방랑하고 다니던 동생 이지함을 형인 이지번이 잡아다 놓고 "이제 그만 돌아다니고 여기서 공부에 집중하거라"는 훈계를 하였다고 한다.

이지번의 16대손인 이문원 선생으로부터 직접 들은 가전家傳이다. 이론 섭렵과 세상 경험만 가지고 도사 되는 게 아니다. 면벽기도面壁祈禱의 정신 수련이 몇 년간 필수적이다. 토정의 형인 이지번 본인도 이미 천문, 지리에 깊은 공부가 있었다. 이런 공부가 없으면 산골에서 '벌떡증'이 생겨 은둔생활 못 한다.

토정은 아홉 살 위인 친형에게서 기본적인 과목을 배웠으며, 화담 문하에서 추가 공부를 하였지만, 40세 무렵부터 몇 년간 단양 구담봉 일대에서 집중 수련을 했던 것이 아닌가 싶다. 청풍, 단양, 제천, 영춘은 '사군산수四郡山水'라고 부른다. 옛날부터 시인, 도사, 학자들이 가 보고 싶어 했던 지역이다. 이지번이 청풍군수 자리를 맡았던 것도 절친했던 퇴계 선생의 권유가 작용하였다고 한다. 청풍의 그 유명한 한벽루寒碧樓에 올라 주변 산세를 감상하니 호수의 물기운(水)과 주변 바위산의 불기운(火)이 절묘하게 어우러져 있다.

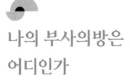

나의 부사의방은
어디인가

수백 미터 높이의 바위 절벽 동굴에
고립되어 있을 때 사회적으로 인정받고 싶은
'인정 욕구'를 초월할 수 있는가.

세상이 빠르게 발전할수록, 나이가 들어갈수록 돈이 아주 중요하다는 생각이 든다. 세상이 발전하면서 사고 싶은 물건도 더 많아지고 가 보고 싶은 외국도 더 많아진다. 나이가 들수록 돈과 물질로 에너지를 대신하고 싶은 생각이 든다. 그런데 돈에 대한 욕망이 강해질수록 인간성은 냉혹해지고 영혼은 차츰 쪼그라든다는 생각이 든다. 이것이 범부중생凡夫衆生의 삶이란 말인가!

신문의 주말 매거진판에 보니 깎아지른 바위 절벽의 한 틈새에 아슬아슬하게 자리 잡은 히말라야 부탄의 탁상 사원 사진이 실려 있다. 해발은 3120m이고 현장의 계곡 바닥에서부터 높이를 따지면 792m라고 한다. 천 길도 넘는 낭떠러지 바위 절벽 사이에 사원이 자리 잡고 있는 것이다. 독수리나 호랑이가 살면 적당한 지형이다. 필자가 생각하는 바위 절벽 건축의 전형이다. 돈과 물질, 그리고 벼슬에 대한 갈망을 끊어 줄 수 있는 건축이 바위 절벽 건축이기 때문에, 바위 절벽에 세워진 건축물들이 위대한 것이다.

그리스의 그 영험한 델피 신전도 석회암 산인 파르나소스산(2457m)의 700m쯤에 자리 잡고 있었다. 온통 바위 절벽투성이다. 그리스 정교의 메테오라 수도원도 수백 미터 솟은 바위 봉우리의 꼭대기에 자리 잡고 있다. 난공불락의 요새 같은 지형이다. 무협지의 단골 무대인 중국 화산華山도 2000m가 넘는 화강암 산이다. 인수봉의 두세 배 되는 높이에 온통 바위 절벽이다. 중간중간 바위 절벽에는 전진교全真教의 도사들이 수도했던 인공 동굴들이 수십 개나 있다. 줄사다리 아니면 올라갈 수 없는 곳이다.

변산의 의상봉 절벽 아래로 밧줄을 타고 내려가면 암벽 중간에 부사의방장不思議方丈ˇ 터가 있다. 진표율사가 도 닦던 장소이다. 2~3평의 공간 밖으로 한 발만 더 내디디면 낭떠러지 절벽이다. 바위 절벽에서 나오는 펄펄 끓는 지기地氣의 도움을 받아야만 돈에 대한 집착을 끊을 수 있지 않나 싶다. 그리고 수백 미터 높이의 바위 절벽 동굴에 고립되어 있을 때 사회적으로 인정받고 싶은 '인정 욕구'를 초월할 수 있다. 암벽에서 고립된 생활을 해 보아야 독존의식(獨存意識, 혼자 있어도 외롭거나 두렵지 않은 정신)이 개발된다고 한다. 부탄의 탁상 사원에서 도 닦으면 과연 삶의 모든 집착을 끊을 수 있을까.

부사의는 '보통의 생각으로는 도저히 헤아릴 수 없음'을 뜻하고, 방장은 '고승들이 거처하는 처소'를 뜻한다. 부안 사람들은 '다래미 절터'라 하는데 다람쥐나 올라가서 살 수 있는 절이란 뜻이라고 한다. 의상봉 꼭대기에서 100여 척이 넘는 사다리를 타고 내려가야 하는데 절벽에 굴처럼 패인 4평쯤의 넓이 안에 암자를 겨우 지어 쇠줄로 매달았다고 하며 그 쇠줄을 매었던 쇠말뚝이 지금도 굴 벽에 박혀 있다.

한반도 명당

기도터는 웅장한 압도감이 있어야 한다.
화기와 수기水氣가 서로 섞인 곳도 좋다.
이완에서도 기도발이 온다.

유럽에 가 보니 기도발을 받을 만한 영
험靈驗한 터에는 거의 수도원이나 성당·교회가 자리 잡고 있었다. 사람
사는 것은 다 똑같아서 서양인들도 어디가 영지靈地인가는 오래전부터
알고 있었던 것이다. 한국의 영지는 거의 불교가 독점하고 있다. 불교는
1700년 전부터 한반도에 들어와 일찌감치 좋은 명당을 선점하였기 때
문이다.

살다 보면 어떻게 해 볼 수 없는 위기 상황에 봉착한다. 이를 '산진
수궁의무로山盡水窮疑無路'라고 표현한다. '산이 막히고 물길이 끊어져서
길이 안 보이는 상황'이다. 이때 기도처를 찾아야 한다.

내가 기도해 본 기도처를 꼽아 본다면 설악산 봉정암鳳頂庵이 으뜸
이다. 백담사에서 대여섯 시간 바위 계곡을 따라 올라가야 도달하는 선
경仙境이다. 설악산 기운의 정수精髓에 해당한다. 험준하고 일 년에 반 이
상 눈이 쌓여 있어 승려들과 심마니들이나 올 수 있었다. 그만큼 신성한

도량이었다. 우리나라 악산岳山을 대표하는 설악산인 만큼, 그 바위와 암벽들이 주는 웅장한 압도감이 있다. 기도터는 웅장한 압도감이 있어야 한다. 봉황의 정수리 터에 잡은 암자라고 해서 이름도 봉정이다. 봉정암은 바위가 쩔쩔 끓는 느낌을 준다. 그만큼 기도발을 주는 화강암 바위들이 물샐틈없이 둘러싸여 있다. 사흘만 제대로 기도하면 나름대로 효험이 있다. 필자는 건강에 이상이 생겼을 때 여기 가서 매달렸다.

경남의 남해 보리암도 효험을 본 기도처이다. 바위와 바다가 어우러져서 봉정암과는 다른 기운이 나오는 곳이다. 봉정암이 화기火氣가 충만한 곳이라면, 보리암은 화기와 수기水氣가 서로 섞인 곳이다. 화기는 집중을 주고 수기는 이완을 준다. 내 경험에 의하면 보리암은 긴장을 이완弛緩시켜 주는 데서 오는 기도발이 작용하는 터이다. 집중에서도 기도발이 오지만 이완에서도 기도발이 온다. 보리암은 인생의 공허감을 달래주는 기도터이다.

청도 운문사 사리암도 영험하다. 이 터의 형국이 마치 압력밥솥처럼 생겼다. 기운을 푹 찐다. 여성 기도객들이 이용하기에 편리하다.

고창 선운사 도솔암은 묵은 영가(靈駕, 영혼)를 물리치는 데 효과가 있다. 무협지에 나오는 고수, 장문인이 거처할 만한 풍광을 지녔다.

이밖의 기도처로는 동해안 양양 낙산사의 홍련암, 서해안 석모도 낙가산 보문사, 남해안 여수 금오산 향일암이 있다.

닭 그리고 범

한반도의 지도는 어떤가? 그동안 토끼로
보는 시각이 있었다. 그러나 이제 범으로
보아야 할 타이밍이 도래하였다.

강호동양학을 공부해 보니 가장 어려운
과목이 풍수이다. 30년을 공부해도 알까 말까이다. 이론만 가지고 되는
것도 아니다. 신기神氣까지 장착해야 하는데 '신기'는 유전적인 요소도 작
용하기 때문에 간단하지 않다.

풍수의 양대 문파는 물형파物形派와 이기파理氣派이다. 물형파는 산의
형상과 기세를 동물의 형상이나 어떤 물건에 비유해서 설명하기를 좋아
하는 파이다. 산의 모습을 거북이로 보느냐, 꿩이 엎드려 있는 모습으로
보느냐, 제비집(연소혈燕巢穴)으로 보느냐와 같은 문제이다.

물형파의 관점에서 중국과 한국의 지도를 보면 재미있다. 중국 지도
를 보면 커다란 닭의 형상이다. 중국은 현대에 들어와 티베트까지 병합
하였다. 중국 역사상 가장 큰 영토를 가지고 있는 상태이다. 서쪽의 오
스만 튀르크 제국은 1차 대전 이후로 영토가 해체되어 터키(튀르키예)로
쪼그라들었지만, 동쪽의 제국이었던 청나라 영토는 그대로 유지되었고

20세기에 들어와 오히려 확장되었다.

이 확장된 지도의 모양이 커다란 닭의 형상을 이루고 있다. 티베트 쪽은 닭의 항문에 해당한다. 항문이니까 각종 지하자원이 많이 매장되어 있다고 본다. 문제는 닭의 부리 부분이다. 한반도가 이 대계大鷄의 부리 부분이다. 부리가 있어야 먹이를 쪼아 먹을 수 있다. 일본은 누에고치이 다. 한반도라는 부리가 있어야 누에고치도 쪼아 먹을 수 있다.

닭은 발가락으로 땅바닥을 후벼 팔 수는 있겠지만 부리가 없으면 먹 지는 못한다. 묘용妙用은 닭 부리에서 나온다는 말이다. 닭 부리 끝은 한 반도의 남쪽인 한국이다. 현재의 한국은 반도체의 나라이다. 반도체가 21세기 패권 국가의 돈이자 무기가 아닌가! 한국의 반도체는 닭의 부리 이다. 중화中華 이데올로기에 몰빵이 되면 한국을 우습게 알 것이다. 미 국이 중국을 반도체로 포위한 형국이다. 이전처럼 한국을 업신여기면서 '너희는 우리 속국이었다'는 중화 이데올로기를 고집한다면 '부리 없는 닭'이 될 것이다.

한반도 자체의 지도는 어떤가? 그동안 토끼로 보는 시각이 있었다. 그 러나 이제는 범으로 보아야 할 타이밍이 도래하였다. 한반도 지도를 범으 로 보는 시초는 조선 중기 울진 출신의 도사 남사고(南師古, 1509~1571) 선생이다. 호랑이로 보면 경북 포항의 호미곶이 호랑이 꼬리에 해당한 다. 호랑이 꼬리라는 뜻의 '호미虎尾'라는 지명도 남사고 선생이 작명한 것이다. 대단한 상상력에서 비롯된 작명이다. 요즘 〈범 내려온다〉라는 노래를 가끔 듣고 있다.

고인돌은 왜 만들었을까

인생이 어디로 가는지 인간끼리
토론해서는 알기 어렵다. 신탁으로
결정하는 게 고대의 풍습이다.

고인돌은 왜 만들었을까? 한 20년 가까이 이 의문을 품고 있었다. 수십 톤도 더 나가는 그 무거운 돌을 기중기도 없던 시절에 어떻게 운반하였을까. 적어도 수백 명이 그 고생을 하면서 망자의 시신 위에 거대한 돌을 얹어 놓을 필요는 무엇이었을까. 어떤 의미를 부여했던 것일까. 엊그제도 고인돌이 몰려 있는 전북 고창의 유적지를 돌아보았다. 세계적인 고인돌 유적지이기도 하다. 나에게는 죽은 자와 산 자가 대화를 나누는 공간으로 다가왔다.

수천 년의 시공을 초월하여 대화를 나눌 수 있는 존재가 인간이라고 생각한다. 고인돌이라고 하는 거대한 돌덩어리는 '죽은 자의 영혼이 들어가 쉬는 공간'이 내가 내린 결론이다. 말하자면 '혼택魂宅'인 것이다. 망자의 혼이 거주하는 집이기도 하다. 돌은 단단하다. 망자의 혼이 단단한 돌에 들어가 있으면 오랫동안 살 수 있다. 물렁한 데 들어가 있으면 얼마 못 간다. 집이 단단하다는 것은 그만큼 오래간다는 의미를 지니고 있다. 선사 시대 고대인들이 조상의 뼈가 묻혀 있는 이 고인돌 앞에서 제사를 드리거나 기도하면 바위 속에 들어가 있던 조상의 혼령이 나타나 후손에게 메시지를 전해준다. '이번 전쟁은 누가 이긴다. 어느 쪽으로 이사 가라. 삼성전자 주식을 사거라, 팔아라' 등등 길흉화복에 관한 내용이 그 메시지였을 것이다. 고인돌은 고대 세계의 신전이자 신탁神託所 역할을 하였다.

인생이 어디로 가는지 인간끼리 토론해서는 알기 어렵다. 신탁으로 결정하는 게 고대의 풍습이다. 핵심은 돌이다. 거대한 바위일수록 그 영험이 더 크다. 바위에서 영험이 나온다는 것은 동서양이 모두 똑같이 생각하였다. 중동 요르단의 붉은 암벽 사이에 있는 페트라의 트리클리니움 무덤이 대표적이다. 암벽 속에 시체를 넣어두어야만 그 망자의 영혼이 영생한다고 믿었던 것이다. 이란의 페르세폴리스에도 가 보니까 역시 고대 왕들의 무덤이 바위 절벽 속에 서랍처럼 들어가 있었다.

경주 남산에도 암벽에는 마애불이 새겨져 있다. 신라인들은 남산 마애불이 새겨진 바위 속에서 종교적 영험이 꿈틀거린다고 믿었다. 유럽에서도 성모마리아가 나타났다는 영험한 수도원이나 성당은 거의 바위산이나 바위 절벽에 자리 잡고 있다. 관건은 바위이다. 미래를 알 수 있는 예지력은 바위에서 나온다. 고인돌은 두 가지 때문에 세웠다. 조상의 혼이 영생한다는 믿음과 조상 혼령이 앞일을 예측해 준다는 믿음에서 세운 것 같다. 효과적 장치이다.

무인의 고장, 기장

기장은 고대부터 일본과의 전투가 빈번했고,
그러다 보니 불의를 보면 목숨을 거는
무인 기질이 강하게 형성된 동네였다.

칼럼 쓰는 것은 소재가 문제다. 이 소재를
제공해 주는 인물이 전국 각지의 문화원장들이다. 평균 연령 60대 중반
이고 밥 먹고 살던 집안 후손들이 맡고 있다. 문화원장들은 그 지역의 인
물과 산세, 그리고 향토사를 꿰고 있다. 특히 맛집 주인들과의 관계가 긴
밀해서 밥 먹기가 편하다.

경남 기장(機張, 행정구역명은 부산광역시 기장군)의 강주훈 문화원장
의 강연 요청으로 기장에 갔다. "왜 여기는 이름을 '機張'이라고 지은 거
요?" "기장읍의 주산이 일광산日光山입니다. 산 높이는 300m도 안 되는
데 문필봉입니다. 문필봉이라 중시한 산이죠. 이 일광산이 옆으로 비단
을 걸어 놓은 형상으로 되어 있습니다. 비단을 짜는 베틀(機)과 비단이
옆으로 펼쳐졌다고 해서 '張'자를 넣은 것으로 봅니다".

비단이 펼쳐진 형국의 지명과는 다르게 기장은 군사적 유적이 많이
남아 있는 지역이었다. 일본이 바로 코앞에 있는 최전선 방어 지역이었

기 때문이다. 성城이 4개나 있었다. 산성山城이 있었고, 읍내에는 읍성邑城이, 그리고 왜성倭城이 있었다. 왜성은 임진왜란 때 일본의 장수 구로다 나가마사(黑田長政)가 바다와 인접한 남산에다가 지은 것이다. 그리고 기장향교 뒷산에는 신라 시대에 쌓은 고성古城이 있었다. 요새를 4군데나 구축해 놓은 셈이다.

기장은 고대부터 일본과의 전투가 빈번했고, 그러다 보니 불의를 보면 생명을 거는 무인적武人的 기질도 강하게 형성된 동네였다. 왜정 때 일본과 싸운 독립투사도 39명이다. 강 문화원장도 관상이 무인의 상이었다. 선대에 전투를 많이 치러 본 혈통 같다.

장안사 뒤의 골짜기 안에 강주훈의 산장인 만세장안루萬歲長安樓가 있어서 하룻밤을 머물렀다. 17m 길이의 백두산 소나무 3그루를 대들보로 쓴 한옥이다. 민가에서 17m 길이 대들보는 기백이 없으면 사용하지 못한다. 집이 바위 골짜기 안에 자리 잡고 있어서 터가 아주 세다는 느낌이 왔다.

일반인이 살기 어려운 센 터를 40년이나 지키고 있었다니 사연도 있었을 법하다. "30대 후반에 잠을 자는데 고릴라처럼 온몸에 털이 나고 사람의 얼굴을 한 괴물 인간이 나타나 제 목에 칼을 들이댔습니다. 그 시절에 저도 운동을 해서 몸이 날아다닐 정도였죠. 순간적으로 저도 그 괴물을 두 손으로 밀쳐냈습니다. 그러니까 사라지더라고요". 만약 그때 칼에 찔리면 그 터를 뜰 수밖에 없다. 이후로 강주훈은 겸손해졌다. 기운이 센 산에는 지령地靈이 있다는 것을 알게 된 것이다.

죽음을 준비하니
기분이 좋다

> 풍수는 죽음이 풍기는 '절대무絶對無'의
> 공포와 허무감을 달래줄 수 있는
> 비공식 종교였다.

유교는 종교가 아닌 것 같아도 종교였다. 사회규범을 쥐고 있었기 때문이다. 삼강오륜三綱伍倫, 효제충신孝悌忠信 같은 규범은 조선 사회를 지배하는 절대적 가치였기 때문이다. 이걸 어기면 박살 났다.

종교로서의 유교가 지닌 약점이랄까, 독특한 특징은 사후 세계에 대해서 입을 다물었다는 점이다. 공자가 말한 '미지생未知生인데 언지사焉知死!' 내가 아직 생도 잘 모르는데 어찌 죽음 이후의 세계를 알겠는가! 합리주의자에게는 공자의 이 같은 점이 참 매력적이고 인간적인 모습으로 다가온다.

그러나 죽음의 공포와 허무감을 달래주는 데에는 전혀 도움이 안 된다. 조선 시대 유교가 커버하지 못하는 사후 세계 분야를 '땜빵'했던 것이 풍수였다. 명당에다가 묘를 쓰면 본인도 명당에 묻히니까 안심이 되고 자식들에게도 발복이 되니까 꿩 먹고 알 먹고이다. 풍수는 죽음이 풍기는 '절대무絶對無'의 공포를 달래줄 수 있는 비공식의 종교였다.

내가 30대 중반에 만났던 충북 괴산의 80대 어느 풍수 마니아. 10대 후반부터 풍수를 공부해 왔던 이 양반이 새파란 젊은이였던 필자를 앞에 놓고 담담하게 들려주었던 신앙고백이 지금도 참 인상적으로 기억된다.

"내가 들어갈 신후지지(身後之地, 못자리)가 복호혈伏虎穴이네. 이걸 잡아 놓고 나니까 참 기분이 좋아. 나 요즘 아파도 약도 안 먹네. 빨리 죽어서 명당에 들어가면 나도 좋고 자식들도 잘될 생각을 하니 죽음이 기다려져!"

종교 신앙이 현실주의자를 위한 현세적 기복의 차원으로 축소되면 못자리 파괴 내지는 쟁탈전이라는 전투가 벌어진다. 중국 공산당의 린뱌오(林彪)가 마오쩌둥에게 도전하는 기미를 보이자 마오쩌둥은 사전 정지 작업을 하였다.

우선 린뱌오의 고향 선산에 있었던 린뱌오 조상 묘의 입수맥(入首脈, 기가 들어오는 맥)을 불도저로 밀어 버리고 뜸을 뜨듯이 묘 곳곳에 철근을 박아 넣었다. 유물론을 신봉하는 공산주의자들이었지만 못자리의 발복은 경쟁자의 정치 생명에 영향을 미친다고 보았기 때문이었다. 린뱌오는 비행기를 타고 몽골 국경을 넘어 도망가던 중 비행기가 추락해 사망했다.

부관참시剖棺斬屍도 같은 맥락이다. 땅속에 묻혀 있는 죄인의 유골을 파괴함으로써 당사자 집안을 멸문시킨다는 전제가 깔려 있다. 같은 유교 문화권이지만 이상하게도 일본은 이런 기복적 풍수신앙이 없다. 한국, 중국은 아직까지 밑바닥 저층에 이 신앙이 멸종되지 않고 남아서 꿈틀거리고 있다.

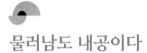

물러남도 내공이다

줄에서 이탈하여 홀로 다른 길로
가는 것은 쉬운 문제가 아니다.
숨는 것도 내공이다.

세상과 차단하고 부득이 떨어져 있어야
할 때가 있다. 이 판단이 어렵다. 진퇴 문제는 고도의 판단력을 요구한
다. 고와 스톱을 잘못 판단하였다가 거덜 난 인생이 한두 사람이 아니다.
1945년 해방이 되어 다른 사람들은 모두 좋아하였지만, 주역의 대가였던
야산也山 이달(李達, 1889~1958) 선생은 걱정되었다. 주역의 괘를 뽑아 보
니까 천산돈天山遯 괘가 나왔던 것이다. 돈괘는 숨거나 은둔한다는 의미
가 있다. 갑자기 해방이 되니 좌우익 양쪽에서 나팔을 세게 불어 댔다. 그
나팔 소리에 귀가 먹먹해질 정도였다. 많은 사람이 줄 서서 어디론가 달
려가는데 나만 혼자 그 줄에서 이탈하여 다른 길로 간다는 것도 쉬운 문
제가 아니다. 어디로 숨어야 할 것인가? 숨는 것도 내공이다. 평소에 쌓아
놓은 내공이 없으면 어디로 숨어야 할지도 모른다.

야산은 대둔산大芚山 석천암石泉庵으로 숨었다. 논산시 벌곡면이다. 석
천암의 위치는 해발 500m. 온통 바위 암벽으로 이루어진 대둔산은 험

난한 악산岳山이다. 바위 틈새의 좁은 땅에 자리 잡은 아주 옹색한 암자이다. 먹을 것은 없고 샘물만 좋은 곳이다. 난세에 은둔해 있기에는 좋은 위치이다. 야산의 주특기는 주역의 괘 이름과 지명이 일치하거나 비슷한 장소에서 거처하기를 좋아했다는 점이다. '遯'자도 '둔'으로 읽기도 하고 '돈'으로 읽기도 한다. 대둔산의 '둔'과 그 발음이 같다. 그래서 대둔산으로 오지 않았을까 싶다.

대둔산은 백제 계백 장군의 결사대가 황산벌 전투에서 신라군에 밀린 뒤 최후의 저항군이 들어온 산이라고 추정되기도 하고, 일본군에 마지막까지 저항했던 동학군들이 숨었던 산이기도 하다. 은둔했을 때의 문제점은 고독과 무료함이다. 어지간한 실력으로는 둔세무민(遯世無悶, 세상과 떨어져도 근심하지 않는다)이 말처럼 쉽지 않다. 야산은 석천암에서 6·25 전까지 제자들을 가르쳤다고 한다. 난세에 세파에 휘말리지 않고 그 대신에 제자들을 양성한 것이다. 이때를 야산의 아들인 역사학자 이이화 선생은 이렇게 기억한다. "아버지는 석천암에서 108명의 제자를 길렀다. 경찰관, 사회주의자, 친일파, 순수한 한문쟁이 등 다양한 배경의 제자들은 서울말씨와 경상도 충청도 전라도 사투리를 뒤섞어가며 밤마다 열띤 논쟁을 벌였다. 어린 나는 이 논쟁에 늘 귀기울였다."

총선 끝나고 석천암에 가 보았더니 샘물 옆 바위에 새겨진 '침석枕石'과 '수천漱泉' 글자가 나를 반긴다. '돌을 베개 삼고 샘물로 양치질한다'는 뜻이다. 노론 명문가 자제이면서도 평생 명산대천을 떠도는 한량으로 살았던 일엄一广 김상일(金相日, 1756~1822)이 50세 때 새긴 글씨이다. 적당한 벼슬도 충분히 할 수 있었을 텐데 일엄은 왜 이렇게 궁벽한 바위산을 떠도는 삶을 선택했을까. 상팔자였던 것일까!

사군산수

우리 땅 강산이 이렇게 좋은데
뭐가 그리 바쁘다고 이 풍광을 놓치고
살았단 말인가!

　　사군四郡은 충북의 청풍·단양·제천, 강
원도의 영월을 가리킨다. 이 네 고을은 서로 붙어 있다시피 한데, 산수가
특별히 아름답다. 그래서 조선 시대 내로라하는 강호의 방랑자와 시인들
은 이 네 고을의 산수를 '사군산수'라고 특별하게 불렀다. 대부분의 산들
이 바위산들인 데다가 그 산들의 주변을 남한강이 끼고 흘러가고 있다.

　　바위와 물은 찰떡궁합이다. 바위산에서는 화기가 뿜어져 나오고, 강
물에서는 수기가 이 화기를 중화시켜 주고 있다. 충주호 댐 가운데에 있
는 청풍의 한벽루寒碧樓. 누각에 앉아서 주변 산세와 물세를 바라다보니
까 왠지 마음이 편안해지고 고향 산천에 안겨 있는 것만 같다. '우리 땅
조선 강산이 이렇게 좋은데 뭐가 그리 바쁘다고 이 풍광을 놓치고 살았
단 말인가!' 하는 탄식이 절로 나온다. 먹고산다고 부박浮薄해진 내 마음
에 치료 연고를 발라주는 것만 같은 산세이다.

　　수백 년 전에 다녀갔던 이 땅의 선배들도 역시 나와 같은 마음이었

을 것이다. '살아온 반평생 산수를 등진 게 부끄러워라(半生堪愧北山靈).' 퇴계 선생이 한벽루에 하루 묵으면서 쓴 시 구절이다. 퇴계가 걸어갔던 청풍에서 단양 향교까지 10km의 봄 길을 걸어 보니 주변 산들이 도끼로 탁탁 잘라 놓은 듯한 바위 암벽들이다. '인생 그리 길지 않으니까 늦기 전에 어서 산으로 들어오라'고 충고를 한다. 단양 군수 시절의 퇴계 시 한 구절이 또 가슴을 친다. '청산을 거닐 때는 구름에 깃든 학처럼 살고 싶었고(在山願爲棲雲鶴)', 그까짓 거 별것도 아닌 벼슬한다고 종종걸음 하고 산다는 한탄이다. 같은 풍광이라도 자기 처지에 따라 전혀 다르게 보이는 게 인생이다.

동학의 2대 교주 해월 최시형이 스승인 수운이 처형당하기 전에 건네받은 쪽지에는 이렇게 적혀 있었다. '고비원주高飛遠走', 높이 날아 멀리 날아가라. 이후로 해월은 평생 도망 다니면서 살았다. 대략 35년. 보따리 하나 들고 끊임없이 도피처를 궁리해야만 하는 탈주자의 신세였다. 해월이 도망 다닐 때 가장 많이 숨었던 공간이 이 사군산수 일대이다. 이 지역이 산골 깊숙한 오지여서 숨기에도 좋았을 것이다.

또 하나의 이유는 충청도, 강원도, 경상도의 접경지대여서 월경越境을 하기에 좋았다. 예를 들어 경상도 추적대는 해월이 충청도 땅으로 월경해 버리면 추적을 중단할 수밖에 없었기 때문이다. 1~2년도 아니고 30년 넘게 이런 도망자 생활을 했으니 그 심정이 어떠했을까. 나도 남은 인생을 생각해 본다.

구름의 문, 백양사 운문암

운문암은 명당 수행터로 유명하다.
'북쪽에는 금강산 마하연이요, 남쪽에는
백양사 운문암이다'라는 말이 전해진다.

고대인들이 생각할 때 북두칠성은 하늘에 매달려 있는 거대한 시계라고 여겼다. 그러므로 북두칠성은 시간의 신이다. 자신의 명이 짧다고 여기거나 수명을 연장하고 싶은 사람은 칠성공을 드렸다. 폭력 조직 '칠성파', 조폭도 명이 짧은 직업에 해당하므로 칠성을 좋아하게 되어 있다.

칠성신앙으로 유명한 전각이 전남 백양사白羊寺의 칠성전七星殿이다. 각閣보다 한 급 위의 건물에는 전殿자를 붙인다. 여기 칠성전이 영험하다. 1980년 5·18 때 군인들에게 끌려가 고초를 당하다가 풀려난 뒤에 머리 깎고 백양사로 출가한 의연 스님은 칠성전 부전(副殿, 기도나 의식을 담당)을 맡았다. 토속신앙을 하찮게 여기던 그에게 어느 날 오른쪽 손목에 북두칠성 모양 붉은 반점이 7개 생겼다. 그 영험에 깜짝 놀란 의연은 까불지 않게 되었다. '함부로 생각할 게 아니구나!' 의연은 그 뒤로 칠성전에 가서 기도를 하면 원하던 일이 대부분 이루어지게 되었다고 필자에게 털어놓은 바 있다. 그런데 칠성전 안에 모셔져 있는 일곱 칠성여래 상은 원래 백양사 운문암雲門庵의 칠성전에 모셨던 성상星象들이었다는 점이 흥미로웠다.

호남정맥의 끝자락인 상왕봉象王峰 아래의 해발 500m 지점에 자리 잡은 운문암은 호남을 대표하는 명당 수행터로 유명하다. '북쪽에는 금강산 마하연이요, 남쪽에는 백양사 운문암이다'라는 말이 전해진다.

고려 때 각진 국사 이래로 조선 시대 때 진묵 대사, 소요 태능, 용성, 학명, 만암, 금타, 전강, 서옹, 청화 스님과 같은 도인들이 이곳에서 수도하고 한 소식(깨달음)이 있었다. 겨울에는 북서쪽의 구름이, 여름에는 남서쪽에서 오는 구름이 반드시 이곳을 지난다고 해서 '구름의 문'이라는 운문암 이름이 붙었다. 멀리 무등산, 조계산, 광양 백운산의 바구리봉이 보인다. 주변 산들이 운문암을 향해 예를 올리는 군신봉조群臣奉朝의 명당이다. 더군다나 암자 바닥은 암반이다. 기운이 쩔쩔 끓는 곳이다. 역대 운문암에 운집했던 수많은 수행자를 먹여 살렸던 쌀과 돈은 운문암 뒤에 있었던 칠성전 불공에서 나왔다고 한다. 그만큼 영험했던 것이다. 영험하지 않으면 누가 시주를 하겠는가?

겨울에 운문암 선방에서 새벽 참선을 마치고 아침 6시쯤 캄캄한 하늘을 보면 북두칠성이 바로 머리 위에 떠있다. 칠성의 손잡이 부분 일곱째 별이 파군성破軍星이다. 파군성이 곧바로 칠성전으로 떨어진다. 빨치산 토벌 때 불에 탄 운문암 칠성전을 다시 복원한다고 하니 그 영험이 어떨지 궁금하다.

B급 명당에 만족한 고씨

벼슬하지 않는다는 것이
이 집안 가훈이었다. 의리와 충절을
지키고자 했다.

전북 고창은 고인돌이 1665기나 밀집해
있다. 세계적으로 손꼽히는 고인돌 밀집 지역이다. 고인돌은 미니 피라
미드에 해당한다. 이렇게 고인돌이라고 하는 미니 피라미드가 집중적으
로 분포해 있다는 것은 그만큼 이 지역이 고대부터 식량과 물산이 풍부
한 지역이었음을 말해준다. 농사만이 아니라 바다에서 고기를 잡고, 펄
에서 소금도 구웠다.

그러나 들판이 넓고 기름진 곳은 꼭 피를 부르게 되어 있다. 고창은
동학혁명의 근거지다. 혁명이 폭발하니까 농토를 가지고 있던 고창의 양
반 사족 계층도 동학군에게 큰 타격을 받았다. 동학 이후로 밀어닥친 일
본 토벌대에 선비 집안들 역시 시달렸다. 영남 양반에 비해서 호남 양반
들 피해가 훨씬 컸다. 역사의 파도를 그렇게 맞고도 오늘날까지 명맥을
이어오는 고창의 토박이 선비 집안들이 있다.

흥덕 고려실高麗室의 장흥 고씨들은 면암 최익현 학맥이고, 주곡蛛谷의

현곡정사 만권당은 간재 전우의 학맥이고, 진주 정씨들은 노사 기정진 학맥이었다. '고려실'은 무슨 뜻인가? 동네 입구의 커다란 바위에 '高麗谷'이라고 글씨가 새겨져 있다. 이 암각 글씨가 있는 동네 안쪽에서 사는 고씨를 통상 고려실 고씨라고 부른다. 고려가 망하고 조선이 들어섰을 때 이곳에 숨어들어온 고씨들이다. 조선 조정에 나가서 벼슬하지 않는다는 것이 이 집안 가훈이었다. 이 집안의 집터와 묘터를 둘러보니까 문필봉이 보이는, 그래서 인물이 나오는 터를 일부러 피해서 잡은 듯한 느낌이 들었다. 밥이나 먹고 살면 되었지 너무 뛰어난 인물이 나오면 정치에 휘말릴 수 있다고 본 것이다. 다른 집안은 A급 명당을 쓰려고 눈에 불을 켰지만 고씨들은 B급 명당에 만족한 셈이다.

경남 함안에 가면 역시 고려동高麗洞이 있다. 망해 버린 고려에 대한 충절이 담긴 곳이다. 담을 길게 쳐놓고 담장 밖은 조선이니까 우리는 담장 안의 고려 땅에서 살겠다고 다짐한 이씨들이 생각난다.

하지만 고려실 고씨들은 구한말이 되자 의병 운동에 앞장섰다. 고씨들은 면암 최익현(1833~1906)의 제자들이었다. 면암이 자기 고향도 아닌 호남의 무성서원武城書院에 와서 의병을 일으킨 배경에는 고씨들이 돈을 대고 핵심 연결 고리를 제공하는 뒷받침이 있었다.

면암이 대마도로 유배 갔을 때 한약을 구해서 대마도까지 가서 수발든 인물도 고석진(高石鎭, 1856~1924)이었다. 고창에는 간재, 면암, 노사 제자 집안이 남아 있다. 호남의 양반 사족 집안들은 19세기 말 이후로 영남에 비해서 훨씬 처신하기가 어려웠다

월출산과 장보고

월출산 뒤로 솟아오르는 보름달이
밤의 뱃길을 훤히 비춰주는 등대의
역할을 하였다.

돌이 단단할수록 비례해서 그 산에서 뿜어져 나오는 기운도 강하기 마련이다. 내가 다녀 본 조선 팔도의 산 가운데 기억에 남는 강도의 돌은 계룡산, 금강산, 월출산이다. 영암군 월출산은 아주 단단한 암질이다. 바다도 가까운 위치이다. 바위의 불기운과 바다의 물기운이 서로 균형을 이룬 수화기제水火既濟의 산이기도 하다. 더군다나 A급의 문필봉 여러 개가 포진되어 있다.

월출산 자락에서 왕인박사, 도선 국사, 최지몽 태사가 배출되었으니 그 문필봉 기운을 증명한다. 그 유명한 월출산 서쪽의 문필봉인 주지봉朱芝峰의 영향이다. 동쪽의 사자봉도 선암船巖 마을에서 바라다보면 대단한 문필봉으로 보인다. 한 개도 아니고 손가락처럼 4개의 문필이 '따따블'로 포진하고 있다. '여기에서도 인물이 나오겠는데!' 마침 옆에 있던 향토사에 해박한 영암군의 천재철 실장에게 '이 근방에서 이름난 인물이 없느냐?'라고 물어 보았다. '이 앞의 들판 이름을 궁복弓福뜰이라고 부른다'는 대답이 돌아왔다.

100만 평은 되어 보이는 넓은 들판이다. 궁복은 장보고의 어렸을 때 이름이다. 동네 노인들의 구전에 의하면 장보고가 이 동네에서 태어났다고 한다. 장보고의 어머니가 기도했던 바위인 건덕바위도 동네 뒤쪽에 아직 있었고, 동네 옆의 동백정은 장보고가 군사를 훈련했던 터였다고 전해진다. 재미있는 지명은 동네의 국두암國頭巖이었다. 동네 앞에 마당 바위처럼 커다란 바위가 있었는데 옛날에 배가 들어오면 배의 밧줄을 매어 놓던 바위였다는 것이다. 궁복(장보고)이 배를 타고 출발할 때도 이 국두암에서 출발한 셈이다.

'국가의 두령'이라는 뜻의 '國頭'는 장보고를 가리키는 표현이었다. 9세기 한·중·일 3국의 바다를 지배했던 해상왕 장보고를 이 동네 사람들은 '국두'로 여겼던 것이다. 국두암 이야기를 들으니까 월출산 구림마을 도선 국사 생가터 마당에 솟아 있는 국사암國師巖이 생각났다. 월출산 주지봉이 바라다보이는 쪽에서는 국사암이 있었고 사자봉 쪽에서는 국두암이 포진하고 있었다.

월출산은 고대부터 전라도 해상 물류 세력의 이정표였다. 해안가 평지에서 솟아오른 800m급의 바위산은 먼바다에서도 육안으로 보였다. 특히 영산강 하구에서 배를 타고 나주 쪽을 들락거릴 때 월출산 뒤로 솟아오르는 보름달은 밤의 뱃길을 훤히 비춰주는 등대의 역할을 하였다. 월출산 이름은 해상 세력이 배 타고 지나가다가 붙인 이름이었다. 이곳에서 장보고가 나왔다.

하동의 정안산성

조선 풍수의 창시자 도선 국사가
인생 후반부에 살았던 암자가 바로
하동 백운산 밑에 있다.

"정안산성鄭晏山城에 가 보셨습니까? 산성
에 올라가 보면 아주 풍광도 좋고 명당인 것 같습니다. 옛날 사람들이 산
성 터도 아무 데나 잡은 게 아닌 것 같아요."

하동에 사는 지인이 자랑하는 '풍광이 좋고 명당'이라는 말이 나를
유혹하였다. 이 세상 살면서 가치가 있다고 여기는 게 아름다운 풍광을
많이 보고 명당에 많이 가서 정기를 받는 일이다. 나는 여기에다 우선순
위를 두는 인생관이다. 해발 450m. 8부 능선까지는 자동차가 올라갈 수
있었고 나머지는 가파른 오르막을 올라가야만 하였다.

산성 꼭대기는 정안봉鄭晏峯이라고 쓰인 자그마한 돌비석이 서 있다.
북쪽으로는 어떤 봉우리가 보이는가? 지리산 천왕봉이 보였다. 웅장한
천왕봉뿐만 아니라 1000m가 넘는 지리산 고봉들이 첩첩으로 서 있는
모습들이 바라다보인다. 인공 구조물이 하나도 보이지 않는 지리산의 봉
우리들을 바라본다는 게 사람을 기분 좋게 만든다. 이런 풍광을 자주 보

는 사람은 복 받은 사람이다.

남쪽에는 남해가 보인다. 섬 사이에 둘러싸인 남해 바다의 관음포와 고현포가 마치 호수처럼 보인다. 서쪽으로는 광양의 백운산이 서 있다. 조선 풍수의 창시자 도선 국사가 인생 후반부에 살았던 암자가 바로 이 백운산 밑에 있다는 사실을 염두에 두고 백운산 정상을 바라다보았다. 남동쪽에는 금오산이 코앞에 보인다. 이 금오산 정상에 가면 남해 바다 의 전망이 그렇게 좋다는데 나는 아직 금오산에 가 보지 못해서 아쉽다.

정안鄭晏은 고려 무신정권 시대의 인물이다. 최고 권력자 최이崔怡의 처남이었다. 정안은 일급 인물이었다. 학문도 깊고, 풍류도 있고, 재력도 있었다. 당시 불교계의 고승이었던 송광사의 진각혜심, 그리고 삼국유 사의 저자인 일연(1206~1289) 스님과도 상당히 깊은 인간관계였다. 송 광사의 보조지눌(1158~1210)에 이어 국사가 된 진각혜심(1178~1234)은 보통 승려가 아니었다. 한번 참선을 하면 겨울에 눈이 무릎까지 쌓이더 라도 이를 의식하지 못하고 좌선 삼매에 들어갔다는 일화가 전해지는 고승이다. 일연도 후원했던 것 같다. 그가 평소 교류했던 인물들의 수준 을 보면 그 사람의 급수를 알 수 있다. 몽골 침략 때 국난 극복을 위해 팔만대장경 제작 경비를 조달하며 판각에 주도적 역할을 하기도 했다.

'정안봉' '정안산성'이라는 이름이 붙을 정도이면 정안이 자기 재산 을 들여서 이 산성을 축조했다는 의미이다. 산성의 둘레는 총 791.5m, 성 안의 면적은 약 9580평에 이른다. 유사시에는 하동의 군사 방어시설 로도 기능하고 평화 시에는 산성에다 집을 짓고 살면서 봉우리 주변의 이 장엄한 풍광을 즐기지 않았는가 싶다.

'없이 계시는 하느님'이
있는 곳

"다스리고 지배하면서
땀을 흘리지 않으면 잘못될 수
있다고 봅니다."

전북 고창군 아산면 반암리는 선인취
와仙人醉臥의 명당이 있어서 풍수 애호가들이 순례하는 곳이다. 반암리
는 울산 김씨 하서河西 김인후(金麟厚, 1510~1560)의 후손이 모여 사는 집
성촌이기도 하다. 울산 김씨였던 인촌 김성수 집안도 이 동네에 많이 산
다. 우리나라 명촌에는 내로라하는 집안이 대대로 세거하는 경우가 많다.
어느 날 신선이 동네가 하도 좋게 보여서 놀러 왔다가 사람들의 결
혼 잔치에 술을 너무 많이 마시고 취해버렸다. 신선이 술에 취해서 뒤
로 벌렁 나자빠져 있는 산세가 '선인취와'의 명당이다. 선인이 나자빠지
면서 놓친 술병이 바로 옆에 술병같이 생긴 바위가 되었다. 이 술병을
'병바위'라고 부른다. 병바위를 오염되지 않은 냇물인 인천강이 감아 돌
고 있다. 이 병바위 꼭대기에 신선이 놓친 술 주전자(옥호玉壺) 뚜껑이 놓
여 있다는 전설이 있다. 필자는 옥호의 뚜껑이 어디에 얹혀 있는지 보려
고 가끔 이 동네에 놀러 간다.

얼마 전 반암리에 바람 쐬러 갔다가 병바위 옆에서 울타리를 치고 산양과 염소를 키우고 있는 촌로를 만났다.

"어느 것이 염소이고, 산양인가요?"

"뿔이 난 흰 놈이 젖을 짜는 유乳 산양이고, 저쪽 검은 놈이 염소입니다."

"험한 바위는 어느 쪽이 잘 올라다니는가요?"

"두 종류 모두 바위를 잘 탑니다."

대화를 나누다 보니까 이 촌로는 성공회 사제를 하다가 정년퇴직하고 시골에 돌아와서 텃밭과 가축을 키우고 사는 윤정현 선생이었다. 염소 울타리 옆에 흙과 돌로 조그맣게 지은 2평짜리 토굴에서 차를 한잔하게 되었다.

"병바위 밑에서 이렇게 염소 키우고 사는 삶에서 다분히 도가적 취향이 느껴집니다. 외롭지는 않습니까?"

"그동안 가지고 있었던 신념 체계를 내려놓고 살고 싶어요. 인간이 만들어 놓은 교리, 제도 이런 게 대부분 하나의 틀입니다. 인간은 제도 안에 있어야 보호받는다고 여기고, 안정감을 느끼죠. 대중과 있어야 편안하다고 여깁니다. 그러나 결국 매트릭스 안에 있는 것이죠. 삶이 게임기 안에 있으면 그 안에 갇혀 사는 셈이죠. 조종당하고 사는 겁니다. 다석 유영모를 공부하면서 이런 생각을 많이 하게 되었습니다. 다스리고 지배하면서 땀을 흘리지 않으면 잘못될 수 있다고 봅니다."

윤정현의 하느님은 '무위자연의 하느님'이고 '없이 계시는 하느님'이었다. 같이 사는 아나키스트 아내 김미령은 미혼모가 놓고 간 백일짜리 젖먹이를 키우고 있었다.

월정사의 물

> 동서남북으로 산봉우리들이 연꽃처럼
> 감싸고, 그 앞을 둥그런 만월수滿月水가
> 감아 돌아 흐르니 천하 명당이다.

'우중월정雨中月精'이라! 비가 올 때는 월
정사가 좋다는 말이다. 시절 인연이 맞았는가. 하필이면 장맛비가 쏟아지
는 시절에 월정사 객방에서 이틀 밤을 묵게 되었다. 베개를 베고 객방에
누워 있는데 계곡물 소리가 압권이다. 쏴~아 하고 흐르는 물소리가 다른
생각을 못 하게 만든다. 도시에서는 들을 수 없는 자연의 소리가 바로 계
곡물 흐르는 소리다. 생각이 많고 근심 걱정이 많은 사람은 물소리가 특
효약이다. 머릿속에서 불타고 있는 번뇌를 씻어버린다. 머릿속의 불은 물
소리로 꺼야 한다. 많이 들어도 질리지 않는 소리가 계곡물 소리다. 월정
사 앞으로는 오대천 물이 둥근 달처럼 감아 돌아 흐르는 수세이다. 절터
의 동서남북 사방으로는 산봉우리들이 연꽃처럼 감싸고 있고, 그 앞을 둥
그런 만월수滿月水가 감아 돌아 흐르고 있으니, 이만하면 천하 명당이라
할 만하다. 신경 써서 먹고살아야 하는 중생들은 월정사에 들러서 하룻밤
자고 가면 좋을 듯하다.

예로부터 오대산은 물이 좋기로 유명하다. 차를 우리기에 좋은 물이 우통수于筒水다. 옛날부터 우통수의 명성은 자자했다. 물맛이 좋고 물이 무겁다는 것이다. 물이 무겁다는 것은 몸에 좋은 미네랄이 많이 함유되어 있다는 징표다. 이 물이 한강으로 흘러간다. 조선 시대에도 서울 사람들은 한강 가운데로 배를 타고 가서 물을 뜨면 오대산에서 흘러온 우통수를 길을 수 있다고 여겼다. 우통수는 물의 비중이 높아서 수백 리를 흘러오는 동안에도 다른 물과 잘 섞이지를 않고 강심으로 그대로 흘러오는 속성이 있다.

우통수의 시원은 신라의 두 왕자 보천과 효명 왕자 때까지 거슬러 올라간다. 두 왕자는 오대산에서 수도했는데, 매일 아침 우통수를 길어다가 오만보살伍萬菩薩에게 차 공양을 올렸다. 그 공덕으로 효명 왕자는 신라의 르네상스를 주도하는 33대 성덕왕이 되었고, 보천 왕자는 도를 깨친 도인이 되었다.

오대산 서대 수정암의 우통수, 동대 관음암의 청계수, 남대 지장암의 총명수, 북대 미륵암의 감로수, 중대 사자암의 옥계수, 적멸보궁의 용안수龍眼水는 모두 일급 샘물이다. 오대산의 일급 샘물들이 흘러 월정사 앞의 금강연金剛淵에서 만난다. 금강연은 바닥의 암반에서 물이 용출湧出하는 특이한 구조다. 용출하는 금강연 물과 오대산 샘물이 합수해서 한강으로 내려가는 우통수가 된다고 월정사 주지 정념正念 스님은 설명한다. 물소리로 머릿속을 씻고 샘물로 배 속을 씻는다.

대가야 고분과의 대화

가야산에 신령스럽게 계시는 정견묘주가
보내주는 메시지를 귀로 잘 들어야
왕이 바른 판단을 할 수 있지 않은가.

    오래된 무덤을 보면서 배운다. '인생은 이렇게 끝나는 것이구나!' 죽은 자와 산 자의 대화가 이루어지는 곳이 무덤이다. 경북 고령의 지산동 산자락에 둥그렇게 솟아 있는 대가야 시대의 봉분들은 지금부터 1500년 전인 5~6세기에 조성된 무덤들이다. 모두 200여 기. 지름 10m 이상의 대형 무덤은 산 윗자리에 모여 있다.

    왜 이 산자락에 집중적으로 왕과 귀족들의 묏자리를 썼을까? 이 시기는 도선 국사 풍수가 유행하기 훨씬 전이다. 400년 무렵에 조성된 것으로 추정되는 73호 고분은 이산耳山에서 내려온 중앙 자락이 아니고 곁가지 자락에 자리를 잡았다. 이게 고단자의 솜씨이다. 곁가지 줄기에 명당이 많기 때문이다.

    73호분은 앞의 안산案山도 좋고, 청룡 백호도 좋다. 풍수 이론은 몰랐겠지만 땅의 서기(瑞氣, 상서로운 기운)를 눈으로 보고 몸으로 감지했던 고대의 제사장들이 잡았던 터임에 틀림없다. 이 고분군이 자리 잡은 산

이름이 왜 하필 이산耳山일까? 성터의 모양이 귀(耳)처럼 생겼다고 해서 붙인 이름이라고 하지만, 필자 해석으로는 이산의 할아버지 산에 해당하는 합천 가야산 때문이다.

가야산에는 대가야의 시조모始祖母이자 여산신인 정견묘주正見妙主가 살고 있다고 믿었다. 원래 가야산 해인사 터는 불교가 들어오기 이전에 대가야의 시조모를 제사 지내는 신전 터였을지도 모른다. 정견正見은 법法의 이치를 바르게 판단하는 지혜가 아닌가. 앞일을 정확하게 내다보는 신령스러운 할머니가 바로 정견묘주였다. 고대의 제사장들은 대개 여자가 많았던 것이다. 이산에서 보면 가야산이 잘 보이는 멀지 않은 거리이고 지맥이 연결되어 있다. 가야산에 신령스럽게 계시는 정견묘주가 보내주는 메시지를 귀로 잘 들을 수 있는 산이 이산 아닐까. 이산은 정견묘주의 목소리를 들을 수 있는 신령한 산이었다. 그래서 여기에 대가야의 왕들과 집권층의 묘가 집중되지 않았을까.

일본 건국 신화의 신들이 살던 고향이 고천원高天原인데, 일본의 고대언어학자 마부치 가즈오(馬淵和夫) 교수는 이 고천원이 경북 고령이라고 주장한다. 가야산 정견묘주의 메시지가 들리는 고령의 이산이야말로 신들의 고향이다.

윤선도와 금쇄동

윤선도는 추구하는 바를 행동으로 옮긴
실천가였다. 장원을 조성하고 그 안에서
보고 듣고 생각하는 바를 수많은
시와 산문으로 남겼다.

'홀로 있어도 두려움이 없고(獨立不懼), 세
상에 나가지 않고 숨어 있어도 고민이 없다(遁世無悶)'라는 말이 있다. 홀
로 있기 어렵다. '독립'과 '둔세'는 아무나 하는 게 아니다. 고산孤山 윤선
도(尹善道, 1587~1671)가 살았던 삶의 궤적을 들여다보니까 그의 삶은 끊
임없이 세상으로부터 은둔하려고 하였고, 그 은둔 속에서 독립적으로 살
려고 하였다. 누구한테 굽신거리려고 하지 않았다.

그 증거가 장원莊園이다. 장원은 수만 평 또는 수십만 평의 넓은 자연
속에 정자, 초당, 주택을 지어 유유자적할 수 있는 공간을 가리킨다. 고
산은 살아생전에 총 4개의 장원을 조성하였다. 해남에 문소동, 수정동,
금쇄동 장원을 지었고, 보길도에 부용동 장원을 꾸며 놓았다. 그리고 선
대로부터 물려받은 현재의 녹우당도 집 뒤의 덕음산까지 포함하면 50만
평에 달하는 장원에 해당한다.

조선조에 윤선도처럼 총 5개의 장원을 왔다 갔다 하면서 '럭셔리' 하

게 살았던 사람은 없는 것 같다. 그의 둔세遁世 방식은 장원이었고 그 장원 조성을 뒷받침했던 배경에는 경제력이 있었다. 해남 윤씨 윤선도 집안은 당대에 '국부國富' 소리를 듣던 재벌 집안이었다. 그 경제력의 밑바탕에는 간척 사업이 있었다. 뻘이 많았던 전남 해안가의 여러 곳에 간척 사업을 벌여서 토지를 확장하였던 것이다. 말하자면 해남 윤씨는 '간척 부자'였다.

금쇄동은 '쇠로 된 자물쇠'라는 뜻이다. 지명 자체가 폐쇄적이다. 자물쇠로 잠겨 있으니 외부에서 쉽게 들어올 수 없다는 의미를 내포하고 있다. 300m의 해발이고, 정상 부근이 평평한 산이지만 요새 지형에 가깝다. 조선 초에는 구산성拘山城이라는 산성이었다.

금쇄동에 올라가서 전체 지형을 살펴보니 '회룡고조回龍顧祖'의 터였다. 두륜산 도솔봉에서 출발한 맥이 유턴을 한 지점이다. 지세의 맥이 자기가 출발했던 지점을 유턴해서 다시 되돌아보는 형국의 터가 회룡고조이다. 명당으로 꼽힌다. 기운이 부드러우면서도 오래가기 때문이다. 그리스 아테네에 있는 파르테논 신전 터가 회룡고조 형국이었는데, 금쇄동에 올라와서 보니까 파르테논과 유사한 풍수적 구조였다. 풍수적 원리는 유럽이나 한국이나 동일하게 적용된다.

금쇄동 입구에서 중간쯤 올라가니 작은 폭포가 있고 바위가 있는 전망 좋은 곳이 있다. 여기에 휘수정揮手亭이라는 희한한 이름의 정자 터가 있다. '손을 흔든다'라는 뜻이다. 세상으로 나오라고 하면 거절의 의미를 담은 손사래를 치겠다는 은유가 깔려 있다. 장원에 숨었던 고산의 인생관을 보여준다.

청송 심 부잣집 풍수

> 우리나라 여러 명촌을 답사해 보았지만
> 이처럼 대문 바로 앞에 잘생긴 밥사발이
> 놓여 있는 경우는 처음 보았다.

취미가 무엇이냐고 나에게 묻는다면 '한국의 수백 년 된 명촌名村을 구경하러 다니는 것'이라고 대답하겠다. 명촌에 가서 무엇을 보느냐? 우선 어떤 지세를 가진 명당인지를 살펴보고, 그다음에는 그 동네의 역사를, 그리고 건축 구조를 보고, 공동체의 위기 상황에서 어떤 처신을 했는가를 본다. 이를 보다 보면 인생을 어떻게 살아야 되는가를 생각하지 않을 수 없다.

경북 청송靑松은 심씨沈氏들의 본향이다. 청송군 파천면 덕천리는 청송 심씨들의 600년 세거지라는 역사를 가지고 있다. 이 덕천리에는 9대 만석군을 지낸 청송 심씨 송소고택松韶古宅이 볼만하다. 경상도에서 유명한 만석 부잣집이 경주 최 부잣집과 청송의 심 부잣집이다. 이 심 부잣집이 바로 송소고택이다. 1880년에 99칸짜리 집을 지었는데, 현재에도 92칸이 남아 있다. 동학혁명을 겪었고, 해방 이후에는 토지개혁을 당했고, 6·25 때는 인민군 중대본부로 사용되는 풍파를 겪었고, 70년대 이후에는 산업화를 겪으면서도 고택이 사라지지 않고 아직도 남아 있다는 게 대단한 일이다.

현재는 11대 주손인 심재오沈載伍 장주莊主가 집 관리하느라고 애를 먹고 있다. 대문 위에는 전서체篆書體로 '松韶古莊(송소고장)'이라는 현판이 붙어 있다. 전서를 잘 썼던 위창 오세창의 글씨이다. 택宅이라고 하지 않고 장莊 자를 쓴 이유는 그만큼 이 집이 대저택이었기 때문이다. 대지만 3000평이다. 우리나라 장급莊級 저택으로는 강릉에 '선교장'이 있고, 청송에는 '송소고장'이 있다.

9대 만석군 집답게 풍수도 온통 부자 봉우리로 둘러싸여 있다. 부자 봉우리라고 하는 것은 밥사발이나 바가지처럼 둥그렇게 생긴 모습의 산봉우리를 가리킨다. 대문의 정면에 바로 이 밥사발 봉우리가 바라다보고 있다. 그 왼쪽으로도 2개의 봉우리가 역시 밥사발이다. 그 오른쪽에 있는 봉우리도 마찬가지다. 왼쪽의 2개 밥사발 봉우리는 말 안장 같기도 하다. 말을 타는 귀인이 나온다는 형상이다. 우리나라 여러 명촌을 답사해 보았지만 이처럼 대문 바로 앞에 잘생긴 밥사발이 놓여 있는 경우는 처음 보았다. 동네 앞으로 흐르는 냇물이 빠져나가는 수구水口에도 비보裨補가 되어 있다. 왕버들도 심어 놓았고, 작은 흙 언덕도 조성해 놓았다. 기가 빠져나가는 것을 막기 위해서이다.

10월 5일(2019) 전국 '청송 심씨 한마음대회'가 청송에서 있다고 한다. 3왕후, 13정승, 4부마를 배출한 청송 심씨들이다. 한국의 씨족 문화는 아직 사라지지 않았다.

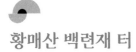

황매산 백련재 터

나라는 망해 가고 아무 비전도 없던
난세에 선비들은 포기하지 않고
공부를 계속했다.

'먹고살기는 힘들고, 세상은 칼춤 추는
것처럼 살벌하고, 인생의 좋은 시절은 다 가버렸구나!' 이런 비관적 생각
이 들 때마다 등산 스틱과 배낭을 챙겨서 산에 간다. 산의 짙푸른 녹음이
나를 달래준다. 계곡의 물소리, 새소리가 근심을 씻어준다. 여기저기 이
름 모를 산꽃들에서 풍기는 향기가 찌푸린 인상을 펴게 해준다.

가끔 가는 산 가운데 황매산(黃梅山, 1108m)이 있다. 합천군과 산청
군 경계에 있는 산이다. 황매산 자락에는 아는 분의 집이 있다. 문화원
장을 지내고 퇴직한 임영주 선생 집인데, 합천군 가회면 산골의 이 근
방 경치가 어렸을 때 보았던 우리나라 산골 동네의 소박하고 푸근한 정
취를 보존하고 있다. 특히나 마음에 드는 장면은 뒷산인 모산재의 바위
암벽들이다. 황매산 자락인 모산재(767m)는 강건한 기상을 지니고 있
다. 골기骨氣가 충만하다. 신령스러운 바위산이란 뜻의 '영암산'으로 부
르기도 한다. "인생 잠깐 살다가 죽는 것인데 너무 스트레스를 받지 말

아라. 나는 백만 년을 이렇게 버티고 있다"고 모산재는 메시지를 전한다.

황매산은 평평한 토체의 산이고, 여기에서 뻗어나온 바위산 모산재는 토생금土生金의 이치를 말해준다. 풍광이 좋은 지역에는 인간의 스토리도 있기 마련이다. 임 선생이 모산재 주변 옛날 선비들이 공부했던 유적지로 데리고 간다. 19세기에 경남 지역 유학을 부흥시키는 데 큰 역할을 한 만성晚醒 박치복(朴致馥, 1824~1894)이 중년에 황매산 자락에 들어와 공부했던 곳이다.

나라는 망해 가고, 비전은 없고, 먹고살기는 힘들었던 시절에 이 산골짜기 숲속 바위 언덕에서 백련재百鍊齋라는 서당을 운영했다. 바위 봉우리 모습이 누룩을 쌓아 놓은 모습과 흡사하다고 하여 '누룩덤'이라는 이름이 붙은 암벽 밑에 자리 잡은 서당이다. 서당 터치고는 센 터이다. 원래 백련암白蓮庵이라는 절터였다. 구전에 따르면 정조 때 명재상 번암 채제공이 유년 시절에 이 백련암 터에 머무르던 봉암 대사 밑에서 글을 배웠던 곳이라고 한다. 이 백련재에서 인조반정과 무신란 이후로 주눅이 들어 눌려 있었던 경상 우도의 유학이 부흥하기 시작하였다. 이 백련재에서 공부했던 학인들이 이후로 산청군 신등면의 이택당麗澤堂으로 옮겨가면서 우도의 학자들이 집결하는 계기가 되었다. 이 학단의 흐름이 마지막 유학자 중재重齋 김황(金榥, 1896~1978)의 도양서원까지 연결된다. 아무 비전도 없던 난세에 포기하지 않고 공부를 계속했던 선비들의 유적지이다.

인왕산에 산양이 온 날

절벽에 서 있는 산양의 접지력은
발바닥이 고무처럼 부드럽다는 데
그 비밀이 있다.

　　　　　서울을 뉴욕이나 파리, 런던, 베이징, 도
쿄와 같은 세계의 수도와 비교했을 때 우위에 있는 풍수적 특징은 바위
산의 위용이다. 불암산, 수락산, 사패산, 도봉산, 북한산이 그것이다. '불
수사도북'을 좀 더 압축하면 삼각산三角山이다. 세 개의 각角이라는 표현
도 중요하다. 그러니까 세 개의 용 뿔같이 생긴 백운대, 인수봉, 만경봉의
날카로운 암봉이 솟아 있어서 서울이라는 도시의 카리스마를 품어 내고
있다. 바위산에서 기가 품어져 나오고 카리스마가 나온다. 알프스의 거
대한 용각봉龍角峰이자 문필봉이기도 한 마테호른Matterhorn의 기를 받
아서 이 주변에 유럽의 인물들이 많이 나왔듯이, 삼각산의 기운도 만만
치 않은 것이다.

　　서울이 지닌 암기巖氣를 감상할 수 있는 뷰 포인트가 종로구 부암동
에 있는 목인박물관이다. 청와대 뒷산인 백악산부터 시작해서 보현봉,
비봉 등 삼각산의 새끼 봉우리들이 병풍처럼 둘러쳐 있는 광경을 볼 수

있다. 여기를 갔다 오면 정작 박물관 내부의 전시품은 눈에 안 들어오고 서울 산의 아름다운 풍광만 가슴에 남아서 스트레스를 풀어준다. 박물관 바로 뒤로는 인왕산의 유명한 바위인 기차 바위와 호랑이 바위가 버티고 있다. "인왕산 모르는 호랑이 없다"는 속담은 이곳에 호랑이가 많았음을 말해준다.

지난주 박물관협회 회의가 있어서 갔더니만 관장 하는 이야기가 '작년 3월에 인왕산 성곽길을 따라서 박물관 경내로 산양山羊이 들어왔다. 사진도 찍어 놓았다'라고 한다. 거무스름한 털이 있는 몸통에 흰 꼬리를 한 모습이다. 서울 같은 대도시에 산양이라니? 산양은 멸종 위기 동물 아닌가. 설악산, 오대산, 태백산 같은 깊은 산에서만 서식하는 줄 알았는데, 서울 인왕산 자락의 목인박물관에 나타났던 것이다.

산양의 주특기는 바위 절벽을 잘 탄다는 점이다. 경사도 60~70도의 낭떠러지 절벽에서도 잘 올라다닌다. 온순한 동물이면서도 바위 절벽을 수월하게 올라갈 수 있는 그 접지력이 강인한 인상을 준다. 접지력의 비결은 발바닥이 고무처럼 부드럽다는 점에 있다. 고무 같은 발바닥이 바위에 쩍 달라붙을 정도이다. 낭떠러지 바위 절벽을 딛고 서서 한가롭게 하계下界를 굽어보고 있는 이 동물은 선지자를 상징한다.

이번에(2023) 청와대가 용산으로 이주하면서 뒷산인 백악산 쪽까지 산양이 돌아다닐 수 있게 되었다. 청와대 뒷산 수천 명 경호 인력이 철수하면서 70년 된 입산 통제가 풀리게 된 것이다. 삼각산의 손자뻘 되는 백악산이 '권력의 알박기'로부터 풀려난 것이라고나 할까. 서울의 바위산이 시민에게 돌아왔다.

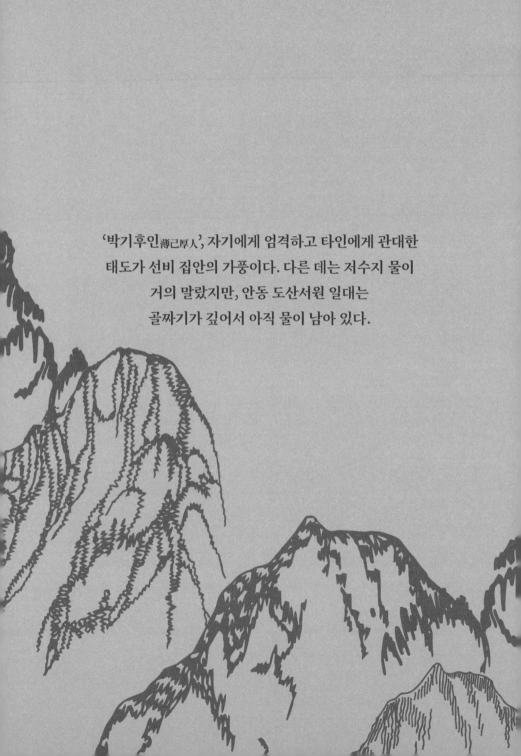

'박기후인薄己厚人', 자기에게 엄격하고 타인에게 관대한
태도가 선비 집안의 가풍이다. 다른 데는 저수지 물이
거의 말랐지만, 안동 도산서원 일대는
골짜기가 깊어서 아직 물이 남아 있다.

4

축적된 시간에 귀 기울이다

오래된 것들에는 견뎌온 힘이 있다

박기후인의 가풍

수백 년 전 이야기를 나누는 일은 서로
'남이 아니다'는 점을 확인하고, 함부로
행동할 수 없는 정서적 유대를 만든다.

안동과 봉화 일대의 양반가를 꼽는다면
대략 30여 집안이 되는 것 같다. 퇴계 선생 밑에서 배운 학연으로 인해 서
로 혼사도 많이 하고, 재전再傳·삼전三傳 제자 간에도 학문적 사승師承 관
계가 많다. 이 집안들이 300~400년 세월 동안 지연·혈연·학연으로 엮이
다 보니 독특한 공동체를 형성하였다. 누가 누구 집 자손이고, 누구네 선
조가 학문이 높았고, 당쟁을 같이 겪었고, 독립운동을 어떻게 했고, 결정
적 순간에 행동을 어떻게 했는가를 서로 간에 잘 알고 있다.

이 30여 집안의 후손들이 21세기 서울의 강남 밥집에서 만나도 수
백 년 전 이야기가 늘 화제로 오른다. '당신네 11대조 할머니가 낳은 딸
이 우리 집에 시집와서 누구를 낳았는데, 그 아들이 유배 갔을 때 어떤
문집을 남겼고, 문집을 어느 서원에서 발간하였고, 문집 가운데 어떤 대
목이 사람들 사이에 회자되었고, 어떤 처신을 하였으며, 그의 제자가 누
구이고, 친했던 동기가 누구이며, 거기서 낳은 딸이 또 아무개네 집으로

시집을 가서 낳은 외손자의 6대 후손이 장관을 지냈고, 어느 대학 총장을 한다'와 같은 내용이다. 이게 보학譜學이다. 말하자면 양반학兩班學이다. 선비 집안 후손들의 특징은 보학에 해박하다는 점이다.

이렇게 수백 년 전 이야기를 나누는 게 자칫 시대착오로 흐를 가능성도 있지만, 서로 '남이 아니다'는 점을 확인하는 시간이며, 서로 간에 함부로 행동할 수 없는 정서적 유대를 만든다. 눈앞의 이익을 위해서 어느 누가 돌출 행동을 하면 수백 년간 축적되어 온 문중 간의 세교世交를 무너뜨리는 일이 되며, 자신은 물론 그 집안까지 함께 욕을 먹는 일이 된다.

선비 집안 후손들은 남의 단점을 쉽게 지적하지 않는다. 덕담을 많이 한다. 자기 자랑을 삼간다. 안동 일대에는 누구누구의 송덕비頌德碑를 찾아볼 수 없다. '박기후인薄己厚人'이 체질화되어 있다. 자기에게 엄격하고 타인에게 관대한 태도가 선비 집안의 가풍이다. '내로남불'의 반대말이라 하겠다.

'내로남불'은 수신修身이 안 된 소인배의 전형으로 본다. 다른 데는 저수지 물이 거의 말랐지만, 안동 도산서원 일대는 골짜기가 깊어서 아직 물이 남아 있다.

명문가에는
스토리가 있다

말도 탈 줄 모르는 늙은 선비가 정의를
위해 싸움에 나서다. 창평 고씨 집안에
흐르는 정의로움.

양반에도 급수가 있다. 호남의 A급 양반
집안이 전남 창평에 살고 있는 창평 고씨들이다. 이 집안을 양반으로 꼽
는 이유는 임진왜란 때 삼부자가 의병을 이끌고 나가 모두 순절(殉節, 전사)
했기 때문이다. 아버지 제봉 고경명과 차남 고인후가 금산 전투에서 왜
적과 싸우다가 죽었다. 당시 60세의 고경명이 의병을 이끌고 나갈 때 쓴
'마상격문馬上檄文'이 유명하다. 말도 탈 줄 모르는 늙은 선비가 나섰으니
함께 싸우자는 독려가 담겨 있다. 장남 고종후는 아버지와 동생의 원수를
갚겠다며 진주성 2차 전투에 의병을 이끌고 나갔다가 전사한다.

이 집안은 300년 후인 구한말에도 후손 녹천 고광순이 가국지수(家
國之讎, 집안과 나라의 원수)와 싸우겠다며 의병을 이끌고 연곡사에서 싸
우다가 죽었다. 고광순은 '불원복(不遠復, 잃었으나 멀리 가지 않고 돌아온
다)'라고 쓴 군기 앞에서 아침저녁 다짐했다. 불원복은 주역 24번째 지
뢰복地雷復 괘로 회복을 뜻한다. 광복에 대한 염원이다.

규장각 직각 벼슬을 지냈던 고정주는 사립학교인 창흥의숙을 세워 인재를 키웠다. 인촌 김성수, 현준호, 가인 김병로가 배출됐다. 한편 고경명의 후손 중 일부가 전남 창평을 떠나 장흥의 평화마을에 내려가서 살았다. 장흥은 제암산, 억불산, 사자산, 천관산 등 명산이 많아서 근래에 소설가가 많이 나온 고장이다. '장흥 가서 소설 자랑하지 말라'는 말이 생겼을 정도이다.

억불산 자락의 평화마을에는 고경명의 후손인 고씨들이 살았다. 평화마을에는 무계고택霧溪古宅이 유명하다. 수백 년 된 팽나무와 소나무가 울창하게 우거져 있어서 세월의 무게감이 느껴진다. 고택 앞 송백정松百井은 소나무와 백일홍이 어우러져 있는 운치 있는 연못인데, 고택 뒤로 솟아 있는 억불산 암봉의 강한 바위 기운을 누그러뜨리기 위하여 인공으로 조성한 비보裨補 연못이기도 하다. 무계고택에서 배출된 인물은 고제환(1810~1890)이다. 고제환은 40세 때 보성군수를 지내다가 파직당했다. 나라의 세금을 착복한 지방 토호 세력을 잡아다가 곤장을 때렸기 때문이다. 곤장 맞은 토호 세력은 당시 권력 실세인 안동 김씨들과 결탁되어 있었고, 안동 김씨의 압력으로 군수에서 물러나야만 했다.

고향인 평화의 무계고택에서 쉬고 있던 고제환은 53세 때 '난亂'의 주동자가 된다. 장흥의 아전들이 백성들에게 가혹한 세금 착취를 했고, 착취당한 시골 사람들이 전직 군수였던 고제환에게 찾아와 하소연하자 고제환은 '아전들을 혼내주라'고 지시한 것이다. 군수를 지냈던 사람이 '고제환의 난' 주동자가 된 것이다. 군수가 난의 주동자가 된 일은 매우 드물다. 고초는 겪었지만 죽지는 않았고, 철종이 죽고 대원군이 정권을 잡자 복권되었다. 명문가로서 스토리가 많은 집안이다.

삼백당 밤나무

밤나무를 파 보면 신기하게도
처음 심었던 씨가 안 썩고 뿌리에
남아 있다고 한다. 추원보본이다.

땀이 줄줄 흐르는 삼복더위에 안동시 도
산면 온혜리 산골의 길을 돌고 돌아서 온계종택溫溪宗宅에 도착했다. 종
택 입구의 오래된 고목이 나그네를 맞아준다. 수령 500년 된 밤나무다.
나무 둘레가 5.5m에 이른다. 성인 3명이 양팔을 벌려 맞잡아야 하는 거
목이다. 오래된 나무를 찾아가 보는 게 취미인 필자도 500년 된 밤나무
는 처음 본다.

밤나무는 유가儒家에서 특별히 중시하는 나무이다. 제사상에도 조율
이시棗栗梨枾가 올라가지만, 밤나무(栗)는 뿌리 밑에 처음 밤나무를 심었
을 때 심은 씨, 즉 밤이 남아 있다. 밤나무를 파 보면 신기하게도 처음
심었던 씨가 안 썩고 뿌리에 남아 있다고 한다. 우리 선조들은 이 장면
을 보고 그 출발과 근원을 잊지 않는 나무라고 생각했다. 추원보본追遠報
本의 정신을 상징하는 나무인 것이다.

'고목에 꽃이 피면 부르는 게 값'이라고 하였던가. 500년 된 이 집안

의 밤나무에도 매년 밤이 열린다. 매년 300~500개의 밤알이 수확되는데, 단단해서 벌레가 먹지 않는 토종이다.

온계종택의 당호는 삼백당三栢堂이다. 온계李溪 이해(李瀣, 1496~1550)는 퇴계 이황의 형이다. 네 살 터울의 형제는 우애가 남달랐다. 서로 시詩를 지어 마음을 화답했다. 냇물(溪)을 따라서 형제간에 집을 지었다. 이 집안이 대대로 잘 내려오다가 환난을 만났다. 1895년 을미의병이 일어났을 때 종손의 동생인 지암芝庵 이인화(李仁和, 1858~1929)가 의병대장을 했다. 명문가 후손들이 의병대장을 맡는 게 당연했다. 이 삼백당이 의병 활동의 거점 역할을 했고, 그 보복으로 1896년에 일본군이 삼백당을 불태워 전소됐다.

안동 일대에서 신망받던 명문가의 종택이 불타 버리자 그 후손들은 갈 곳이 없었다. 할 수 없이 서너 군데의 지손支孫들 집을 전전하면서 살아야만 하였다. 100년 넘는 떠돌이 생활이었다. 그러다가 2011년에 국가보훈처에서 지원해 삼백당을 복원했다. 일본군에 의해 불에 탄 지 115년 만의 복원이었으니 고목에 꽃이 핀 경우가 아닌가!

땀에 젖은 몸으로 사랑채 뒷마루 문을 열고 마룻바닥에 앉아 보니 끈적거리던 습기가 증발한다. 현 17대 종손인 이목李睦 선생에게 삼백三栢의 뜻을 물어 보니 "잣나무 세 그루처럼 선비의 의리를 지키라는 게 조상들의 가르침이었습니다"라는 대답이 돌아온다. 선비정신이 다 끊어진 게 아니다.

치암고택의 주기도문

> 항상 경敬을 유지하라, 성냄을 경계하고
> 욕심을 막아라, 홀로 있을 때 도에 어긋나지
> 말며, 늘 정성과 공경을 다하라.

주자학의 가풍은 중국 본토에서는 자취
를 감췄지만 신기하게도 한국의 안동·도산 일대에만 명맥이 남아 있다.
안동 일대의 온혜溫惠, 상계上溪, 하계下溪, 계남溪南, 원촌遠村, 의인宜仁, 외
내烏川, 내앞川前, 하회河回, 무실水谷 등이다.

소수민족이 사는 동네 같은 분위기가 있다. 여기에 수백 년 된 고택
들이 백여 채 남아 있다. 이 주자학 고택들은 동학, 6·25를 거치면서도
살아남았고 산업화의 물결에도 견디어냈다. 동학, 6·25, 산업화의 풍파
에 기호 지역 고택들은 풍화되었지만 말이다.

그러나 안동도 '댐 수몰'에는 직격탄을 맞았다. 1975년의 안동댐과
1990년에 임하댐이 건설되면서 '하회마을'급의 명문 집성촌 마을이 10
여 개 수몰되었다. 이게 엄청난 타격이었다. 안동댐이 건설되면서 도산
면 원촌遠村의 수백 년 된 고택들도 강제 철거를 당했다. 어디에다 하소
연할 수도 없는 상황이었다. 원촌에서 300여 년간 살아오던 진성 이씨眞

城李氏 퇴계 후손 치암고택恥巖古宅의 이원봉李源琫은 정부의 강제 철거에 끝까지 저항했다. "보상금은 필요 없다. 이 조상들의 고택을 뜯어서 다른 곳에다가 그대로 이주시켜 달라. 그러기 전에는 죽어도 못 나가겠다"고 버텼다. 그래서 현재 안동시 내 안막동 언덕으로 전통 한옥을 그대로 옮겼다. 당시에는 매우 드문 사례였다.

안막동 치암고택에 가 보니 사랑채에는 '숙흥야매夙興夜寐', '징분질욕懲忿窒慾', '신독愼獨', '성경誠敬'이 붙어 있다. 안방 벽에도 '사무사무불경思無邪毋不敬'이 붙어 있다. 생각에 사심이 없고 늘 공경하고 배려하라는 뜻이다.

'숙흥야매'는 '항상 경敬을 유지하라', 징분질욕은 '성냄을 경계하고 욕심을 막아라'는 내용이다. '신독'은 홀로 있을 때 도에 어긋나지 말며, '성경'은 정성과 공경을 뜻한다. 집 전체가 주자학의 가르침으로 도배가되어 있다시피 했다. 명문가에서 아침저녁으로 외웠던 주기도문 같은 것이다. 어릴 때부터 이런 경구들로 둘러싸인 집에서 성장하다 보면 유교적인 가르침이 자연히 머릿속에 세뇌가 될 것 같다. 안주인은 여헌旅軒 장현광(張顯光, 1554~1637)의 종녀인 장복수張福洙이다.

이문열의 불에 탄 집

수백 년 동안 살았던 동네의 풍수를
살펴보면 각기 표정이 있고 개성이 다르다.
그 이야기가 나를 사로잡는다.

　　　　　　　　　　　갈암葛庵 이현일(李玄逸, 1627~1704) 이후
로 재령 이씨 집안에서 배출한 전국구 문사文士가 이문열이다. 철옹성의
노론들에게 단기필마로 나가서 정면 승부를 걸었던 인물이 갈암이다. 결
과는 엄청난 고초였다. 노론들에게 명의죄인(名義罪人, 죄명을 따질 것 없는
무조건 죄인)으로 찍혔다. 갈암 이후로 재령 이씨들은 약 200년 동안 과거
시험을 보지 못하고 춥고 배고픈 길을 걸어야만 하였다. 그 배고픔과 고
독의 한이 뭉친 동네가 영양군 석보면 두들마을이다. 이문열의 고향이자
재령 이씨의 집성촌이다.

　　두들마을은 풍수적으로 볼 때 흥미로운 지형이다. 우선 동네가 언덕
위에 자리 잡고 있다. 아래서 볼 때는 위로 올려다보아야 하는 언덕 위
에 자리를 잡았다는 것은 세상을 내려다보는 기상을 품고 있는 터라는
인상을 풍겼다. 양반들이 수백 년 동안 살았던 동네들의 풍수를 살펴보
면 각기 표정이 있고 개성이 다르다. 특히 동네 언덕으로 올라가는 입구

의 바위에 새겨 있는 '樂飢臺(낙기대)'라는 글씨도 나를 사로잡았던 기억이 있다. '배고픔을 낙으로 삼는 대臺라니. 이게 무슨 뜻이지?' 나중에야 알았다. 갈암이 노론에게 대들었다가 그 보복으로 두들마을의 이씨들은 일체의 벼슬도 못 한 채로 200년 동안 배고픔을 견디고 살 수밖에 없었다는 사실을. 그 탄압과 고독의 한을 담담하게 견디자는 다짐이 '樂飢臺'라는 문구로 나타난 것 같다. 이것이 집권 여당으로부터 소외당한 채로 조선 후기를 살아야 했던 영남 남인의 정신이 아닌가 싶다.

이 동네에는 300년쯤 된 오래된 상수리나무가 수십 그루 살아 있다. 상수리나무는 뿌리가 깊이 내려가므로 가뭄에도 열매를 맺는다. 이 상수리 열매가 굶어 죽는 흉년이나 환난에 요긴한 구황 식품이 된다. 상수리 열매는 동네의 배고픈 사람들이 먹는 식량이었던 것이다. 갈암의 어머니인 장계향(《음식디미방》 저자) 대에 흉년을 대비하여 심어 놓은 나무라고 한다.

10여 년 전쯤인 것 같다. 이문열 씨 형님의 안내로 이 동네의 '광산문학연구소'에서 하룻밤 잔 적이 있다. 아침 7시쯤 되었을까. 아침 식사 전에 문어를 살짝 데쳐서 빨간 초장과 함께 접시에 담아 내가 자던 사랑채 방에 들여주었던 기억이 난다. 호남에는 없는 접빈객의 풍습이었다. 안동 일대에서 문어를 손님에게 대접하는 풍습은 수백 년간 내려오는 식문화이다. 안동에서 문어는 학자의 음식이다.

이문열 작가가 인세를 모아 지은 그 집이 화재로 전소되었다니 안타깝다. 나도 장성 축령산 휴휴산방에 불이 나 봐서 그 심정을 안다.

온주법, 손님맞이

> 술을 빚는 이유는 조상의 신명을
> 감동시키고, 내 집을 찾아오는 손님들을
> 즐겁게 대접하기 위해서였다.
> 불교가 차였다면 유교는 술이었다.

차례茶禮라는 단어는 우리말에 남아 있지만, 실체는 사라졌다. 그 구체적인 예법은 일본에 남아 있었다. 고대문화 가운데 중심부에서는 사라졌지만 주변부에 잘 보존된 경우가 많다. 차례가 그렇다.

오다 노부나가, 도요토미 히데요시의 차茶 선생을 지냈던 일본 다도茶道의 종장 센리큐(千利休, 1522~1591). 그의 15대 후손인 센겐시츠(千玄室)를 엊그제 베이징 다도 행사에서 만날 기회가 있었다. 우리 나이로 95세인데도 외국 행사를 주관하고 있었다. 일본 전통 다도의 맥을 잇는 '우라센케(裏千家)'의 살아 있는 전설이자 동양의 귀족문화를 대표한다. 평생 다도로 단련된 절제와 품격이 몸에 배어 있으면서도 이야기할 때는 소탈한 표정으로 하였다.

일본의 차례를 보면서 '조선은 무엇인가?'를 생각하지 않을 수 없었다. 주례酒禮였다는 생각이 든다. 고려불교가 차를 중시하였다면 조선조에 들어와 유교가 흥하면서 차 대신에 술을 제사에 사용했다. 의성 김씨 안동 내앞(川前) 대종가에 전해져 오는 《온주법蘊酒法》* 문건이 바로 그러한 전통을 대변한다.

1700년대 후반, 이 집안의 종부(진주 강씨 할머니)가 그 내용을 한글로 기록해 놓은 것이다. 57가지 종류의 술 만드는 법을 기록해 놓았다. 이화주, 감점주, 삼해주, 백자주, 정향극렬주, 서왕모유옥경장주 등이다. '온주법'을 연구하고 있는 이 집안 후손 김명균 선생은 양반가의 두 가지 업무가 '봉제사접빈객(奉祭祀接賓客, 제를 모시고 손님을 맞이하는 일)'인데, 두 업무에서 빠질 수 없는 게 바로 술이었다고 대답한다. 온주법의 서문에는 '술은 신명을 감동시키고, 빈객을 화창하게 한다'는 내용이 나온다. 양반 집안에서 술을 빚는 이유는 조상의 신명을 감동시키고, 내 집을 찾아오는 손님들을 즐겁게 대접하기 위해서였다. 불교가 차였다면, 유교는 술이었다.

내앞 대종가는 대저택이었다고 한다. 손님들이 사랑채 마루에 앉아서 낚싯대를 드리워 고기를 낚을 수 있는 구조였다. 사랑채 바로 앞에 연못이 있었기 때문이다. 무신난(戊申亂, 1728년 이인좌의 난)이 일어났을 때 안동 지방의 가담 여부를 조사하러 온 안핵사 박문수는 '이 집의 규모가 너무 과하다. 오해를 불러일으킬 수 있다'고 지적하여서 사랑채를 헐었다고 한다.

---

* 《수운잡방》《음식디미방》과 함께 안동의 3대 옛날 요리책.《온주법》은 조선 후기 1700년대에 편찬된 것으로 책에 기록된 음식은 총 130종, 술이 57종으로 가장 많다. 이 외에도 술과 장을 담지 않는 날, 조약법造藥法 9항과 기타 염색, 의복 관리법 등이 적혀 있다.

농암 선생의 어부가

농암 종택은 내가 본 한국의 풍광 가운데
가장 아름다운 곳에 자리 잡은 고택이다.

영남을 관통하는 낙동강 1300리 중에서
가장 아름다운 풍광을 보여주는 지점이 어디쯤일까. 관점에 따라 다르
겠지만 낙동강 상류인 안동시 도산면 가송리佳松里에서부터 그 아래쪽
으로 20~30리 구간이 해당되지 않을까 싶다. 도산구곡 가운데 제8곡이
다. 고산곡孤山曲이라고 부른다. 내가 백수가 된다면 한번 살아 보고 싶
은 곳이다.

청량산 육육봉 가운데 남쪽으로 뻗은 봉우리인 축융봉의 바위 맥
이 억만년 흘러내린 강물에 잘리어 작은 협곡인 가송협(峽)을 만들었
다. 물이 바위를 이긴 광경이다. 이 가송협의 바위 절벽 밑에 고산정孤山
亭이 홀로 서 있다. 여기서부터 푸른 강물과 바위 절벽의 단애가 어우러
진다. 이 그림 같은 풍광 속에 농암聾巖 이현보(李賢輔, 1467~1555) 선생
의 종택이 자리 잡고 있다. 종택 앞의 강 건너로는 벽력암霹靂巖이 마주
하고 있다. 흐르는 강물에 달빛이 비출 때 하얀 안개가 끼면 그대로 신

선이 사는 집이다.

벼슬에서 물러나 〈어부가漁父歌〉를 부르며 '강호진락江湖眞樂'을 누리고 살았던 농암 선생의 종택답다. 내가 구경해 본 한국의 풍광 가운데 가장 아름다운 곳에 자리 잡은 고택이 아닌가 싶다. 1970년대 안동댐 수몰로 원래 있던 자리에서 3km 정도 옮겨온 터이지만 강호 풍류를 느끼기에는 충분하다. 여기에는 강江도 있고, 배舟도 있고, 달月도 있고, 술酒도 있고, 시詩도 있다.

'강배달술시'가 있어야 어부가를 부를 수 있다. 어부가를 불러야 명예욕을 떨쳐낼 수 있지 않나 싶다. 한자문화권에서 어부는 은둔자의 상징이다.

생활 속에 근심 걱정할 것 없으니 어부의 생활이 최고로다. 조그마한
쪽배를 끝없이 넓은 바다 위에 띄워 두고 인간 세사를 잊었거니 세월
가는 줄을 알랴.
굽어보니 천심녹수千尋綠水요, 돌아보니 만첩청산萬疊青山이로다. 강
호에 밝은 달이 비치니 더욱 무심하구나.
푸른 연잎에다 밥을 싸고 푸른 버들가지에 잡은 물고기를 꿰어 갈대꽃
이 우거진 언덕에 배를 매어 두니, 이 재미를 누가 알 것인가.

강호 풍류의 발원지인 농암종택. 종손 이성원李性源 선생은 50대 중반에 고향으로 귀거래 하여 오늘까지 어부가를 부르며 살고 있다.

보물은 오직 청백뿐이다

흉년에 자기 집만 먹느냐?
그럴 수가 없다. 배려하는 사람이
선비이고, 양반이다.

꿀밤나무라고 하면 상수리나무와 도토
리나무를 모두 가리킨다. 참나무과에 속하는 나무들이다. 경북 북부 지역
에서는 상수리 열매와 도토리 열매를 '꿀밤'이라고 부른다. 전라도 지역
에서는 그냥 도토리라고 부르지 꿀밤이라고는 부르지 않는다.

조선 시대 쌀이 부족한 데다가 흉년이 들면 안동·예안 지역에서는
도토리·상수리 열매를 먹었다. 배고플 때 먹으면 꿀밤이었던 것이다. 비
가 오지 않아서 흉년이 들면 곡식은 자라지 못하지만, 도토리는 자랄 수
있었다. 도토리·상수리나무는 뿌리가 땅 밑으로 깊게 들어가는 습성이
있어서 가뭄이 들어도 버틸 수 있기 때문이다.

이쪽 지역에서 도토리는 마지막 상황에 대비할 수 있는 구황救荒식
품이었던 것이다. 역사적 기록에도 구황식물로 기록되어 있다. '도토리
는 들판을 보며 익는다'는 말이 있을 정도이다. 흉년에 더 귀하다는 바람
이 담겨 있다. 도토리·상수리의 떫은맛을 제거하기 위해서 일단 물에 불

려야 한다. 그리고 솥에 약간 찐 다음에 말려서 가루를 낸다. 이 가루를 보리나 다른 곡식 가루와 섞어서 죽을 쑤어 먹으면 흉년에 아사餓死는 면한다. 어린잎은 삶아서 나물로 먹기도 한다. 굶어 죽는 상황을 면하게 해주니 이것보다 더 귀중한 나무가 어디 있겠는가? 그러니 꿀밤나무라고 부를 만하다.

안동시 길안면 묵계리의 보백당寶白堂 김계행(金係行, 1431~1517) 선생 종가 앞에도 오래된 꿀밤나무가 있었다. 보백당은 후손들에게 '오가무보물吾家無寶物 보물유청백寶物惟淸白'이라는 유훈을 남긴 인물이다. '우리 집에 보물이 없는데, 보물은 오로지 청백뿐이다'라는 뜻이다. 20년 전 처음 보백당을 방문해서 현판에 쓰인 이 문구를 보았을 때 '우리 선비들이 이런 사람들이었구나, 이렇게 고결한 삶을 살았구나!' 하는 진한 감동을 받았다.

동네로 들어서는 성황당 주변에는 500~600년 된 꿀밤나무가 15그루쯤 남아 있다. 종택 담장 옆에도 2그루가 있다. 세월이 지나면서 많이 죽고 남은 것이 이 정도이다. 선조들이 흉년의 비상시에 먹으려고 심어 놓았던 나무들이다. 흉년에 자기 집만 먹느냐? 그럴 수가 없다. 양반은 주변 공동체를 배려해야 하는 사람이다. 배려하는 사람이 선비이고, 양반인 것이다.

예가 아니면
움직이지 않는다

참 좋다! 어찌 이렇게 모자람 없는
터에다 선조들은 일찌감치 뿌리를
내렸단 말인가!

　　　　　　　한자의 '勿' 자 모양으로 생긴 동네가 있다. 이런 명당 동네를 볼 때 사는 재미가 난다.

　경남 산청군 신등면의 '법물 김씨(상산 김씨)'들이 사는 동네가 '물勿' 자 형국이다. 산청군 법물 김씨들이 사는 동네의 구불구불 산세로 내려온 지맥과 냇물 배합이 훌륭하기 그지없다. 참 좋다! 어찌 이렇게 모자람이 없는 터에다 이 집 선조들은 일찌감치 뿌리를 내렸단 말인가! 황매산은 정상 부분이 평평한 분지처럼 되어 있고, 이 황매산 지맥이 부암산으로 내려오면서 거친 기운을 좀 누그러뜨렸다. 부암산에서 다시 평지로 내려오는 맥이 여러 가닥으로 나뉘면서 새끼를 쳤다. 그 새끼 친 모습이 물 자 모습이다.

　물천서당勿川書堂도 이 새끼 친 맥의 한 자락에 자리 잡고 있다. 1887년 물천勿川 김진호(金鎭祜, 1845~1908)가 후학을 양성하고자 세운 서당이다. 남명학파가 몰락한 이후로 황무지 상태에서 만성晚醒 박치복(朴

致馥. 1824~1896)이 등장하여 후학을 가르쳤다. 이 박치복의 학맥을 계승한 물천 김진호가 여기에다 서당을 세움으로써 경상 우도의 학맥이 19세기 후반 물천서당에 결집되었다. 함양, 합천, 산청, 의령, 거창, 함안, 진주, 사천에서 학생들이 몰려들었다.

한문 경전을 볼 때 한 번에 넉 줄씩 동시에 보았다고 하는 박람강기의 천재 중재重齋 김황(金榥, 1896~1978). 70년대 후반까지 살면서 한문교수들을 길러냈다. 중재가 제자들을 가르치던 도양서원도 근처에 있다. 참 포근하고, 거친 기운은 하나도 없는 아늑한 터다. 이 물자 명당에 제일 먼저 들어와 600년 넘게 살고 있는 터줏대감은 법물 김씨다. 왜 '법물'이냐? 논어의 '비례물동非禮勿動, 비례물언非禮勿言, 비례물시非禮勿視, 비례물청非禮勿聽(예가 아니면 움직이지도, 말하지도, 보지도, 듣지도 않는다)'가 그 유래다. 조선 유학이 예로 집결된다면 그 예의 핵심이 바로 이 '사물四勿'이다. 이 동네에 살았던 김씨들은 이 '사물'을 법法으로 여겼다. 평소 행동 지침으로 삼았다는 말이다. 동네의 풍수 모양도 물 자니까 여기에다 유교의 '사물'을 얹은 것이다. 그래서 법물이 되었다.

이 동네의 재물이 빠져나가는 것을 막아주는 지맥이 '어머리'인데, 6·25 때 좌익인 경남도당위원장이 길을 낼 때도 이 어머리를 손상하지 않고 돌아서 길을 냈다. 풍수를 존중했던 것이다. 럭키금성 창업자 중 하나인 구정회의 처가가 법물이다. 럭키 '동동구루무(화장품)' 초기 사업 자금도 이 처가에서 댔다고 한다. 2000년대 초 '블루오션 전략blue ocean strategy'을 창안하여 주목받은 프랑스 인시아드대 김위찬 교수도 법물 김씨다.

소 뱃속같이 편안한 곳

상주의 가장 큰 미덕은 포용력이다.
조선 시대 야당 남인들의 땅이었음에도,
집권 여당인 노론의 서원이 제 모습을
유지했다.

검은 것도 희다고 하는 풍진세상. 풍진을
뒤집어쓰다 보면 숨고 싶은 마음이 생긴다. 상주 우복동牛腹洞이 역대로
그런 취향의 사람들이 그리워하던 곳이었다. 소 배 속과 같이 편안한 곳,
밥은 굶지 않고 살 수 있는 곳. 나는 그동안 우복동을 너무 좁은 개념으로
이해하고 있었다. 경북 상주의 향토사학자 김광희 선생의 안내를 받아 상
주 일대를 답사하고 나서 깨달은 결론이다.

우복동은 대·중·소 3군데가 있었다. 가장 작은 우복동은 용유동 계
곡이다. 여기에는 조선 후기 개운 조사(開雲祖師, 1790~?)가 손가락으로
새겼다고 하는 '洞天(동천)' 글씨가 초서체로 바위에 새겨져 있다. 청화
산에서 내려다볼 수 있는 우복동이 소小 우복동이다. 중간짜리 우복동
은 화북면 전체에 해당한다. 견훤산성에 올라가서 바라다보면 중中 우
복동을 볼 수 있다. 화북면 전체도 사방이 산으로 둘러싸서 오지이면서
도 안에는 적당한 논밭이 있는 지역이다. 가장 큰 대大 우복동은 어디인

가? 상주 전체가 하나의 우복동으로 볼 수 있다.

상주는 가로, 세로가 48~49km에 달하는 네모진 들판 도시이다. 들판이 넓어서 '경상도는 산간지대'라는 이미지와는 전혀 다른 느낌이 든다. 들판에 먹을 것이 풍족하다 보니 사람들의 기질도 느긋하고 악착같은 구석이 별로 없다. 기후적으로도 좋은 점이 있다. 상주의 서북 방향을 1000m급의 속리산이 막아주고 있고 동남쪽은 낙동강이 감아 돈다는 점이다. 속리산 문장대와 천왕봉은 겨울의 살풍殺風을 막아주고 태풍 피해를 막아주는 기능을 한다. 자연재해가 적다. 풍수에서 가장 꺼리는 방향이 서북쪽이다. 서북이 약하면 외부 침입자가 재물을 훔쳐 간다고 여겼다. 생태학적인 이유는 겨울에 서북쪽에서 불어오는 살풍을 싫어하였기 때문이다.

상주가 지닌 가장 큰 미덕은 포용력이었다. 3당 공존의 도시였다. 상주는 조선 시대 야당이었던 남인들의 땅이었음에도 불구하고, 집권 여당이었던 노론의 서원이 제 모습을 유지하고 서 있었다. 흥암서원興巖書院은 노론인 송준길을 모셔 놓은 서원이다. 노론이 영남을 공략하기 위한 교두보 역할의 서원이었다.

그런가 하면 남명학파의 제자가 세운 낙암서원洛巖書院이 존재하고 있다는 점도 특이하다. 남인의 본류를 대표하는 도남서원道南書院도 그 터가 훌륭하였다. 맑고 푸른 낙동강이 넘실거리면서 도남서원 앞을 허리띠처럼 돌아서 흘러가고 있었다. 정허루靜虛樓에 앉아 이 강물을 바라보노라면 어렸을 때 마음이 되살아난다.

이중환의 최종 정착지

> 머리에 든 것 없이 여행만 다니면
> 유람 수준에서 끝난다. 유람의 특징은
> 결과물이 없다는 점이다.

'독만권서讀萬卷書 행만리로行萬里路.' 만
권의 책을 읽고 만 리를 여행해 본다. 책을 어느 정도 읽고 여행을 해야
만 스파크가 튄다. 스파크가 튈 때마다 자기 아집이 깨지고 시야가 확장
된다. 아집이 깨지고 시야가 넓어질 때 사는 게 자유로워진다. 머리에 든
것 없이 여행만 다니면 유람 수준에서 끝난다. 유람의 특징은 결과물이
없다는 점이다.

이중환(李重煥, 1690~1756)이 저술한 《택리지擇里志》. 부동산 정보를
요약한 현장 보고서이자 현재까지도 나에게 참고가 되는 여행 콘텐츠
이다. 이만한 책이 없다. 자동차도 없고 신용카드도 없었던 따라지 인생
이 오직 '독만권서'의 내공만 가지고 전국을 돌아다녔으니 콘텐츠가 나
올 수밖에 없다. 30여 년간 팔도를 돌아다니면서 숙박과 밥은 어떻게 해
결했을까? 명문가 후손의 연줄 하나만 가지고 돌아다녔던 것 같다. 그
의 방랑 생활 최종 정착지는 충남 강경의 팔괘정이었다. 강경은 서해안

의 물류가 금강을 거슬러 올라와 내륙 깊숙이까지 들어올 수 있는 조선 시대 물류의 거점이었다.

화물과 사람을 실은 돛단배들이 수없이 드나드는 포구. 그 풍경이 볼만하다고 해서 이름도 '강경江景'으로 짓지 않았나 싶다. '원포귀범'의 풍광 말이다. 팔괘정八卦亭은 이 강경 포구를 드나드는 돛단배들의 왕래를 언덕 위에서 조망할 수 있는 위치에 자리한다. 이중환은 1751년 무렵 환갑에 이르러 2년 정도 팔괘정에 머물면서 《택리지》를 집필한 것으로 되어 있다. 그런데 재미있는 부분은 이 팔괘정이 노론의 맹장猛將이었던 우암 송시열이 지은 정자라는 점이다. 우암의 스승인 사계 김장생의 공부처였던 임리정臨履亭이 150m 옆에 있다.

스승을 흠모해서 스승의 정자 임리정과 똑같은 판박이, 즉 사이즈와 디자인, 내부 구조를 완전히 똑같이 하여 지은 정자이다. 오늘날 '스승의 날'이 정해진 계기는 이 두 정자의 사연에서 시작된 것이라고 한다. 임리정 언덕 밑으로는 죽림서원이 있다. 죽림서원은 사계 김장생을 모시고 송시열, 송준길, 이유태, 유계, 윤선거와 같은 5명의 충청 오현五賢이 공부한 곳으로 유명하다. 후일 노론의 핵심이 되는 사계학파沙溪學派의 핵심 아카데미였다. 노론의 본방 정자에서 패배한 남인의 낭인 이중환이 필생의 역작인 《택리지》를 집필하였다는 것이 아이러니이다. 돼지고기와 새우젓의 만남이란 말인가! 팔괘정 밑에는 황복 요리가 유명해서 필자도 자주 먹으러 갔는데, 이중환도 아마 《택리지》를 쓰면서 황복탕을 먹고 원고를 쓰지 않았나 싶다.

명재 선생과 토한 논

> 수백 년 된 고택과 종택을 방문할 때마다
> 생각한다. 그 집안의 선대 큰선비 혼령들이
> 후손을 지켜보고 있다고.

　　유럽의 유서 깊은 성당을 구경하면서, 그
성당 지하에 도력이 높았던 옛날 신부님들의 유골을 모셔 놓은 광경을 보
고 깜짝 놀랐다. 풍수 사상의 핵심이 백골감응설白骨感應說이다. 이를 보
면서 그 도인 신부님들의 혼령이 그 성당과 신자들을 보호하고 있다는
느낌이 들었다. 우리나라의 수백 년 된 고택과 종택을 방문할 때마다 같
은 생각을 한다. 그 집안의 선대 큰선비 혼령들이 후손을 지켜보고 있다
고 믿는다. 풍수 사상과 조상 숭배가 결합한 나의 조잡한(?) 신념 체계 때
문이다.

　　충남 논산의 노성리 명재明齋 윤증(尹拯, 1629~1714) 고택을 갈 때마
다 명재 선생의 생전 처신과 가르침을 생각한다. 먼저 명재는 '벼슬 환
장병病'에서 벗어났다는 점이다. 조선조는 과거 합격해서 벼슬하는 것
이 최고 가치였다. 벼슬하려고 환장한 사회였다. 명재는 죽을 때까지 벼
슬을 거절하였다. 임금이 여러 가지 벼슬을 준다고 불렀지만 끝까지 가

지 않았다. 마지막에는 우의정 자리도 사양하였다. 일생 벼슬을 사양하는 상소문을 40차례 이상 임금에게 올렸다. 일생을 처사로 일관하였다.

둘째는 지역 차별을 해소하려고 노력한 점이다. 벼슬을 사양하던 그가 딱 한 차례 벼슬을 해 볼까 하고 서울 턱밑의 과천까지 올라간 적이 있다. 1683년 54세 때 일이다. 과천에서 친구이자 당시 신망이 높았던 박세채와 밤새 토론하였다. 토론 주제는 '내가 입각하면 노론 정권에서 차별받고 있는 영남 남인들을 등용시킬 수 있느냐' 하는 것이었다. 당시는 영남이 심하게 천대받던 시절이었다. 정권 실세인 박세채로부터 '장담 못한다'는 답변을 듣고 바로 보따리 싸서 논산 집으로 돌아와버렸다. 호남 출신인 필자는 예전에 이 대목을 읽을 때마다 가슴이 뭉클하곤 하였다.

셋째는 '토한 논'이다. 당시 도지사, 시장, 군수가 부임할 때마다 명재 선생에게 인사를 갔다. 선생과 겸상해서 식사를 마치고 떠날 때는 300m 거리에 있는 논에다가 먹은 것을 토하곤 하였다. 조로 만든 죽이나 꽁보리밥에 깻잎, 볶은 고추장, 김치가 주메뉴였다. 벼슬아치들이 평소 고량진미를 먹다가 갑자기 험악한 음식을 먹으니까 배 속에서 감당을 못했던 것이다. VIP 방문객들이 음식 토한 지점을 '토한 논'이라고 불렀다. 명재의 청렴함을 기억하기 위해 명재의 후손들은 혼인 초례상에 조밥을 올려놓았다고 한다.

넷째는 '우리 집안 윤 씨들은 양잠을 하지 말라'는 선생의 엄명이었다. 서민 먹을거리인 양잠을 양반 집안에서 해버리면 서민들 밥 굶는다는 게 이유였다. 선생의 혼령은 아직 살아 있다.

화개 골짜기의 목압서사

집안 욕먹는 처신은 안 하려고 노력한다.
그러려면 약간의 손해는 감수하려는 태도가
있어야 한다. 아직 남아 있는 양반 문화이다.

그래도 영남에 양반 문화가 아직 남아 있
다. 다른 지역은 거의 사라졌는데 말이다. 양반의 유풍은 이렇다. 한적(漢
籍, 한문으로 된 책)에 관심이 많다. 조상의 문집을 번역하려고 회사 퇴직
금이라도 일부 밀어 넣는다. 문중과 집안에 대한 연대 의식이 조금이라도
있다. 집안 욕먹는 처신은 되도록 안 하려고 노력한다. 그러기 위해서 약
간의 손해는 감수하려는 태도가 있다. 주변 사람과의 관계에 있어서 약속
은 될 수 있으면 지키려고 노력한다. 신뢰를 못 지키면 양반 아니라고 생
각한다. 그래서 약속을 할 때도 신중하게 정한다. '허교(許交, 서로 벗하기
를 허락함)'라고 하는 검증 기간을 거쳐 마음의 문을 열지, 단기간 내에 곧
바로 '형님, 동생' 별로 안 하는 경향이 있다.

하동군 화개 골짜기에 목압서사木鴨書舍가 있다. 한문 서당이다. 부산
에서 직장 생활하다가 정년퇴직하고 화개로 귀촌해서 사는 조해훈 선생
이 무료로 운영하는 서당이다. 귀촌해서 한가하게 살지 웬 서당을 운영

하나? 돈이 되는 것도 아닌데! 돈도 안 되는 일에 정력을 쓰면서 한문 공부하는 우직한 사람들을 보면 그 출신 성분이 대강 짐작되는 바가 있다. "고향이 영남 어디요?" "대구 달성군 논공읍 갈실(노곡蘆谷) 마을의 함안 조씨요. 단종 때 벼슬을 버리고 함안에 내려왔던 인물인 조려趙旅의 후손들로서 대대로 학문을 중시했던 집안이오. 문과 급제자도 34명을 배출했으니 책 보고 공부하는 게 우리 집안 전통이오."

"왜 하필 지리산 화개 골짜기로 귀촌을 한 거요?" "조부 때부터의 꿈이 화개에 들어와 서당 열고 공부하면서 화개차茶를 덖어서 마시는 일이었기 때문이오. 할아버지, 아버지가 못 이룬 꿈을 내 대에 와서 이룬 셈이죠."

조부인 조차백(趙且伯, 1890~1963)도 차를 좋아해서 매년 4월이 되면 고향 달성에서 지리산 쌍계사까지 와서 한 달간 머무르며 집안사람들이 마실 차를 만들곤 했다. 당시 쌍계사에는 중국에서 덖음차 제조 기술을 배워온 청파靑波 조병곤(趙秉坤, 1895~1964)이 머물고 있어서 이 양반한테 기술을 배웠다고 한다. 아버지 조길남도 할아버지 따라서 유년 시절부터 찻잎 따는 계절이 오면 쌍계사에 머무르곤 하였다. 빚보증 때문에 부산 단칸방에 사는 생활고를 겪으면서도 청학동이 가까운 화개 골짜기의 낭만적인 풍광과 차를 잊지 못하고 죽었다. 목압은 신라 시대 나무 오리를 날려 절터를 잡았던 목압사木鴨寺가 있었던 절터였다. 조부, 아버지의 꿈을 대신해서 산골짜기에 서당을 열고 차를 만들며 살고 있었다.

학문과 문장가에 대한
존중

자본주의 시대는 뭔가를 끊임없이
내다 파는 세상이고, 팔기 위해서는 물건이
되었건 자기 자신이 되었건 홍보를
해야 한다. 유교적 수신은 어디까지인가.

한 5년 전쯤인가. 대구 팔공산 자락에 자리 잡은 유서 깊은 선비 집안을 방문하였다가 그 집 사랑채에서 하룻밤 묵게 되었다. 아침에 자고 일어나니까 밥상머리에서 집주인이 한마디 했다.

"해방 이후로 호남 사람이 저희 집에 와서 잠을 자고 가는 경우는 조 선생님이 처음입니다."

"해방 이후로 제가 처음입니까?"

"네, 그렇습니다."

오리지널 호남 사람으로서 영남의 유서 깊은 선비 집안에 출입한 지가 20년이 넘었다. 20년 정도 지나니까 그 특징이 눈에 들어온다. 우선 말이 신중하다는 점이다. 흥분해서 말하지 않는 습관이 있다. 말을 내뱉어서 약속하면 되도록 지켜야 한다는 생각이 강하다. 그러므로 쉽게 약속하지 않고 신중하다. 입 밖으로 나오는 순간에 지켜야 하기 때문이다. 또한 말수도 많지 않다. 되도록 상대방 말을 경청하는 습관이 붙었다. 이건 어렸을 때 밥상머리에서부터 어른들한테 교육받은 탓이다. 유년 시절부터 가정 교육을 받은 내용이, 자기 자랑을 하면 안 된다는 점이다. 선비의 수신修身은 자기 자랑을 삼가는 데서 시작한다고 배웠다. 자기 자랑 많이 하는 사람은 수신이 안 된 것으로 간주했다.

자본주의 시대는 뭔가를 끊임없이 내다 파는 세상이고, 팔기 위해서는 물건이 되었건 자기 자신이 되었건 홍보를 해야 한다. 내가 보기에 자본주의적 피알(PR)과 유교적 수신은 이 지점에서 충돌한다.

퇴계 학풍이 스며들어 있는 안동 지역을 둘러보다 보면 무슨 무슨 부사, 군수, 현감의 송덕비가 잘 보이지 않는다. 다른 지역에는 서 푼도 안 되는 송덕비가 여기저기 널려 있는데도 말이다. 또 한 특징은 접빈객接賓客, 즉 손님 접대에 신경 쓴다는 점이다. 손님으로 가면 간소하나마 과일과 식혜, 육포, 보푸럼(대구를 말려서 방망이로 두들겨 잘게 부순 것), 한과가 들어간 다과상을 꼭 내놓는다. 안주인들 처지에서는 상당히 귀찮은 일임에도 다과상을 차려서 손님을 맞이해야 한다는 강박관념을 지닌 것처럼 보인다.

안동의 학봉 종가는 업소용 대형 냉장고 3개, 보통 냉장고 10개, 3평 정도 되는 저온 창고까지 갖추고 있다. 접빈객과 집안 제사를 위한 음식 보관용이다. 가장 결정적인 선비 집안의 특징은 학문과 문장가에 대한 존중이다. 돈과 벼슬보다도 학자에 대한 존중이 남아 있다. 윗대 선조들의 문집 번역과 간행을 위해서 문중 구성원들이 십시일반으로 돈을 내는 전통을 유지한다.

천하에 나만 옳겠는가

자기주장을 양보하고 다른 사람의
의견을 존중하지 못하는 것이 학자들의
큰 병통이다.

호남의 식자층이 영남이 가진 깊은 정서
에 대해서 잘 모르는 부분이 있다. 바로 퇴계학退溪學의 영향이다. 영남의
상류층 양반 집안. 대략 50여 집안으로 필자는 추정하고 있는데, 이 집안
들이 수백 년 동안 퇴계학의 영향권 내에서 살아왔다는 점이다. 이 50여
집안은 학연으로 엮여 있고, 혼사로 결합되어 있고, 고향이 같다는 지연
으로 연결된다. 이것이 '연비聯臂'이다.

호남에 비해서 영남은 퇴계학파의 연비가 아직도 작동되고 있다. 그
래서 개인 플레이하기가 어렵다. 돌발행동을 하면 집안 전체에 누를 끼
치기 때문이다. 해방 전후사에서 퇴계학파 내에서도 좌·우익이 갈렸다.
선비정신과 코뮤니즘이 서로 맞아떨어지는 부분이 있었기 때문에 생각
보다 좌익을 많이 했다. 안동 풍산 김씨, 고려공산당 초대 책임자가 풍
산 김씨 김재봉이었다. 가일 권씨의 권오설, 무실 유씨 유연화, 광산 김
씨 김남수 등이 거물급 좌익이었다.

흥미로운 부분은 아무리 좌·우익으로 갈렸더라도 퇴계학을 갖다가 들이대면 양쪽 모두 조용해졌다는 점이다. 좌·우익 모두 퇴계 선생에 대해서는 토를 달 수 없고 뿌리 깊은 존경심을 가지고 있었던 것이다. 퇴계 정신으로는 서로가 소통되는 같은 퇴계학파였다. 퇴계가 남긴 일상에서의 처신, 그 인품의 향기가 경북 지역의 선비 집안에 깊게 각인된 결과였다. 제자들에게 이렇게 말했다.

"자기주장을 양보하고 다른 사람의 의견을 존중하지 못하는 것이 학자들의 큰 병통이다(不能捨己從人 學者之大病). 천하에 옳은 이야기가 얼마나 많은데 나만 옳고 다른 사람은 틀렸다고 할 수 있겠느냐!(天下之義理 無窮 豈可是己而非人)"

논쟁을 했던 고봉 기대승은 퇴계를 선생님으로 모셨고, 퇴계는 25년 연하의 고봉을 존중했다. 선조 임금에게도 고봉을 인재로 추천하였다. 사단칠정 논쟁 결과는 사우師友 관계가 되었다는 것이 고려대 김언종 교수의 설명이다. 고봉은 퇴계를 선생님으로 모셨고, 퇴계는 고봉을 친구로 대했다. 가뭄이 들어서 10리 밖에서 끌어오는 시냇물을 가지고 논에 물을 대기가 어려운 상황이었다. 퇴계는 "이것은 우리 논이 그 위에(좋은 위치에) 있기 때문이다. 나는 비록 마른 밭이라도 먹고살 수 있지만 저들은 논을 적셔주지 않으면 먹고살 수가 없다." 퇴계는 당장 당신 소유의 논을 밭으로 바꿔버렸다. 퇴계 선생의 인격이 이러했으니 주변 지역에서 감화를 받지 않을 수가 없었고, 그 향기가 지금까지 영남에 전해지고 있는 것이다.

청음서원 훼파 사건

집안이 멸문되고 당사자는 죽음을
각오하는 배짱이 있어야만 하였다.
누구도 나서지 못하는 일에 송암이 나섰다.

경북 봉화는 태백산과 소백산 사이의 양
백지간兩白之間에 있다. 난세를 피해서 사는 평화주의자들의 공간이었다.
그 대신 호랑이가 많았다. 왜정 때까지 호피虎皮 담요를 사용한 집들이 더
러 있었고 호육虎肉을 시장에서 팔기도 했다고 한다. 지금도 수목원에는
호랑이가 사육되고 있다.

봉화의 유명한 양반 마을이 해저(海低, 바래미) 마을이다. 바래미에서
는 호랑이 기운을 타고난 송암松庵 김경헌(金景瀗, 1690~1744)의 이야기
가 전해진다. 한마디로 기절탁락(氣節卓犖, 기백이 뛰어남)의 사나이였다.
송암의 기절이 드러난 사건은 1738년 영조 14년에 안동에서 일어난 '청
음서원 훼파사건'이었다. 당시 집권 여당이었던 노론의 상징적인 인물
이 청음 김상헌이었고, 노론들은 이 김상헌을 추모하는 서원을 청음의
고향인 안동에다 세우려고 하였다.

당시 안동은 야당인 남인의 헤드쿼터였다. 남인의 심장부에다가 반

대당인 노론의 상징적인 서원을 세운다는 것은 안동 유림들이 받아들일 수 없는 일이었다. 그러나 집권당이 권력으로 밀어붙이는 사업이었다. 이걸 반대한다는 것은 집안이 멸문이 되고 당사자는 죽음을 각오하는 배짱과 신념이 있어야만 하였다. 누구도 쉽게 나서지 못하는 일을 송암이 나서서 총대를 멨다.

당시 40대 후반의 송암은 안동향교의 상재(上齋, 교장)였고, 70대 초반의 김몽렴金夢濂은 안동좌수였다. 상량식을 앞둔 청음서원 현장에 가서 송암이 직접 대들보에 밧줄을 걸고 잡아당겼고, 청음서원은 붕괴되었다. 노론 정권에 정면으로 도전하는 엄청난 정치적인 사건이었다. 영조 임금의 등극을 인정하지 않았던 1728년의 무신란戊申亂의 재판이 될 수 있는 사건이었다.

이 사건을 어떻게 처리할 것이냐? 영조는 영남 사정을 잘 알고 있었던 어사 박문수를 앞세워 일 처리를 시켰다. 그런데 어사 박문수는 해저마을의 송암 김경헌과 100년 지기를 맺은 사이였다. 박문수가 암행어사 초임 시절에 해저마을에 왔다가 마패를 잃어버렸던 사건이 있었고, 이 마패를 김경헌이 찾아주는 과정에서 각별한 우정을 나누어 왔던 사이였다. 노론들은 김경헌을 죽여야 한다고 주장하였지만 영조의 오른팔이었던 박문수는 임금을 설득하여 가벼운 처벌로 마무리하였다.

바래미 학록서당鶴麓書堂의 손님방에서 하룻밤을 자는데 문밖에는 옹기로 구워 만든 도깨비상이 서 있다. "웬 도깨비요?" "송암공을 모시던 도깨비요"라는 대답이 돌아온다.

백두대간 넘는
최초의 고갯길

해발 500m가 넘는 이 고갯길을
넘어야만 먹고살 수 있는 인생들에게
이 길은 어떤 의미로 다가왔을까.

생사봉도生死逢道. 생과 사를 길 위에서
만난다! 일본의 여행가 후지와라 신야가 한 말인데, 혼자서 만리타국을
여행할 때마다 내 머릿속에서 자주 떠올랐던 말이다. 세계의 대륙도 좋
지만 한반도의 호젓한 고갯길을 걸어 보는 것도 왠지 모를 깊은 향수를
자아낸다.

계립령(하늘재). 경북 문경시 문경읍 관음리와 충북 충주시 수안보면
미륵리를 연결하는 산길이다. 서기 156년, 신라 아달라왕 때 이 길을 처
음으로 개척했다고 되어 있다. 백두대간을 넘는 한반도 최초의 고갯길
이다. 신라에서 이 고갯길을 넘어가면 충주의 남한강이 나오고, 남한강
목개 나루터에서 배를 타면 뱃길을 이용하여 개성과 한양으로 갈 수도
있고, 멀리는 중국까지 갈 수도 있다. 지리적 요충지였다.

고대 신라에서 이 계립령은 광대한 세계로 나아가는 관문이었던 것
이다. 조선 초기 조령(鳥嶺, 새재)이 새로 개척될 때까지 천몇백 년이 넘

는 세월 동안 이 계립령 고갯길은 신라의 가장 중요한 국도였다. 신라 무열왕 김춘추도 이 길을 통해 삼국통일을 꿈꿨다. 창검으로 무장한 군인들도 이 길을 넘어가고, 견마잡이가 이끄는 말을 타고 벼슬아치는 넘어갔을 것이다. 새재가 개척된 뒤로는 주로 신분이 떳떳하지 못하거나 가축을 몰고 가는 농민, 상인 등이 계립령을 넘었다. 나의 상상력은 등에 가득 짐을 지고 헉헉거리며 이 고갯길을 넘어갔을 등짐장수 보부상들의 고달픔이다.

인생이 얼마나 힘들었을까! 등에 한 짐을 가득 지고 해발 500m가 넘는 이 고갯길을 넘어야만 먹고살 수 있는 인생들에게 이 길은 어떤 의미로 다가왔을까. '생사봉도'가 아니었을까.

경상도 쪽에서 출발하여 고개를 넘어오면 충주 미륵리의 미륵대원彌勒大院 터가 나타난다. 고려 시대 원院은 순례자와 여행객이 머무르는 간이 사찰이자 숙박 시설을 겸하고 있었다. 회回 자 형태로 지어진 미륵대원의 내부 ㅁ자에는 마방馬房이 있었고, 그 바깥의 ㅁ자에는 여행객들의 숙소가 있었다고 한다. 말을 보호하기 위해서였다. 말을 바깥에 두면 호랑이의 습격이나 말 도둑들이 훔쳐 갈 수 있었기 때문에 안에 두고 보호했던 것이다. 숙박 시설 오른쪽으로는 10m에 달하는 돌미륵이 아직도 살아 있다. 그동안 오고 갔던 수많은 여행객을 굽어살펴 주었던 돌부처이다. 돌미륵 근처의 민박집에서 이 글을 쓴다.

섬, 고립, 궁핍
그리고 결기

삶의 내공은 고독을 견디는 힘에
비례한다. 설산과 사막을 대체하는 장소가
바로 섬이다. 답사 전문가들의
마지막 도착지도 섬이다.

여행의 종착지는 사막과 설산雪山이다. 다른 데 다 둘러본 다음에는 여기로 향하게 되어 있다. 내가 그랬다. 강력한 고독을 느낄 수 있는 장소이기 때문이다. 삶의 내공은 고독을 견디는 힘에 비례한다.

설산과 사막을 대체하는 장소가 바로 섬이다. 답사 전문가들의 마지막 도착지도 섬이다. 조선조까지 서남해안의 섬은 유배지가 많았다. 고립과 고독, 그리고 궁핍을 실컷 맛보라는 형벌이었다. 그러나 21세기의 섬은 육지와 다리로 연결되어 있어서 상황이 바뀌었다. 전남 신안군의 암태도. 7.2km의 천사 대교 위에서 바다에 떠 있는 수십 개의 섬을 석양 속에서 바라다보는 풍경은 압권이다.

여객선으로 그리스 에게해 풍광을 둘러보며 가슴 깊이 간직했던 그 추억이 천사 대교를 건너면서 다시 올라왔다. 굳이 산토리니까지 안 가도 되겠다! 바위에서 영발이 나오는데, 암태도巖泰島는 바위가 큰 섬이라는 뜻이다. 나는 그동안 암태도를 가 보지는 못했지만 그 지명을 떠올릴 때마다 '암태도의 기가 좀 세겠구나' 하고 짐작했다.

현장을 와 보니까 암태도의 산들은 높지는 않지만 온통 바위투성이였다. 섬인데도 의외로 논밭도 많았다. 1924년 암태도 소작쟁의는 바위 기운을 받은 암태도 소작인들의 강인한 기운과 넓은 논밭의 생산력이 결합되어 일어난 투쟁이었다. 소작인 600명이 6시간 풍선風船을 타고 목포 경찰서로 건너가 항의하였다. 600명은 굶어 죽을 때까지 싸우자는 의미의 '아사동맹餓死同盟'을 맺었다. 결국 소작료를 이전의 7할 정도에서 4할로 낮추었다. 기질이 물렁하면 아사동맹 못 맺는다. 암태도의 바위 기운이 아사동맹의 원동력이 되지 않았나 싶다.

바위가 많으면 절이 하나 있을 법하다. 암태도의 제일 높은 산이 356m의 승봉산이다. 이 산의 바위도 아주 단단한 화강암이다. 바위가 단단할수록 여기에서 뿜어져 나오는 기운도 강하기 마련이다. 산의 7분 능선쯤에 '이슬이 가득하다'는 뜻을 지닌 노만사露滿寺가 있었다. 이름은 매우 낭만적이었지만 70대 중반의 노승 한 명이 외롭게 절을 지키는 춥고 배고픈 절이었다. 신도 숫자도 15명 남짓이다.

"이슬(露)은 어디에 있습니까?"

"법당 뒤에 있습니다."

법당 뒤에는 움푹 들어간 바위 절벽이 있었고, 그 절벽 사이에 푸른 이끼가 두껍게 끼어 있었다. 그 이끼 사이에서 떨어지는 석간수가 바로 이슬이었던 것이다. 절 앞의 바다 풍광은 기가 막힌데, 가난과 고독이 뚝뚝 떨어지는 절이었다.

함양 안의면의
인걸과 지령

골무산도 간단치 않다. 맹금류인 솔개가
춤을 춘다는 의미다. 안의 사람 가운데
솔개 같은 기상을 타고난 사람이 많다.

'국파산하재國破山河在'라고 하였던가!(당
나라 시인 두보杜甫의 〈춘망春望〉 중 첫 문장) 정권은 있다가 사라지는 일시
적인 것이지만, 산천은 큰 변화 없이 그대로 남아 있다. 정권에 너무 목숨
걸지 말고 산천을 바라다보아야 한다.

경남 함양군 안의면 주변의 산세를 자세히 둘러볼 기회가 있었다.
안의면에서 농협 조합장을 하는 전인배 씨의 안내로 그 유명한 화림동
계곡의 정자들과 황석산성, 기백산의 용추폭포, 부전계곡에서 선비들이
탁족하던 와룡암, 괘관산 일대, 빨치산 대장이었던 남도부(하준수)의 생
가가 있는 병곡면 도천리도 둘러보았다.

안의는 지령地靈이 뭉쳐 있는 명당이어서 선비들이 살 만한 동네였
다. 백두대간이 지나가다가 우뚝 솟은 남덕유산. 함양은 이 북쪽의 남덕
유산이 배산이 되고 남쪽의 지리산이 안산이 되는 형국이다. 풍수가에서
들리는 이야기로는 뒷산보다 앞산이 더 높아 외지에서 거물이 많이 들

어온다고 한다. 함양의 상림을 조성한 최치원 같은 인물이 대표적이다. 해마다 홍수로 피해가 극심하자, 둑을 쌓아 강물의 흐름을 돌리고 나무를 심었다. 지금 상림에 살아 있는 나무가 200여 종이다. 조선조 제일의 문장가인 연암 박지원도 안의에 와서 현감을 지냈고, 현감 시절에 여기에서 우리나라 최초로 물레방아를 만들어 돌렸다.

남덕유산에서 맥이 둘로 갈라져 안의로 내려온다. 한 가닥은 거망산, 황석산을 거쳐서 안의향교 자리로 떨어졌다. 다른 한 가닥은 육십령과 괘관산, 대밭산을 거쳐 안의면사무소와 광풍루로 떨어졌다. 남덕유산의 왼팔과 오른팔 끝자락이 안의에 와서 그 기운이 뭉친 셈이다. 황석산과 괘관산은 1000미터가 넘는 험한 바위산이다. 그 험한 바위산의 부글부글 끓는 기운이 안의에 와서는 어느 정도 성질을 풀었다. 하지만 안의의 앞산이 되는 골무산鶻舞山도 간단치 않다. 맹금류인 솔개가 춤을 춘다는 의미다. 안의 사람 가운데 솔개 같은 기상을 타고난 사람이 많다.

정유재란 때 최고의 요새 지형인 황석산성에 올라가서 7만 5000 왜군과 싸우다가 전사한 사람이 약 7000명. 왜군 모리 데루모토(히로시마 성주)의 주력부대가 와해될 정도로 심각한 타격을 입힌 의병 상당수가 안의 사람이라는 게《백성의 전쟁》(황석역사연구소)을 쓴 향토사학자 박선호의 주장이다. 안의 사람 박선호는 이걸 밝히는 데 20년을 바쳤다. 왜군은 뼈아픈 전력 손실이 부끄러워 황석산성의 전투 결과를 조작했다.

근자에는 안의에서 하기락(河岐洛, 1912~1997)과 이진언(李聆彦, 1906~1964)이 나왔다. 하기락은 한국 아나키스트 운동의 대부였고, 이진언은 고향 후배인 하기락을 후원하고 안의 인재들을 배출한 안의중학교를 설립하였다. 인생 살면서 명산의 지령을 살펴보는 게 큰 즐거움이다.

아이언 로드, 육십령

요즘으로 치면 반도체에 해당하는 철을
고령의 대가야나 김해의 금관가야까지
운반하려면 반드시 육십령을 넘어야 한다.

영호남을 왕래하는 길은 평탄한 길이 없
다. 전북 장수군과 경남 함양군을 연결하는 고갯길이 해발 734m의 육십
령六十嶺이다. 나는 이 고갯길을 넘어갈 때마다 그 이름에 의문이 들곤 하
였다. 산적들의 약탈을 피하기 위해서는 고개를 넘을 때 적어도 60명이
모여서 넘어가야 한다는 전설이 있다. 산적 떼가 그 옛날 이 험한 오지 산
길에서 얼마나 털어갈 물건이 있었을까?

그 오래된 의문이 근래에 가야사를 연구하는 곽장근(《전북 고대문화
역동성》, 서경문화사) 군산대 교수의 설명을 들으면서 풀렸다.

"전북 장수가 고대의 철鐵 생산지입니다. 장수군 일대가 질 좋은 철
광석 산지입니다. 여기서 제련한 쇳덩어리나, 철제 무기를 경상도 지역
의 대가야나 금관가야 지역으로 수출했던 것입니다. 당시 최고 제품이
었던 철기를 수출하려면 반드시 육십령을 넘어야 했죠."

가야 문화의 특징을 꼽으라면 철기 문화다. 가야는 철이 발달했다. 강

력한 쇠로 만든 칼이나 무기들이 전쟁의 승패를 좌우하였다. 문제는 이 철을 어디에서 공급받느냐 하는 것이었다. 전북 장수는 고대 가야의 소국 가운데 하나였던 '반파국伴跛國'이 있었던 지역이다. 서기 300년대 후반 시작되어 500년대 초반까지 대략 150년 동안 유지되었던 소국이다.

장수군 장계면에는 반파국 왕궁이 자리 잡고 있었다. 반파국의 수출품은 철이었다. 이 일대 지질 구조가 모두 철광석을 함유한 산맥이었다. 대가야의 고령이나 금관가야의 김해 쪽에는 지형적으로 이런 철광석 산맥이 드물었다. 고고학자들의 조사 발굴에 따르면 장수군 일대에서 제철 유적지가 현재까지 80군데 발견되었다. 화로 속에 철광석을 넣고 숯으로 가열해서 철만 뽑아내는 제련 유적지가 80군데라는 이야기다.

철을 뽑아내려면 2000도까지 가열해야만 한다. 도가지(독의 방언)를 굽는 가마 온도가 대강 1300도이다. 화로 속에 숯과 철광석을 시루떡처럼 차곡차곡 쌓아 올려 2000도까지 고온으로 가열하는 기술이 당시의 첨단 기술이었다. 철광석과 첨단 기술까지, 가야 소국 가운데 하나인 반파국이 가지고 있었다는 이야기이다.

요즘으로 치면 반도체에 해당하는 철을 고령의 대가야나 김해의 금관가야까지 운반하려면 반드시 육십령을 넘어야 한다. 이 값나가는 철기를 털려고 고갯길에서 산적들이 기다리고 있었을 가능성은 충분하다. 적어도 60명이 모여서 넘어가야 하는 '육십령'은 고대의 '아이언 로드 iron road'였던 것이다.

대구가 품고 있는 저력

종으로 횡으로 그물코처럼 연결되어 있어서
함부로 개인플레이 하기가 어려운 도시이다.

《우주 변화의 원리》라는 명저를 남긴 이
북 출신의 도사 한동석(韓東錫, 1911~1968)은 6·25를 독특한 관점에서 해
석하였다. '북방의 수水를 상징하는 임진강 물이 넘쳐서 남쪽을 덮쳤는
데, 이 홍수가 쭉 밀고 내려가다가 큰 산이 서 있는 대구에서 멈췄다'고 보
았다. 다분히 도사다운 해석이 아닐 수 없다.

해발 1000m급의 팔공산과 비슬산이 둘러싸고 있는 산악 도시가 대
구이다. 북한 인민군이 대구를 점령하지 못하였던 것이다. 그래서 대구
에 가 보면 다른 도시에서 느낄 수 없는 고풍이 그래도 남아 있다. 동학
농민혁명도 그렇다. 동학의 원리는 경상도 사람인 수운 최제우가 제조
하였지만, 그 마케팅은 전라도에서 이루어졌다. 동학은 전라도에서 대
폭발하였다. 동학과 6·25의 여파로 전라도는 기존의 씨족과 문중이라
는 유교적 공동체가 해체되다시피 하였다.

나는 대구를 방문해서 여러 문중 사람들을 만나 보고, 시내 골목을

돌아다녀 보면 전통사회의 고풍이 남아 있는 것을 느낄 수 있다. 동학과 6·25라는 충격을 그래도 비켜 간 사회라는 느낌이기도 하다. 고풍이 남아 있다는 느낌은 연비聯臂가 아직 작동하고 있다는 말이기도 하다. 연비는 지연, 혈연, 학연의 종합이다. 두세 다리 건너면 그 사람이 어떤 사람이고 누구네 집안이고 학교 어디 나왔고, 평소 처세를 어떻게 한다는 정보를 알 수 있다. 종으로 횡으로 그물코처럼 인간관계들이 연결되어 있어서 함부로 개인플레이 하기가 어려운 도시인 것이다.

5년 전쯤인가. 40대 중반의 택시기사에게 말을 시켜 보니 '손님과 혹시 시비가 붙어 다투게 되더라도 그 손님에게 결정적인 쌍욕은 안 한다'고 하였다. "성질나면 해버리지 왜 안 하느냐?" "만약 그러면 나중에 그 싸움한 손님과 인간관계로 연결되는 수가 있다. 서로 간에 조회해 보면 그 손님이 중·고등학교 누구 선후배이고, 어떤 모임에 나가고, 어떤 집안 후손인지 추적이 가능할 수가 있기 때문에 안 한다." 이 대목에서 대구는 아직 연비가 남아 있는 사회임을 알았다.

임진왜란 중에 대구 인근의 유림 수십 집안이 팔공산에서 결사 항전을 다짐하기 위한 모임인 팔공산회맹八公山會盟이 있었다. 여기에 참여한 집안 후손들은 지금도 정기적으로 모여 400여 년 전 팔공산회맹 선조들의 일화와 정신을 이야기하면서 친교를 이어오고 있다. 집안 후손들끼리 네트워킹이 작동된다. 대구는 간단한 도시가 아니다. 대구가 코로나 직격탄을 맞았지만 이러한 저력으로 의연하게 버티고 있다.

안면도, 눈 목ㅂ을 떼라

배를 타고 가던 도중에 이달은 말했다.
'안면도는 눈 목ㅂ 자를 떼어야 한다.
앞으로 크게 발전할 장소가 된다.'

주역의 대가였던 야산也山 이달(李達, 1889 ~1958) 선생. 내가 보기에 현실 세계에서 주역의 점괘를 가장 잘 활용한 인물이다. 그뿐만 아니라 국가적 전환기에도 주역의 괘를 활용하여 위기를 현명하게 넘겼다. 그 한 사례이다. 6·25가 터지기 몇 달 전인 1950년 3월에 주역의 괘를 뽑아 보니 6번째인 천수송天水訟 괘가 나왔다. 위에는 하늘이 있고, 아래에는 물이 있는 형국이다. 야산이 이 괘에서 주목한 대목은 '불극송不克訟이니 귀이포歸而逋하여, 기읍인其邑人이 삼백호三百戶면 무생無眚하리라'는 내용이었다. '송사가 발생하면 이기지 못하니 돌아가 도망하여야 한다. 그 읍의 사람이 300가구이면 재앙이 없다'는 뜻이다. 국가적 차원의 송사訟事가 무엇이란 말인가? 난리였다.

대둔산 석천암에 머물고 있던 야산은 제자들을 급하게 소집하였다. "너희는 지금부터 가지고 있던 재산을 다 정리하거라. 10만 원만 남겨 놓고 나머지는 전부 나에게 바쳐라!" 핵심 제자 10명이 가지고 있던 전

답과 집을 모두 팔아서 야산에게 넘겼다. 6·25가 터졌다. 인민군이 충남 서산·홍성에 진입하기 하루 전날에 야산과 그 추종자들은 아산 포구에 집결하였다. 배를 타고 충남 서해안의 안면도安眠島에 들어가기 위해서였다. 당시 안면도는 배를 타고 가야만 하였다. '대도인'이라고 소문났던 야산을 따라가기 위해 아산 포구에 집결했던 인원은 300가구 정도였다고 한다.

야산 제자들의 소문을 듣고 주변 사람들이 동참했기 때문에 인원이 늘어난 것이다. 야산은 이 사람들에게도 되는 대로 돈을 걸었다. 상당한 인원이 야산을 따라서 안면도에 들어갔다. 안면도에는 야산이 미리 수금했던 돈으로 마련해 놓은 집도 있었고, 곡식도 있었다. 쌀이 부족하니까 보리를 많이 비축해 놓았다고 전해진다. 그리고 추종자들로부터 걷은 돈으로 곡식을 사서 안면도 주변의 서산·광천 등지의 사람들에게 공짜로 곡식을 많이 나누어 주기도 하였다. 당시 '주역패'로 불렸던 야산 일행은 안면도에서 희생자 없이 6·25를 무사히 넘겼다. 석천암은 한국전쟁 말기 빨치산의 손에 넘어가 모조리 불에 타버렸으니 세상 사람들은 야산을 신통하다 볼 수밖에 없었다. 야산은 안면도로 가는 배를 타고 가던 도중에 '안면도는 눈 목目 자를 떼어야 한다. 앞으로 크게 발전할 장소가 된다'고 예언하였다. 면眠에서 눈 목目을 떼면 '안민도安民島'가 된다. 섬이 잠(眠)에서 깨어나게 된다.

이번에(2021) 바닷속 7km의 보령해저터널이 완성되었다. 90분 거리를 10분으로 단축한다고 한다. 대한민국 최장 해저터널이며, 도로 해저터널로는 세계에서 5번째로 길다. 안면도는 서해안 관광의 요지가 되었다. 눈 목 자를 떼는 상황이 왔다.

금강굴과 빨치산 비트

빨치산과 선사가 머물렀던
지리산 금강굴, 평정심을 유지해야
살아남을 수 있는 곳.

경북 상주 개운동 출신의 개운 조사(開雲祖師,1790~?)가 아직까지 살아 있는 신선이라고 믿는 사람이 있다. 1790년이면 다산 정약용이 기중기 만들던 시절이다. 개운 조사가 아직 살아 있다고 믿는 추종자들인 속칭 '개운 조사파'의 숫자도 대략 500명은 되지 않나 싶다. 1970년대 후반에도 지리산 인근의 군부대 책임자가 휘하의 군인들 수백 명을 풀어서 개운 조사의 수도처를 찾으려고 수색까지 했던 일도 있었다. 개운 조사가 남긴 저서도 있다.《유가심인능엄경瑜伽心印楞嚴經》이 그것이다. 항복기심降伏其心을 하고, 대력백우大力白牛를 잡아야 한다는 게 요체이다. 평정심 상태에서 몸 안에 있는 근원적인 에너지(大力白牛)를 쓸 수 있다는 뜻이다.

나는 그동안 개운 조사 유적지를 추적해 왔다. 상주 우복동 근처의 바위에 개운 조사가 손가락으로 새겼다고 하는 '동천洞天' 바위, 개운 조사가 수도했다는 문경 봉암사 내의 암자에도 가고, 개소리 닭 소리가 안

들린다는 수도처인 심원사도 가 보았다. 지난주에 지리산을 손바닥 보듯이 알고 있는 등산대장 김중호 씨의 안내를 받아 반야봉 바로 아래에 있는 해발 1500미터 높이의 개운 조사 수도처 묘향대妙香臺를 답사하였다. 이 터는 고지대인데도 불구하고 천왕봉을 비롯한 지리산의 고봉들이 3중으로 둘러싼 명당이었다.

"기왕에 온 김에 유명한 빨치산 비트를 하나 볼래요? 박영발 비트가 여기서 20분만 내려가면 있습니다."

"신선을 추적하는 사람에게 팔자 사나운 빨치산 비트가 뭐요!"

"빨치산 총대장 이현상이 1953년에 죽었지만 박영발은 그 이후에도 4~5개월을 더 버티면서 저항했습니다. 그가 토벌대의 수색에도 발각되지 않고 숨어 있었던 비트가 있는데, 아주 찾기 어려운 바위굴입니다."

폭포수 골 아래로 내려가 보니 바위 절벽 중간쯤에 박영발 비트가 있었다. 절벽 중간의 틈새에서 3미터쯤 밧줄을 타고 내려가다 다시 4m쯤 높이의 사다리를 타고 올라가야만 하였다. 사다리를 타고 올라가면 정면이 아니고 오른쪽에 겨우 기어들어 갈 수 있는 구멍이 있다. 구멍 안으로 3~4명이 앉아 있을 수 있는 공간이 있고, 다시 바위 틈새로 기어들어 가면 2~3명이 설 수는 없고 간신히 앉아 있을 수 있는 굴이 있었다. 사람은 물론이고 호랑이도 찾기 어려운 지점에 있는 바위굴이었다. 다락방 같은 구조의 이 굴은 특이하게도 습기가 없어서 사람이 머무를 수 있는 공간이었다. 나는 이 굴을 보면서 '여기가 혹시 금강굴이 아닐까?' 하는 생각을 했다. 개운 조사가 수도한 금강굴은 반야봉 아래 있다고는 했지만, 그동안 추종자들이 도저히 찾을 수 없었는데, 박영발 비트가 바로 '금강굴'이라는 직감이 들었다. 신선과 빨치산이 같은 굴이라니!

삼세인과

삼세인과를 두려워해야 한다. 과거에 지은
업이 현재의 결과로 나타난 것이고,
현재 짓는 업이 미래 과보로 받게 되어 있다.

한국인 절도범이 일본 대마도 관음사觀
音寺에 있던 관음보살상을 훔쳐서 한국으로 몰래 들여왔는데, 이 관음
보살상이 1330년(고려 충선왕 원년)에 서산의 부석사浮石寺에서 조성된
불상임이 복장(腹藏, 불상을 만들 때 뱃속에 사리와 경전 등을 넣음)에서 나
온 기록으로 밝혀졌다. 학계와 문화재 전문가들은 이 관음상이 훔쳐 온
물건이므로 다시 일본으로 돌려줘야 한다는 의견인 반면, 부석사 측은
"원래 이 불상이 부석사 것이므로 부석사에 돌려줘야 한다"는 주장을 펴
고 있다.

서산 부석사 측은 이 불상을 14세기 후반에 왜구가 서산에 들어와
약탈해 간 것으로 보고 있다. 부석사는 한국에 두 군데가 있다. 충남 서
산 부석사와 경북 영주 부석사이다. 한자도 같다. 두 곳 모두 의상 대사
와 인연이 있다. 의상 대사가 중국 유학을 마치고 귀국할 때 배를 타고
서해안 서산·당진 일대로 들어왔다. 그리고 서산 부석사를 창건하였다.

영주 부석사는 나중에 창건한 절이다. 서산 도비산島飛山 자락의 부석사는 삼면이 바다로 둘러싸인 데다가 나머지 한쪽 육로의 지형이 산으로 막혀 있는 지형으로 거의 섬과 같다. 지금은 간척이 되었지만 80년대 이전에는 배로 드나들어야만 했던 곳이다.

중국에서 한국으로 오는 고대 해로는 횡단항로橫斷航路와 사단항로斜斷航路가 있다. 횡단항로는 산둥성에서 서산·당진 쪽으로 횡단하는 항로이고, 사단항로는 상하이·닝보 쪽에서 흑산도와 새만금 방조제가 들어선 선유도를 거쳐서 개성으로 들어오는 뱃길이다. 의상은 횡단항로를 통해서 귀국한 것이다.

고려 말 14세기 중반에서 조선 초 15세기 전반까지는 왜구가 서해안을 거의 안방 드나들듯 노략질하던 시기이다. 해양경찰이 없었다. 그래서 서남해안 섬들로부터 주민을 철수시키는 공도空島 정책을 시행하였다. 이 시기에 서산·당진 일대도 왜구의 약탈 대상이었다.

불교는 삼세인과三世因果를 두려워한다. 전생, 현생, 내생이 그물코처럼 연결돼 있다는 세계관이 삼세인과다. 과거에 지은 업이 현재의 결과로 나타난 것이고, 현재 짓는 업이 미래 과보로 받게 되어 있다. 일단 관음상은 일본 대마도 관음사에 돌려준다. 현세現世에 훔친 것이므로. 그 다음에 대마도 관음사는 서산 부석사 측에 되돌려 주는 게 맞다고 본다. 600여 년 전이라는 전세前世에 훔쳐온 것이므로. 이렇게 해서 전·현세 인과를 정리하면 어떨까 싶다.

독도는 외롭지 않다

일본 사람들이 소리 나는 대로
전하는 과정에서 '다케시마'가 되었다.
홀로, 외로워서 유래된 독도는 아니다.

우리말의 어원과 한자학을 50년 넘게 연
구해 온 진태하 선생의 《한자학전서漢字學全書》(서예문인화)를 읽다 보니
까 여러 가지 재미있는 내용이 많다. 어느 한 분야에 10년을 전념하면 프
로의 세계에 입문하게 된다. 20년을 하면 강호에 나가서 일방적으로 얻
어맞지는 않는다. 맞기도 하지만 때리기도 한다. 30년을 하면 대가의 반
열에 오른다. 50년 정도 하면 접신接神의 경지에 도달하지 않나 싶다. 학
문적으로 접신의 경지에 도달한 인물과 대화를 나누다 보면 구구절절 배
우는 게 많다.

진 선생의 주장 가운데 '독도獨島'의 이름이 어떻게 해서 지어졌는지
를 밝힌 부분이 흥미롭다. 고문헌 속에 우산도于山島, 삼봉도三峰島, 가지
도可支島, 석도石島 등 다양하게 등장한다. 가장 많이 불려진 이름은 '독
섬'이다. 고대에 이 섬을 지나다니는 뱃사람들이 붙인 이름이다. 섬에 나
무가 없이 바위로만 주로 이루어졌기 때문이다. 돌(石)의 방언이 '독'이

다. 우리나라 중남부 지방의 사투리에서는 '돌'을 '독'으로 발음한다. 독도는 경상도와 전라도 뱃사람들이 이 섬을 지나다니다가 붙였던 이름으로 추정된다. 이렇게 오랫동안 '독섬'으로 불려오던 이름이 대한제국 시대에 한자 이름으로 바뀌면서 '石島'로 표기되었다. 그러다가 다시 소리 나는 대로(借音表記) 바뀌면서 '독섬'이 '독도獨島'가 된 것이다.

일본에서는 독도를 '다케시마(竹島)'로 표기한다. 대나무가 있는 것도 아닌데 왜 '竹'자를 넣었을까? 대나무의 원산지는 동남아시아로 점점 북상하여 중국 남방으로 올라왔다. 중국 남방에서는 '竹'을 '텍(tek)'으로 발음한다. 이것이 일본에 들어가서는 종성終聲을 분리하여 발음하는 습관에 의하여 '다케'로 발음이 되었다. 한국에 들어와서는 입성入聲이 탈락된 뒤에 들어와 '대'로 발음하게 되었다는 것이 진 선생의 주장이다. 우리나라 뱃사람들이 '독섬'이라고 발음하는 것을 일본 사람들이 듣고 전하는 과정에서 '도케시마'로, 이것이 다시 '다케시마'로 정착되었다. 다케시마를 일본식으로 표현하면 '竹島'가 된다. 독도에는 대나무가 전혀 없으므로 竹 자가 필요 없다. 우리말의 '독섬'을 일본 사람들이 소리 나는 대로 전하는 과정에서 '다케시마(竹島)'로 되었다는 게 이 책에 나온다. 홀로, 외로워서(獨) 유래된 독도는 아니다.

독도는 동도와 서도의 주요 섬을 비롯해 89개의 돌섬과 암초로 이루어진다. 이들 돌섬과 암초마다 지형, 어민들의 생활상을 반영한 이름이 붙어 있다. 닭바위, 촛대바위, 미역바위, 물오리바위….

한국의 민족 종교

전봉준, 강증산, 소태산…, 모두 별 볼 일
없었던 소외 계층 출신이 어떻게 사람들의
마음을 사로잡았는가.

동학, 증산교, 원불교. 한 가지 흥미로운
점은 이 민족 종교들이 전라도 지역에서 일어났다는 점이다. 동학의 전
봉준도 그렇지만 강증산 역시 고부 두승산과 김제 모악산 금산사 일대가
주요 활동 무대였다. 원불교 소태산은 전남 영광에서 시작하여 전북 익
산에다 본부를 두었다.

왜 민족 종교가 경상도에서는 일어나지 않았는가? 이 점이 오랫동
안 필자의 문제의식이었다. 물론 동학의 화약은 경상도에서 제조하였지
만, 그 폭발은 전라도의 전봉준에게서 터졌다. 동학의 전라도 폭발로 대
략 20만 명이 죽은 것으로 추산한다. 엄청난 숫자이다. 경상도는 이렇게
많이 죽지 않았다. 경주 최 부잣집도 동학군들이 왔지만 일절 손을 대지
않았다는 게 상징적인 장면이다.

공주 우금치 전투에서 일본군에 패배한 동학군들이 남쪽으로 쫓겨 가
다가 최후로 집결한 장소가 전남 장흥의 석대뜰이었다. 이 석대뜰 전투에

서 동학군 3만 명이 몰살당했다고 전해진다. 장흥은 사자산, 억불산, 제암산이 포진한 문필가의 고장이다. 석대뜰 전투 이후로 장흥에는 식자층이 다 죽어버렸다. 심지어 '홀기(笏記, 제례 혼례 등 의식 순서를 적어 낭독하게 하는 의례문서) 쓸 사람 하나도 없이 다 죽었다'라는 말이 나올 정도였다.

동학의 피바람 후유증을 달래준 인물이 해원상생(解冤相生, 원한을 풀고 함께 잘 살자)을 주창한 강증산이고, 자력갱생의 경제활동도 병행해야 한다는 영육쌍전(靈肉雙全, 영적인 삶 곧 정신의 고양을 추구하는 수도의 삶과 육신의 삶 즉 건강하고 건전한 현실 삶을 함께 온전히 완성해 가는 것을 추구하는 사상)의 노선을 견지한 인물이 소태산 박중빈이다. 전봉준, 증산, 소태산 모두 별 볼 일 없었던 소외 계층 출신이다.

유독 전라도에서 민족 종교가 일어난 배경은 전답이 많았기 때문이다. 수확이 많아 세율도 다른 지역보다 월등히 높았다. 풍요로운 들판이 오히려 피를 부르는 요인이었다. 지주와 소작인 간의 갈등도 컸다. 특히 중간 관리자인 '마름'의 착취가 많았고, 이 계층이 동학혁명 때 죽창을 맞는 집중 타깃이 되었다. 경상도는 들판이 적어 이런 문제도 적었다.

영남의 주리主理 학풍과도 호남은 전혀 다르다. 최근에《서경덕과 화담학파》(한영우, 지식산업사)를 읽어 보니까 전라도 밑바닥 저류는 화담학파와 연결되어 있었던 것 같다. 상수역학像數易學이 그것이다. 선후천 개벽과 정도령, 풍수도참이 섞인 학풍이다. 이는 현실 변화와 상업을 중시하는 경향으로 이어진다. 정여립의 '대동계'가 그렇고 허균이 변산邊山에 근거지를 두려고 했던 점, 실학의 비조인《반계수록》의 유형원이 변산에서 살았던 점이다. 전라도의 민주당 '몰빵'을 보면서 여러 가지 생각이 든다.

퇴계 선생 태실

'여기에 집터를 잡으면 대현大賢이
나온다.' 그때부터 집안에서는 대현이
출생할 가정 교육 풍토를 조성했다.

한국 문화에서는 태실胎室을 중시하는 전
통이 있다. 태실은 어머니 배에서 나온 장소이다. 즉 탯줄을 끊은 장소를
가리킨다. 탯줄을 자를 때 어머니의 에너지와 단절된다. 그리고 우주의
기운이 순간적으로 들어온다. 여기서 말하는 우주의 기운은 그 시각에
떠 있는 하늘의 별자리가 어떤 위치에 있는가도 따진다. 또 하나 중요한
요소는 그 장소의 에너지이다. 장소에서 올라오는 지자기地磁氣, 습도, 바
람, 주변 산세의 영향 등이 종합된다. 그래서 비범한 인물들은 그 탄생지
도 살펴봐야 한다.

태실 중에서 가장 유명한 것은 퇴계 선생 태실이다. 경북 안동시 도
산면 온혜리에 있는 노송정老松亭 종택宗宅이다. 퇴계 조부가 어느 날 봉
화 근처의 고갯길에서 허기져 신음하던 어떤 스님을 구해 줬는데, 이 스
님이 그 보답으로 집터를 잡아주었다. '여기에 집터를 잡으면 대현(大賢,
큰 학자)이 나온다'는 예언을 하였다. 그때부터 집안에서는 장차 대현이

출생할 가정 교육 풍토를 조성하였다고 한다. 종택 안채에는 가로세로 2m 정도 크기의 정사각형 방이 있다. 퇴계 선생이 태어난 방이다. 퇴계의 어머니가 출산할 때까지 섭생과 몸가짐을 조심하며 태교에 힘썼다. 이 방은 하도 유명해서 방의 바깥에 '퇴계 선생 태실退溪先生胎室'이라는 현판이 걸려 있다. 조선 유교의 성지순례 코스였던 것이다.

태백산에서 내려온 용두산龍頭山, 용의 왼쪽 발가락 끝 지점에 노송정 종택이 자리 잡고 있다. 집 앞의 안산을 비롯하여 주변 산들은 높지 않다. 기가 센 바위 봉우리도 안 보인다. 약 150m 높이의 야트막한 산세로 둘러싸인 지점에 자리 잡고 있다. 그래서 퇴계 선생의 인품이 그리 온화했던 것인가? 퇴계는 태실이 있는 노송정에서 37세 때까지 살았다고 한다.

퇴계를 낳기 며칠 전에 어머니가 꿈을 꾸었다. 품격이 높은 아주 고상한 느낌을 주는 인물이 여러 제자를 뒤에 거느리고 이 집에 들어오는 꿈이었다. 퇴계 제자 가운데 학봉 김성일은 이 태몽을 두고 공자님이 오신 것으로 해석하였다. 후일에 제자들이 종택 들어오는 솟을대문 위에 '성림문(聖臨門, 성인이 들어온 문)'이라는 글씨를 써서 붙여 놓았다. 태교도 그만큼 중요하다.

인당수와 석인상

인당수 바닷속에서 발견된 송나라 때
석인상, 사고는 발생했던 장소에서
또 일어나는 경향이 있다.

    해난 사고는 과거에 발생했던 장소에서
또 발생하는 경향이 있다. 1993년 10월 10일에 전북 부안군 위도蝟島를
출발해서 격포항으로 가던 여객선 서해훼리호가 파도에 휩쓸려 침몰하
였다. 배에 타고 있던 292명이 죽었다. 그런데 사고 난 해역이 하필 '인당
수'로 불리던 지역이었다. 서해안 변산반도에는 격포항이 있다. 회를 한
접시 하고 석양 노을을 감상하면 일품이다.

  격포항에서 배를 타면 위도까지는 약 14km 거리이다. 격포에서 위
도 중간에 '임(인)수도'라고 하는 조그만 무인도가 있는데, 이 일대의 해
역을 현지 사람들은 인당수라고 부른다. '인수도'를 '引水島'로 풀이한
다면 '물에서 끌어당기는 섬'이 된다. 인수도 일대는 물살이 세고 소용
돌이가 친다. 바닷속에 암초가 많고 조류가 바위에 부딪히면서 물살이
소용돌이치는 것이다. 역대로 해난 사고가 자주 발생했던 지역이다. 우
리나라에 인당수가 두 군데 있는데 하나는 백령도 근방이고, 다른 하나

가 바로 변산반도 앞에 있는 것이다. 격포항과 위도蝟島 사이의 바다는 해문海門으로 불렸다. 바다의 관문이므로 서해안을 통과하는 모든 배들이 여기를 지나야만 했다.

고려 중기인 1123년에 송나라의 사신으로 와서 개성에 머물렀던 서긍徐兢이 쓴 책이《고려도경高麗圖經》이다. 서긍 일행이 탄 배도 위도에 들러 식수를 보충하고 주민들에게 답례로 쌀을 주었다는 기록이 나온다. 위도는 고슴도치 섬이라고도 한다. 한자로 고슴도치 위蝟다.《고려도경》에 "위도의 나무들이 무성하나 고슴도치 털과 같다"고 쓰여 있다. 거센 조류와 해풍의 영향이다. 서긍은 인당수를 통과했을 것이다. 중국 절강성의 주산군도舟山群島에서 배가 출발하면 흑산도를 거쳐 위도 앞을 통과하여 개성으로 가는 게 코스이다. 사단항로斜斷航路이다.

흥미로운 것은 90년대 중반에 위도의 해안 일주 도로를 내다가 갯벌속에서 석인상石人像이 5구 발견되었다는 점이다. 120cm 정도 크기의 대리석으로 된 사람 모습이다. 전주대 송화섭 교수는 이 석인상이 위도 앞인당수에 중국 상인들이 빠뜨렸던 제물이라고 주장한다. 사람 대신에 석인상을 제물로 썼다는 것이다. 대리석은 한국에는 없는 돌이다. 중국에서 만들어 가지고 와서 인당수를 지날 때 빠뜨렸던 것이 수백 년 동안 파도에 밀려 위도의 갯벌에 박혀 있었다는 추정이다.《심청전》이 생각난다.

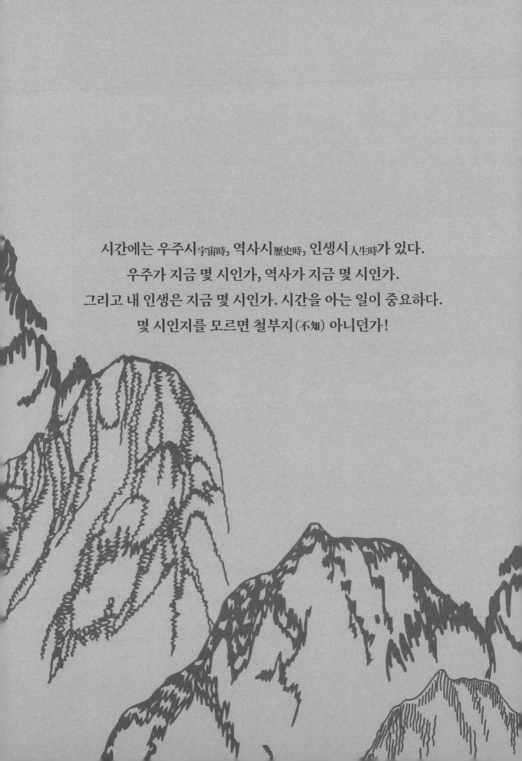

시간에는 우주시宇宙時, 역사시歷史時, 인생시人生時가 있다.
우주가 지금 몇 시인가, 역사가 지금 몇 시인가.
그리고 내 인생은 지금 몇 시인가. 시간을 아는 일이 중요하다.
몇 시인지를 모르면 철부지(不知) 아니던가!

5

하늘의 뜻을 이해하다

신은 늘 다른 길을 열어 둔다
우리가 보지 못할 뿐

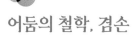

어둠의 철학, 겸손

큰일을 이루려는 사람은 얼굴이
성벽만큼 두꺼워야 하고,
마음은 숯만큼 검어야 한다.

등소평이 1980년대에 중국의 외교 노선으로 설정했다고 하는 도광양회韜光養晦. '빛을 감추고 어둠을 키워야 한다', 회晦는 한 달 중에서 그믐을 가리킨다. 달빛이 거의 사라진 때이다. 일반적으로는 어둠을 물리치고 빛을 드러내야지, 왜 어둠을 키워야 된다고 말한단 말인가! 이 어둠은 중국 사람들이 오랫동안 수신과 처세의 기본으로 삼아온 철학이기 때문이다. 자신이 어둠 속에 있으면 상대방은 자기를 알아보기 어렵다. 알아보기 어려워야만 안전할 수 있다. 자기 잘났다고 나대는 순간에 망조가 시작된다. 노출되면 공격이 들어오기 마련이다.

서양 연금술사들은 악어를 중시했다. 악어는 물속에 있으면서 눈만 살짝 내놓고 상대방을 관찰할 수 있지만, 상대방은 물속에 잠겨 있는 악어를 보지 못한다. 중국에서는 땅덩어리가 넓어서 수많은 변란과 전쟁이 많았다. 이런 난세에서 자기를 그대로 드러낸다는 것은 아주 순진한 행동이다. '날 잡아 잡수'와 똑같다. 그래서 중국의 지도자상은 '후흑厚黑'이다. '낯가죽이 두껍고 마음은 시커메야만' 훌륭한 지도자이다. 낯가죽이 얇고 마음이 여리거나 솔직하면 지도자가 못 될 뿐 아니라 단명한다고 본다. 오죽하면 《후흑학厚黑學》●이란 책도 있다.

어둠이 정치적 마키아벨리즘으로 가면 '후흑'이 되지만, 개인 수양의 측면으로 가면 '겸손'이다. 겸손을 뒤집으면 자기를 잘 드러내지 않는 스타일을 말한다. 자신의 호나 또는 현판에 회晦 자를 썼던 배경에는 '겸손하라'는 의미가 담겨 있다. 주자의 호가 회암晦庵이고, 이언적 선생의 호가 회재晦齋 아닌가. 우리나라 선비들의 호나 당호에 '회' 자가 많다.

한자 문화권에서 깊은 뿌리를 가지고 있는 어둠의 철학을 가장 잘 정리한 내용이 주역의 36번째 '지화명이地火明夷' 괘이다. 땅속에 불이 있는 형국이다. 여기에 보면 '용회이명用晦而明'이라는 유명한 대목이 나온다. 지도자(임금)는 '어둠을 써서 정사를 밝힌다'는 뜻이다. 주역 해석으로 유명한 왕필王弼은 '밖에 밝음을 드러내면 교묘하게 피하게 된다(顯明於外 巧所辟也)'고 주석하였다. 결국 도광양회라는 이야기이다.

지금 벌어지고 있는 미·중 무역 전쟁을 보면 시진핑이 용회用晦의 철학을 간과한 것 같다. 150년 전의 아편전쟁이 서론이었다면 이번 미·중 갈등은 본론에 해당할 만큼 규모도 크고 타격도 깊다. 한반도는 그 전쟁의 최전선이다. 세계사의 가장 한복판에 있는 팔자이다.

● 청나라의 리쭝우(李宗吾, 1879~1944)가 수천 년 중국 통치술의 정수를 꿰뚫는 화두로 제시했다. "큰일을 이루려는 사람은 얼굴이 성벽만큼이나 두꺼워야 하고, 마음은 숯만큼이나 검어야 한다." 후흑은 단순히 얄팍한 처세가 아니다. 자신을 낮추고, 욕심을 버리고, 항상 긴장하며, 남을 존중하는 것이 후흑의 진정한 원리이다.

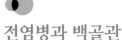

전염병과 백골관

인삼, 녹용 먹어 가며 보양한 육신이
이렇게 뼈만 남긴 채 썩어가는구나!
이 육신 유지한다고 살면서 얼마나
노심초사했단 말인가!

전염병이 창궐하니까 돌아보게 되는 부
분이 있다. '내가 공부가 되었나, 안 되었나'이다. 죽음을 담담한 상태로
받아들이면 공부가 된 것이고, 담담하지 못하면 공부가 안 된 것이다. 그
동안 만 권의 책을 읽고 수만 리를 여행해 보았지만 공부가 안 된 것 같
다. 오래 살고 싶어 하는 수자상壽者相을 뗀다는 게 그만큼 어려운 일이다.

수자상을 떼어내는 방법 중 하나는 백골관白骨觀으로 알려져 있다. 인
간의 백골에 대한 집중적인 명상이다. 백골관에는 몇 가지 방법이 있다.
우선 시체 옆에 앉아 있으면서 그 시체가 썩어가며 백골로 변하는 모습
을 몇 달이고 지켜보는 방법이다. 인도에서는 시체를 장작불로 태우는
화장도 있었지만, 화장을 하지 않고 시체를 그냥 숲속에 버리는 장례법
도 있었다. 장작값도 비싸다. 시체를 숲속에 던져 놓으면 동물들이 그
살을 뜯어 먹으며 배를 채울 수도 있고, 자연스럽게 육신이 지수화풍地
水火風으로 흩어지게 된다.

백골관은 시체가 사대(四大, 지수화풍)로 흩어지는 과정을 집중적으로 관찰하는 데서 유래하였다. 비싼 인삼·녹용 먹어가며 보양한 육신이 이렇게 뼈만 남긴 채 썩어가는구나! 돈 주고 피부 마사지 받느라 애썼는데 이렇게 뼈만 남았구나! 이 육신 유지한다고 살면서 얼마나 노심초사했단 말인가! 좌파와 우파를 가르며 그렇게 성질내고 핏대를 올리던 이 육신이 썩어버렸구나! 몇 달간 자리 깔고 시체 옆에 앉아서 살 썩는 냄새, 살을 파먹는 벌레들을 지켜보는 백골관은 아무나 쉽게 할 수 있는 공부는 아니다. 그러나 인간은 경전 공부만 가지고는 한계가 있다. 육신이 썩어가는 과정을 눈으로 보고, 코로 냄새 맡아 봐야만 확실하게 육신의 무상함을 알 수 있는 게 아닐까.

이란의 조로아스터교에서는 조장鳥葬을 하였다. 야트막한 산 정상 조장터에 시체를 옮겨다 놓고 칼과 도끼로 토막 내서 독수리 밥으로 주는 장례법이다. 조장도 과격한 방법이기는 하지만 백골관의 일종이다. 내가 아는 외과 의사도 몇 년 전 동티베트에서 젊은 여자의 시신을 토막 내서 조장하는 광경을 보았는데, 그 뒤로 한 사흘 간은 밥도 잘 안 먹히고 정신이 멍해지더라는 심정을 토로한 바 있다.

이보다 완화된 백골관이 자신의 엄지발가락부터 백골로 변하는 모습을 스스로 상상해 보는 방법이다. 그러고는 점차 자기 몸 전체가 백골로 변해 가는 모습을 관하는 것이다. 전염병의 창궐이 주는 교훈도 있다. 죽음에 대한 명상이고, 인생의 유한함을 받아들이는 것이다. 메멘토 모리Memento mori!

식과 색을
부릴 줄 안다면

누진통은 자유자재로 모든 오욕과
번뇌를 끊어버리고 무엇에도
미혹하지 않는 경지이다.

식食과 색色은 동전의 양면이다. 식이 있어야 색이 있고, 색이 있어야 식도 있다. 먹어야지 살고, 색이 있어야 자식을 낳고 대를 이어갈 수 있다. 그래서 공자님도 '음식남녀飲食男女는 인간의 대욕망'*이라고 정의 내린 바 있다. 대욕망이라고 규정한 이유는 근원적인 단절이 불가능하다는 말이다.

식과 색이 뿌리 뽑을 수 없는 욕망이라면 어느 정도 긍정할 것이냐의 문제가 남는다. 시대에 따라 문화권에 따라 규제가 달랐다. 특히 색에 대한 규제가 그렇다. 조선 시대 규제는 '남녀칠세부동석'까지 가기도 하였다. 유교적인 색의 통제에 반발했던 허균은 '색에 대한 절제는 성인의 말씀이지만, 인간의 정욕은 하늘이 준 것이다. 성인보다 하늘이 더 높으므로 나는 하늘의 뜻을 따르겠다'고 태클을 걸기도 하였다. 조선 양반가에서 사랑채와 안채를 분리하고 남편은 사랑채에서만 주로 거처하도록 했던 문화는 결과적으로 과색過色에 대한 통제로 해석된다.

불교의 계율은 음淫, 살殺, 도盜의 순서이다. 음계가 가장 중요하다. 섹스를 하지 않는 것이 불도를 닦는 첫걸음이다. 불가에서는 최고의 신통력을 누진통漏盡通으로 본다. 6가지 신통력 중에서 숙명통宿命通, 천안통天眼通, 신족통神足通, 천이통天耳通, 타심통他心通은 외도(外道, 타 종교인)도 할 수 있지만, 오로지 누진통만큼은 부처의 경지에 올라야 할 수 있다고 본다. 자유자재로 모든 오욕과 번뇌를 단번에 끊어버릴 수 있는 경지이다.

누진통은 '정액이 새지 않는다'는 의미이다. 누진통 경지에 이른 사람의 특징은 무엇인가? 외형적으로는 마음장상馬陰藏相이다. 수말의 생식기가 줄어들어서 감추어져 있는 모습이다. 누진통이 된 사람은 생식기가 어린아이의 그것처럼 작게 줄어들어 있는 모습을 필자는 본 적이 있다.

그러나 이는 특별한 경우이고 대다수의 인간은 음식남녀를 충족하기 위해 노력할 수밖에 없다. 음식 먹는 모습을 보여주는 '먹방'은 식욕을 충족시키는 것이고, 포르노는 색욕을 충족시키는 프로그램이다. 먹방은 공식적인 방송에서 내보낼 수 있지만, 포르노는 방송에서 내보낼 수 없다. 사회 통념이 그렇다. 사회 통념은 이중적인 면이 있다. 법률은 색을 통제하고, 문학은 색을 해방한다.

"飲食男女, 人之大欲存焉. 死亡貧苦, 人之大惡存焉. 故欲惡者, 心之大端也." "먹고 마시고 남녀가 만나는 것은 인간의 가장 큰 욕망이다. 죽음과 가난, 고생은 인간이 가장 싫어하는 것이다. 그러므로 음식남녀와 사망빈고는 사람의 마음이 움직이는 시초이다." -《예기禮記》

새해는 4번 시작된다

달은 모습이 매일 변한다.
고대의 도사들이 주목했던 부분이다.
재생의 신화도 달에서 시작된다.

새해를 시작하는 출발 날짜는 4가지가
있다. 첫째 동지冬至, 둘째 양력설(1월 1일), 셋째 설(음력 1월 1일), 넷째 입
춘立春이다.

동지는 밤과 낮의 길이가 기준이다. 달력이 없던 선사 시대에는 밤과
낮의 길이가 가장 중요한 기준점이었다. 전북 고창에는 고인돌이 1670
여 개 모여 있고, 그 설립 연대가 오래된 것은 기원전 6000년까지 소급
되는 것도 있다. 고인돌 가운데는 동지, 하지, 춘분, 추분에 일부러 맞추
어서 세워 놓은 것도 있다. 동지에 아침 해가 뜰 때 그 해의 모습이 고인
돌의 다리 사이로 정확하게 놓이게끔 설계한 것이다. 어떤 고인돌은 춘
분, 추분 일의 일출이 다리 사이로 보이도록 되어 있다. 고인돌의 기능
가운데 하나가 원시적인 캘린더의 역할이었다.

양력 설은 태양이 기준이다. 음력 1월 1일인 설은 달(月)이 기준이다.
해는 그 모양이 일정하지만 달은 변한다는 데 특징이 있다. 초승달에서

보름달까지 모습이 매일 변한다. 바로 이 점이 고대의 주술사와 도사들에게 주목되었던 부분이다. 죽었다가 살아나는 재생再生의 신화도 달에서 유래하였다. 달의 변화에 따라 단전 호흡의 시간대와 방법을 달리해야 한다는 이론이 도교의 월체납갑론月體納甲論이다. 태양보다 달이 더욱 인체의 생리적 리듬에 영향을 미친다고 보는 전제가 깔려 있다. 인체의 장기臟器, 즉 오장육부五臟六腑 한자에도 '月'이 들어간다. 장부臟腑라는 글자의 '月'은 천체의 달과 구분하여 '육肉 달 월'이라고 부른다. 이는 달이 인체의 장기 내지는 오장육부에 밀접한 영향이 있다는 사실을 한자 자체가 암시하고 있다.

보름달이 뜰 때는 달에서 품어져 나오는 음의 에너지가 강하게 나온다. 성질을 잘 내고 '열 고'를 잘하는 과격한 사람은 보름달이 뜰 때 산책을 하면 좋다. 음기 보충이다. 음기가 적당하게 있어야 정서적으로 안정이 된다. 선탠suntan만 있는 게 아니라 문탠moontan도 있다. 우리 지명 중에 '달맞이 고개'라는 지명도 바로 선조들이 문탠을 했던 장소라고 필자는 생각한다.

미국 애리조나주의 세도나에는 유명한 대성당바위Cathedral Rock가 있다. 대성당 바위 위로 보름달이 뜰 때가 포인트이다. 명상가들과 예술가들이 계곡 쪽 바위 암반에 앉아 달을 바라보는 게 하나의 행사였던 것으로 기억난다. 여기는 예전에 인디언 추장급들이 명상하던 지점이었다. 사주명리학에서는 입춘부터 새해 첫날로 계산한다. 추울 때 태어났느냐 더울 때 태어났느냐를 따지는 기후론적 관점이 명리학에 깔려 있다.

청년계, 중년계, 숙년계

> 지구는 자전과 공전을 하기 때문에
> 흔들린다. 이 세상에 '안전빵'은
> 없다고 본다.

고려 때 보조국사(普照國師, 1158~1210)
가 저술한《수심결修心訣》이라는 책이 있다. 20대 시절 방학 때가 되면 도
닦는다고 산속 암자에 들어가서 읽었던 기억이 난다. 첫 대목이 잊히지
않는다. '삼계열뇌三界熱惱 유여화택猶如火宅', 삼계의 뜨거운 번뇌가 불난
집처럼 불타고 있다. 여기서 삼계는 욕계欲界, 색계色界, 무색계無色界를 가
리킨다. 우주 전체가 고민에 싸여 있다고 이해했다.

21세기 한국의 삼계는 청년계, 중년계, 숙년계熟年界로 보인다. 20대
에서 30대 초반까지는 청년계이다. 청년계의 메카는 노량진이다. 취업
준비 때문이다. 그들의 목표는 공무원과 대기업에 취직하는 것이다. 취
업 외에 다른 건 눈에 들어오지 않는다. 이 인구가 대략 40만 명에 육박
한다고 들었다. 노량진에서 김밥 하나 사 먹고 학원 책상에 들러붙어 온
종일 수험서 외우는 게 한국 청년의 표상이다. 공무원과 대기업이 그렇
게 좋은 '안전빵'이란 말인가? 지구는 자전과 공전을 하기 때문에 흔들

린다. 이 세상에 '안전빵'은 없다고 본다.

중년계는 40대들이다. 직장에 다니면서도 언제 해고당할지 모를 불안감에 휩싸여 있다. 50세 정도 되면 회사 나가는 게 정석이다. 이때를 대비하여 무엇을 할 것인가를 놓고 불안과 번뇌에 싸여있다.

대책 중의 하나로 글쓰기를 배우는 이들이 있다. 글 쓰는 기술을 익혀서 책을 내는 게 목표이다. 책을 내서 이게 어느 정도 알려지면 여러 매체에 글을 쓰고 대중 강연을 해서 먹고산다는 전략이다. 글쓰기 수업료는 다양하지만 3~4개월에 한 500만 원씩은 되는 모양이다. 글쓰기는 1대1 지도가 필요하기 때문이다. 직장에 다니는 40대들은 이 정도의 수업료는 투자라고 생각한다. 비싼 수업료를 내고서라도 때를 대비하려 한다.

숙년계는 50대 중반 이상 연령층이다. 사업 실패, 이혼, 죽을병에 걸려 인생 파탄 난 사람 등을 다루는 TV 프로그램을 집중적으로 시청한다. 이래 죽으나 저래 죽으나 마찬가지라는 심정으로 산에 들어가서 장작불 때고 더덕, 산나물, 계곡물 먹고 산다. 이런 유類의 방송 프로그램을 보면서 숙년계는 '나도 최악의 경우에 저렇게 살면 죽지 않고 살아갈 수 있겠구나' 하고 번뇌를 식힌다.

삼계가 화택火宅처럼 불타고 있다.

공부는 약한 몸을
보강한다

돈 들어오는 해가 가장 겁나는 해이다.
재다신약 팔자가 명을 오래 이어가는
방법은 무엇인가?

인간 욕망의 범주는 정해져 있다. 재색명
리財色名利가 그것이다. 겉으로는 온갖 아름다운 이야기를 많이 하지만 한
꺼풀 벗기면 인간은 재색명리를 벗어나지 못한다. 돈과 색, 그리고 명예
(벼슬)욕이다. 그러니까 공개 석상에서 재색명리를 초월한 듯한 발언을
너무 많이 하는 것은 위험하다. 평소에 '나는 돈이 좋더라!' 하고 말을 하
고 다니다가 불법적으로 돈을 먹어서 뉴스에 나오면 좀 덜 밉다. 청렴한
체하다가 돈 먹으면 아주 밉다.

이 세상에 돈 싫어하는 사람이 어디 있겠는가! 그러나 뒷감당이 관
건이다. 감당 못 할 돈을 섭취하면 문제가 생긴다. 사주명리학에서는 재
다신약財多身弱을 이야기한다. 재물이 많으면 몸이 약해진다는 의미이다.
재벌가를 보면 몸 약한 사람이 많다. 재다신약 팔자를 가진 사람이 돈이
들어오는 운을 만나면 죽는 경우가 있다. 아니면 감방, 부도, 이혼, 암 중
에서 하나를 선택하거나 아니면 두세 개가 동시에 걸리는 수가 생긴다.

재다신약은 돈 들어오는 해가 가장 겁나는 해인 것이다. 재다신약 팔자가 명을 오래 이어가는 방법은 무엇인가? 책과 공부, 그리고 호학지사好學之士를 가까이하는 일이다. 호학이 자기 몸 약한 부분을 보강해 준다. 사주에 돈이 없는 무재팔자無財八字가 국재國財를 감당하는 수가 있다.

조달청장과 우리나라 예산을 주무르는 기획예산처 장관을 지낸 김병일 원장의 사주를 보니까 돈이 없는 무재팔자였다. 현재도 돈이 안 되는 안동 도산서원 원장이다. 무재팔자니까 재직 중에도 금전으로 인한 스캔들이 없었다. 무재팔자가 돈을 조금이라도 받아먹으면 바로 탈이 난다. 청렴한 사람들은 무재팔자가 많다. 엊그제 도산선비문화수련원에서 무재팔자 교수들 열댓 명이 모여 《퇴계선생언행록》을 같이 읽었다. 벼슬도 마찬가지이다. 관고신약官高身弱이다. 명문가의 가훈 중에 '우리 집안은 정3품 이상 벼슬은 하지 않는다'가 있다. 고관을 지내면 당쟁黨爭에서 죄인으로 몰려 유배나 사약을 받는 수가 많았기 때문이다.

지금도 한국 사회는 당쟁 중이다. 조선조에는 인터넷이 없었지만 지금은 전 국민이 휴대폰으로 고관대작들의 일상생활을 감시하고 있다. 여차하면 망신살이고 감옥 가야 하고, 아니면 사망이다. 최종 권력자인 인터넷 대중의 감시를 끊임없이 받아야 하는 세상이 되었다. 고관은 '판옵티콘Panopticon'이라는 원형 감옥에 들어와 있는 죄수 신세이다. 돈과 벼슬은 좋다. 하지만 자기 그릇에서 넘치면 위험한 독으로 작용한다.

무재팔자의 내공

없이 살아도 자족감을 가진다는 게
도력이 아니고 무엇이겠는가!
승화된 무재팔자의 풍류다.

      강호를 유람하다가 돈이 많은 사람을 만
나면 반드시 생년월시生年月時를 물어 본다. '팔자에 과연 돈이 있는가?'
를 확인하기 위해서이다. 사주명리학 공부에서 실전보다 더 좋은 교재는
없다. 재물이 풍족한 사람의 90%는 팔자에 돈이 많다고 나온다. 그러나
10%는 팔자에 재물이 없는 것으로 나온다. 이른바 무재팔자無財八字이다.
옛날에 사위를 고를 때 '무재팔자'는 아주 기피했다. 딸 고생시킬 게 뻔
하기 때문이다. 좋은 사주는 재財, 관官, 인印을 모두 갖춘 명조이다. 돈과
벼슬 그리고 학벌(印)이다. 마치 국·영·수와 같다. 이 세 가지를 모두 잘
해야 한다.
    세 가지의 첫째 단추가 재물이다. 돈에서 출발한다. 재물이 있으면 벼
슬도 살 수 있다. 이를 재생관財生官이라고 한다. 그다음에는 관생인官生
印이다. 벼슬을 하면 학벌도 생긴다. 팔자에 재물이 없으면 이 세 가지의
스리쿠션이 애당초부터 작동되지 못한다. 그런데 생년월일시는 무재팔

자인데도 현실적으로는 돈이 많은 경우가 10%는 있다. 이건 뭔가? 무재팔자인데 돈이 많은 사람을 겪어 보니 공통점이 발견된다. '돈을 안 쓴다'는 점이었다. 주머니에 돈을 휴대하고 다니지 않는다. 그러니 쓸 돈이 없다. 장부상으로는 천억대가 넘지만 필자에게 밥 사는 수준은 평균 1만 원대였다. 축령산에서 글 쓰는 방인 휴휴산방休休山房에 찾아올 때도 꼭 빈손으로 털레털레 온다. 술 한 병도 없다. 그러고는 오만 가지 것을 시시콜콜하게 다 물어 본다. 미안한 기색 전혀 없다. 아주 뻔뻔스럽다. 한국의 주류 사회에서 재물을 많이 축적하려면 이런 뻔뻔함을 몸에 익혀야 되는 것인가!

무재팔자 주변에는 사람이 없다. 그래도 외형상 돈은 많으니까 뭣도 모르는 사람들만 접근한다. 무재팔자에게 풍파가 닥치면 고립무원孤立無援이 된다. 기자회견 할 때도 병풍 쳐줄 사람이 없다. 결국은 돈을 제대로 써 보지도 못하고 사회에 환원하는 게 무재팔자이다.

필자가 아는 성공회 신부님도 무재팔자다. 무재팔자에 걸맞은 소박한 생활을 한다. 정년퇴직하고 시골 동네의 술병처럼 생긴 병바위 밑에 흙과 돌무더기를 얼기설기 엮어서 토굴을 만들었다. 3~4평 토굴 안에는 책 몇 권, 나무 탁자, 여기에 커피포트도 마련해 놓았다. 필자가 가면 원두커피를 갈아서 내놓는다. 토굴 안에서 병바위를 바라보며 커피 한 잔하면 묘하게 자족감이 밀려온다. 보이차도 좋지만 서양 커피의 향이 흙집과 이렇게 어울리는 것도 처음 알았다. 돈 벌려고도 하지 않고, 선교를 하려고도 하지 않는다. 토굴 하나 있는 것도 하느님의 축복이라 여긴다. 없이 살아도 자족감을 가진다는 게 도력이 아니고 무엇이겠는가! 승화된 무재팔자의 풍류다.

손에 이력서가
씌어 있다

왼손의 모습은 미래를 나타내고
오른손은 과거를 말해 준다. 오른손에는
과거의 습관이 축적되어 있다고 본다.

'손(手)은 뇌의 상태를 말해준다.' 몸을 많이 다루는 요가 마스터들의 말이다. 손의 모양을 보면 그 사람의 뇌의 상태를 알 수 있다는 것이다. 손이 두툼하면 뇌의 혈관이 잘 돌아간다고 본다. 잘 돌아가면 창의적이다. 손이 크면 장군감 내지는 무골武骨이다. 손이 작으면 이성적이고 분석적이다.

트럼프 대통령이 악수할 때 힘을 주어 상대방 손을 압박하는 행태가 화제가 된 적이 있다. 프랑스 대통령 마크롱과 죽기 살기로 악수하는 모습은 그 하이라이트였다. 6초 정도 이어진 악수가 끝난 후 두 사람의 손은 하얗게 변해 있었다. 트럼프의 이 악수하는 행태는 그의 뇌가 어떤 상태인지를 짐작하게 해준다. 공격적인 뇌 구조를 가진 것이다.

왼손의 모습은 미래를 나타내고 오른손은 과거를 말해준다. 오른손에는 과거의 습관이 축적되어 있다고 본다. 과거 생生의 폭력적 습관은 오른손에 축적된다. 상대적으로 왼손잡이들이 폭력성이 좀 적은 편이다. 《그리스인 조르바》의 작가 니코스 카잔차키스의 어느 글을 읽다 보니까 자신의 손 모양에 대해 기술한 대목이 있었다. '나의 오른손과 왼손의 모양이 상당히 다르다. 한 손은 섬세하고 부드러운 반면에 다른 손은 거칠고 단단하다.' 카잔차키스는 이 양손의 차이에서 자신의 작가적 상상력이 나온다고 본 게 아닐까. 이질성異質性에서 통찰이 나온다. '나는 아무것도 두려워하지 않는다. 나는 아무것도 원하지 않는다. 나는 자유.' 그의 묘비명이다.

필자는 이러한 이론적 배경을 깔고 고위 공직자들이나 기관장들과 악수할 때 그 사람의 손 모양과 촉감, 두꺼운지 부드러운지를 유심히 살피는 취미가 있다. 엊그제 행사장에서 만난 농협중앙회 김병원 회장의 손 모양은 내가 만나 본 기관장 가운데 가장 주목을 끌었다. 아주 험한 손이었기 때문이다. 손등과 손가락마다 상처 자국이 있었고, 왼손 엄지손가락의 손톱도 거의 뭉개진 모습이었다.

"낫에 베여 생긴 흉터입니다. 남평南平 시골집에서 소를 키웠기 때문에 열 살 무렵부터 소가 먹을 꼴(풀)을 베러 다녔습니다. 낫에 베일 수밖에 없죠. 중·고등학교 때 여물(볏짚)을 작두로 썰다가 손톱도 많이 뭉개졌습니다."

손에 이력서가 씌어 있다.

목소리는 멘탈이다

공부와 내공이 깊어지면 목소리가
달라진다. 맑아지면서도 탁음이
사라진 저음으로 바뀐다.

'관상불여음상觀相不如音相'이라는 말이
있다. 목소리를 들어 보면, 얼굴을 보는 것보다 더 정확하게 그 사람을 알
수 있다는 의미이다. 목소리는 오장육부의 공명共鳴이다. 오장육부의 어
느 쪽 기관이 강하고 약한지에 따라 목소리가 달라지고, 성격과 기질이
달라진다. 목소리가 달라지면 건강에도 이상이 오는 경우가 많고, 건강에
이상이 오면 그 사람의 운세運勢에도 영향을 미치기 마련이다.

도가道家에서는 사람을 품평할 때 목소리를 중시하는 전통이 있다.
공부와 내공內功이 진전되면 목소리가 달라진다. 맑아지면서도 탁음이
사라진 저음으로 바뀐다. 반대로 술, 담배를 많이 하고 불규칙한 생활을
하면 목소리가 탁해지고 갈라진다. 기름기가 다 빠진 듯한 느낌이 드는
목소리가 나온다. 가수 패티김은 밖에서 저녁 약속을 안 한다고 들었는
데, 이는 목소리로 먹고사는 가수의 생활신조로는 맞다고 본다.

우리나라에서는 전통적으로 소리의 5단계를 중시하였다. 황, 태, 중,

임, 남이다. 황은 가장 낮은 저음이고 남은 가장 높은 고음이다. 황은 오행伍行 가운데 토土에 해당한다. 태는 금金, 중은 목木, 임은 화火, 남은 수水에 해당한다. 목소리가 저음이면서 굵은 목소리는 황에 속한다. 보스 기질이 있는 목소리이다. 마피아 영화 〈대부〉에서 보스로 나오는 배우 말론 브랜도의 목소리가 황(土)이다. 첫소리로 나즈막이 읊조린다. 노래하는 음유시인으로 불렸던 가수 레너드 코헨의 노래 〈아임 유어 맨 I'm your man〉도 황의 음조이다. 깊고 묵직한 울림이 있다. 토土는 중심과 포용력, 안정감을 상징하기 때문이다.

필자의 주관적인 판단으로는 박정희 전 대통령은 태(金)에 해당하는 목소리였고, 김영삼은 중(木), 노무현은 임(火)이었다. 박정희는 종을 때리는 듯한 카랑카랑한 목소리였다. 관상보다 목소리가 좋아 대통령이 되었다. YS는 목木의 인정이 느껴지는 목소리, 노무현은 화火의 격발하는 기운을 담은 목소리였다. 안철수는 정치 입문 전에는 목소리가 '베이비토크baby talk'에 가까웠다. 남(水) 음조의 소리로 컴퓨터 백신을 연구하다가 지난 5년 동안 정치판에 들어와 엎어지고 뒤통수 얻어맞고 코피 터지는 풍파를 겪으면서 목소리가 아래로 내려왔다고 여겨진다. 내공이 쌓였다는 말이다.

목소리는 멘탈을 나타낸다. 마음이 바뀌면 얼굴이 바뀌고 목소리도 달라진다.

재벌 회장은
어떤 팔자인가

모든 사람이 가지고 싶은 돈을 유달리
많이 가지고 있다는 것은 수많은 화근을
초래한다. 모두가 달려들기 때문이다.

한국 사람들이 가장 부러워하는 팔자가
재벌 팔자이다. 재벌의 오너가 되던지, 재벌가의 가족이 되는 팔자는 만
인이 선망한다. 돈이 많기 때문이다. 인간은 돈으로부터 도망갈 수 없다.

자본주의가 발전하기 전인 조선 시대에도 인간 욕망의 순서는 돈이
제일 먼저였다. 재색명리財色名利가 그것이다. 재물욕, 색욕, 명예욕, 이
욕. 색色보다 돈이 앞에 위치하고 있다는 사실을 눈여겨보아야 한다. 그
러나 돈이 많으면 팔자가 세다. 모든 사람이 가지고 싶은 돈을 유달리
많이 가지고 있다는 것은 수많은 화근을 초래한다. 모두가 달려들기 때
문이다. 어떤 사람은 곡괭이를 들고 달려들고, 누구는 부비트랩을, 또는
독극물을 투약하려고 한다. 때로는 색풍色風이 몰아치기도 한다. 팔풍八
風* 중에서 색풍도 대단히 강하다.

재벌을 만나는 사람은 대부분 바라는 게 있다. 그냥 만나는 사람은 한
사람도 없다. '여기 좀 보태주세요. 거기 좀 지원해 주세요. 이것 좀 신경

써 주세요.' 그래서 재벌 회장은 사람을 만날 때 끊임없이 의심할 수밖에 없다. '저 사람은 또 어떤 요구를 할까. 어떤 트릭과 함정을 파서 나를 상대하는 것일까?' 모든 인간을 만날 때마다 긴장을 하고 있어야 한다. 통이 크고 대가 셌던 정주영 회장도 항상 '돈이 부족하다'고 느끼며 살았다. 만나는 사람마다 모두가 돈 달라고 하니까 말이다. 만약 돈을 안 주면 그 사람은 뒤돌아서서 욕을 하게 되어 있다. '그 인간 정말 짠돌이다.'

돈을 유지하고 관리하다 보면 반드시 배신을 겪는다. 아주 믿었던 주변 사람으로부터 배신을 몇 번 당하면 인간에 대한 깊은 환멸을 경험한다. 밤에 잠이 오지 않으므로 수면제는 상비약이다. 인간에 대한 깊은 환멸은 장기 중에서 폐에 충격을 준다. 재벌 오너가 폐암에 잘 걸리지 않던가. 꼭 폐암이 아니더라도 근래에 LG 구본무도 70대 초반에 갔고, 한진의 조양호도 70에 갔고, 삼성의 이건희도 70대 초반에 식물인간이 되었다. 보통 사람도 요즘 어지간하면 80세는 넘기는데, 이들 오너들은 평균수명 미달이다. 몸에 좋다는 것은 다 구해서 먹었을 텐데. 그럼에도 불구하고 빨리 간 것은 그만큼 보통 사람보다 훨씬 시달리며 살았다는 반증 아니겠는가.

큰 회사를 운영하려면 오장육부가 강철로 되어 있어야 한다. 창업주는 강철이 있지만 3세쯤 되면 멘탈이 양철도 안 된다. 재다신약財多身弱이 재벌 회장을 한다는 것은 엄청나게 시달리며 사는 심란한 팔자이다.

팔풍八風은 마음을 어지럽히는 8가지 경계를 바람에 비유한 것. 이利, 쇠衰, 훼毀, 예譽, 칭稱, 기譏, 고苦, 낙樂이다. 각각 상반되는 쌍으로 이루어져 이와 쇠는 이득과 손해, 훼와 예는 불명예와 명예, 칭과 기는 칭찬과 비난, 고와 낙은 고통과 즐거움을 뜻한다.

미테랑의 점성술사

한두 번 맞혔다고 까불다가
서너 번째는 틀려서 낭패를 볼 수
있는 게 이 바닥의 법칙이다.

　　　'운運'은 눈에 보이지는 않지만 인생의 파
도를 타면서 있다고 믿는다. 정치인과 사업가들이 이 운의 방향에 대해
가장 예민하게 촉각을 기울인다. 널뛰기 변수가 가장 많은 직업이기 때
문이다. 그래서 무당, 점성술사, 역술가, 도사는 이 두 직업군에 봉사하며
생계를 유지한다. 인간사 생태계의 먹고사는 방법은 참으로 오묘하다.

　　프랑스 대통령 미테랑. 프랑스 현대사에서 가장 잘나갔던 시기를 이
끌었던 대통령이다. 65세 때인 1981년에 대통령에 당선되어 1996년 세
상을 떠날 때까지 '비전, 카리스마, 능력'을 모두 보여준 인물이다. 그런
미테랑에게도 단골 점성술사가 있었다. 여자였다. 엘리자베스 테시에,
1938년생. 육십갑자로 말하면 무인戊寅생 호랑이 띠이다. 알제리에서 태
어났으며 스위스인 아버지와 프랑스인 어머니 사이에서 출생하였다. 테
시에는 1989년부터 미테랑이 죽기 직전인 1995년까지 점성술적 조언
을 했다고 알려져 있다. 6년간이다.

조언은 어떤 내용이었을까? 인사 문제나 정책 결정, 그리고 건강 등 개인적인 문제가 아니었을까. 결과적으로 볼 때 그녀의 조언이 현대 프랑스 전성기 대통령의 정책 결정에 영향을 미쳤다고 보아야 한다. 테시에가 쓴 박사 논문이 있다. 미테랑의 점성술사가 쓴 박사 논문이라고 해서 당시 프랑스 언론의 주목을 받았다. 미테랑의 어떠어떠한 정책 결정에 점성술적 조언이 영향을 미쳤다면 이는 굉장히 흥미로운 대목이 아닐 수 없다.

박사 논문은 파리 5대학에서 2001년에 통과되었다. 박사 논문 통과를 두고 말이 많았다. 점성술을 과연 학문의 영역으로 인정할 것인가 하는 논쟁이었다. 하지만 당시 명망 있던 석학이 지도교수를 맡음으로써 논문은 통과되었다. 테시에의 논문은 900페이지나 된다고 한다. 2권으로 되어 있는데 필자는 프랑스어를 몰라 아직 읽어 보지 못했다. 파리에 살면서 고구려 고분 벽화를 불어로 번역한 류내영 씨에게 이 논문을 한국어로 번역해 보라고 부탁한 적이 있다.

산전수전 다 겪은 노회한 인물들은 다른 사람 말을 잘 믿지 않는다. 내가 만나 본 한국의 기업 오너들도 쉽게 다른 사람 말 믿지 않는다. 수많은 사기꾼에게 수업료를 지불한 결과이다. 노회한 정객 미테랑이 왜 테시에의 조언을 수용하였을까? 영발 앞에서는 가방끈이 무력하다. 그러나 한두 번 맞혔다고 까불다가 서너 번째는 틀려서 낭패를 볼 수 있는 게 이 바닥의 법칙이기도 하다.

55년 신문 글쓰기

금전과 벼슬에 걸리지 않고 55년 동안
신문 글쓰기만 하는 것도 팔자가 아닐까?
이게 노력한다고 되는 일도 아니다.

언론이라도 신문과 방송은 기질이 다르
다. 방송은 말과 화면발이 좋아야 한다. 신문은 글과 문장력 비중이 높다.
말과 화면발은 최근에 생긴 영향력이지만, 글과 문장력의 파워는 한자 문
화권의 유교 국가에서 수천 년 전통을 가지고 있다. 조선조도 마찬가지였
다. 과거시험의 합격 여부도 결국 글과 문장이었다. 글쓰기가 되려면 논
리와 암기력, 창의성이 뒷받침되어야 하기 때문이다. 조선조의 엘리트는
칼과 창이 아니라 글을 잘 쓰는 문사文士였다. 이 문사적 전통을 계승한 현
대의 직업이 신문사 논객 아닌가 싶다.

글을 쓴다고 하더라도 소설가와 신문에 칼럼을 쓰는 논객이 다르다.
소설가는 엿장수요, 칼럼니스트는 참기름 장수에 해당한다. 엿장수는 엿
가락을 늘이는 데에서 묘미가 느껴진다. '어떻게 저렇게 늘일 수 있을
까' 하고 그 상상력에 감탄한다. 반대로 칼럼은 꽁지, 대가리 다 떼어 버
리고 요지만 압축하는 능력이 있어야 한다. 재래시장의 참기름 집에 가

서 참깨를 집어넣고 나사를 돌려 압착하는 기계를 볼 때마다 나는 압착의 미학을 감상한다. 압착도 군더더기를 다 떼어 버리고 핵심만 추려내는 지성의 힘에서 나오는 것 아니겠는가.

참기름 장수가 엿장수와 조우하면 스파크가 튄다. 이야기하다 보면 참기름 장수는 자꾸만 엿장수의 말을 자른다. '결론만 이야기해.' 반대로 엿장수는 '당신은 왜 자꾸 내 이야기를 끝까지 듣지 않고 중간에서 자르는 거야' 하고 성질을 낸다.

김대중 고문이 엊그제(2020) 조선일보사를 그만뒀다. 1965년에 입사했다고 하니까 장장 55년 동안 기사와 칼럼을 쓴 셈이다. 55년이라니! 한국 신문계가 배출한 대표적 참기름 장수가 아닌가 싶다. 정치권과 청와대의 여러 제안과 자리도 거절했고, 돈 문제로 인한 큰 스캔들도 없었으므로 가능한 55년이었다. 나 같으면 돈과 벼슬에 굴복했을 것 같다. 금전과 벼슬에 걸리지 않고 55년 동안 주야장천 신문 글쓰기만 하는 것도 팔자가 아닐까? 후천적 노력도 작용하기는 하겠지만 이게 노력한다고 다 되는 일도 아니지 않은가 하는 생각이 든다.

팔자를 뽑아 보니까 계癸 일주에 묘卯가 셋이나 있다. 하나만 있어도 좋은데 셋은 트리플이다. 수재 사주이다. 여기에서 묘卯는 문창성文昌星이다. 문장과 학문을 상징하는 별이다. 더군다나 이 문창성이 모두 식신食神에 해당한다. 남에게 잘 베푸는 기질이다. 문장으로 사회에 자기 재능을 마음껏 펼치지만 벼슬 운은 약한 팔자다. 다 주지 않는다. 이게 주님의 섭리이다.

프레디 머큐리와
영겁회귀

우리에게 달콤한 순간은 단 한 번뿐이야.
영원히 살고 싶은가? 서로 함께 있는
지금이 바로 그 영원이지.

어떤 타이밍에, 어떤 지역에서, 어떤 부
모 밑에서 태어나는가는 인생의 커다란 신비이다. 가수 프레디 머큐리
(1946~1991)가 태어난 생년월일시를 만세력으로 짚어 보니까 재다신
약財多身弱으로 나온다. 재물은 많지만 몸은 약한 팔자이다. 이런 팔자는
돈을 적게 벌수록 오래 산다. 따지고 보면 생명과 돈은 맞바꾸는 것이므
로 공평하다.

프레디의 점성학적 주체는 물(水)이다. 물은 수극화水克火를 하니까
불이 다 돈이 된다. 팔자에 온통 불판이다. 이 불이 다 돈이고, 무대공연
이 다 불판이 되는 것이다. 무대에서 수만 명, 수십만 명이 열광하는 관
객들을 향하여 노래를 부른다는 것은 일종의 '큰 굿'에 해당한다. 보통
무당들도 몇백 명 모아 놓고 하는 굿을 하면 에너지 소모가 크다. 돈 번
다고 자주 굿을 하면 명命을 재촉하기 쉽다. 하물며 수십만 명 운집한 관
중과 교감하며 몇 옥타브 올라가는 목소리로 공연한다는 것은 엄청난

진기眞氣의 소모가 뒤따르는 씻김굿인 것이다.

우연인지, 알고 그랬는지는 모르겠지만 자기 예명에다가 머큐리 Mercury를 집어넣은 것은 자신의 팔자에 부족한 물을 보강하기 위한 작명이었다고 여겨진다. 머큐리는 수성水星의 의미를 내포하기 때문이다. 내가 보기에 그의 노래들은 종교성이 강한 노래들이다. 〈보헤미안 랩소디Bohemian Rhapsody〉(1975), 〈누가 영원히 살기를 바라는가Who Wants To Live Forever〉(1986), 〈쇼는 계속되어야 한다The Show Must Go On〉(1991)와 같은 그의 히트곡들은 죽음을 의식한 노래들이다. 죽음 앞에서 인간의 유한함을 뼈저리게 느끼는 노래들로 이해된다. 죽음이라는 심연 앞에서 인생의 부질없음과 한계는 어떤 의미를 지니는 것인가를 묻고 있는 뉘앙스이다.

그의 아버지를 비롯한 윗대는 페르시아에서 이주하여 대대로 조로아스터교를 신봉하던 인도의 소수민족 집안이었다고 알려져 있다. 프레디의 장례식도 조로아스터교 사제가 집행하였다. 조로아스터교의 핵심 사상 가운데 하나가 영겁회귀永劫回歸이다. 조로아스터교의 악사樂士가 환생하여 영국에서 꽃을 피운 것이다. 〈누가 영원히 살기를 바라는가〉의 가사 일부이다.

"우리에게 시간은 없다. 머물 곳도 없고. 우리를 꿈꾸게 한 것은 모두 어디로 사라졌을까. 영원히 살고 싶은가? 그런 기회는 없다. 운명은 정해져 있지. 우리에게 달콤한 순간은 단 한 번뿐이야. (…) 영원히 살고 싶은가? 서로 함께 있는 지금이 바로 그 영원이지."

손목에 북두칠성을
올려놓다

우주시時는 온난화에 접어들었고,
한국의 역사시는 남북관계시에 들었다.
내 인생시는 어디에 서 있는가.

공직자가 뇌물로 받은 스위스 고가 시계 사진을 보면서 시계란 무엇인가를 생각하였다. 하늘의 북두칠성을 손목 위에다가 올려놓은 것이 손목시계이다. 왜냐하면 북두칠성은 하늘에 매달려 있는 거대한 시계이기 때문이다. 북두칠성은 가만히 있지 않고 매일 돌아간다. 시곗바늘처럼 돌아가는 것이다.

국자 모양의 별 7개 가운데 국자 제일 앞에 있는 별이 추성樞星이다. 추기경(樞機卿, cardinal)이라고 할 때의 '추' 자와 같다. 지도리 추樞는 경첩을 가리킨다. 어원인 라틴어 'cardo'와 같은 뜻이다. 문짝을 여닫는 데 결정적 역할을 한다. 이 추성을 중심으로 해서 북두칠성이 원을 그리면서 돈다. 특히 국자의 손잡이 부분인 6번째와 7번째 별이 시곗바늘에 해당한다. 시침時針이라고 부른다.

시계가 없던 시절에는 이 칠성의 시침 방향을 보고 시간을 짐작했었다. 예를 들어 이 시침이 저녁 9시 방향을 가리키고 있으면 술시戌時라고 보았다. 밤이 더 깊어지면 이 시침이 12시 방향 쪽으로 움직인다. 새벽이 되면 이 시침이 또 이동하는 것이다. 고대의 유목민들은 밤하늘의 칠성을 보고 시간을 짐작하였다. 특히 밤에 이동하는 사막 문명권에서는 이 칠성의 중요성이 더 컸다고 여겨진다. '사막의 대상隊商들이 밤에 별을 보고 이동했던 때가 행복했었다'는 게오르크 루카치의 말은 별 중에서도 북두칠성이 가장 핵심이었다고 본다.

시간에는 우주시宇宙時, 역사시歷史時, 인생시人生時가 있다. 우주가 지금 몇 시인가가 우주시이다. 역사가 지금 몇 시인가가 역사시이다. 내 인생이 지금 몇 시인가가 인생시이다. 시간을 아는 일이 중요하다. 몇 시인지를 모르면 철부지(不知) 아니던가! 우주시는 온난화에 접어들었고, 한국의 역사시는 남북관계시時에 접어들었다. 내 인생시는 앞으로 나가야 하는 고go인가, 아니면 스톱stop인가. 맑은 날 밤 서 있는 곳에서 고개를 들어 보라. 북두칠성이 보인다.

사람이 죽으면 일곱 개의 구멍을 뚫은 칠성판七星板 위에 시신을 올려 놓는다. 주어진 시간을 다 썼으니까 시간의 신인 북두칠성으로 돌아가서 다시 시간을 충전해서 오라는 의미이다. '돌아가셨다'는 말은 칠성으로 돌아갔다는 뜻이다. 그 시간을 관장하는 북두칠성 신을 손목에 묶어서 휴대하고 다니는 것이 손목시계라고 본다.

동남풍과 주역의 괘

적벽대전의 동남풍은 데이터의 승리인가?
주역은 자연과학적 데이터까지 포함한
점서占書라는 사실이 흥미롭다.

삼국지에서 제갈공명의 지혜와 신통력
이 극적으로 발휘되는 대목은 적벽대전의 동남풍이다. 뜬금없이 갑자기
동남풍이 불어와서, 불화살이 바람을 타고 조조의 수군을 궤멸시킨다. 호
풍환우(呼風喚雨, 바람과 비를 불러오는 신통 묘술)의 초능력인가? 공명은 바
람의 방향이 바뀌어서 동남쪽에서 불어올 수 있다는 사실을 사전에 알고
있었다고 보아야 한다. 계절적으로 이때쯤 되면 바람의 방향이 바뀔 수
있다는 데이터에 바탕한 예단이었다는 것이다.

데이터의 승리였다. 그 데이터, 단서는 어디에 나온단 말인가?《참동
계 강의》의 저자 남회근은 주역의 18번째 괘인 '산풍고山風蠱' 괘를 그
단서로 든다. 산풍고는 위에는 산이 있고, 아래에는 바람이 부는 형상이
다. 괘의 첫 번째 대목에 '이섭대천利涉大川하니 선갑삼일先甲三日하며 후
갑삼일後甲三日이니라'라는 내용이 나온다. 그달의 달력에 갑甲이 들어간
날 3일 전과 3일 후로 동남풍이 분다는 암시가 들어있다.

적벽대전이 벌어진 계절은 음력 10월이었다. 10월은 절기상으로 '입동'이라서 겨울로 들어가는 길목이다. 하지만 '소양춘小陽春'이기도 하였다. 10월 한 달 동안은 며칠간 몹시 춥다가 사흘쯤은 따뜻해지는 기간이 있다. 소양춘이 되면 바람이 바뀐다. 북서풍이 불다가 이때가 되면 동남풍으로 방향이 바뀐다. 그렇다면 10월 중에서 어느 날부터 이 소양춘이 와서 바람의 방향이 바뀐단 말인가? 시작 날짜가 언제인가가 관건이다. 음력 달력에 보면 날짜마다 60갑자로 일진이 표시되어 있다. 갑자, 을축, 병인, 정묘, 무진, 기사 식으로 말이다. 주역의 산풍고 괘에서는 그 기준점을 암시하고 있다. 바로 일진에 갑甲이 들어간 날이다. 공명은 이 산풍고 괘를 보고 동남풍의 날짜를 계산했던 것이다. 그래서 제단을 쌓아 놓고 바람이 불어오기를 바라는 퍼포먼스를 했다.

주역의 괘에는 '선갑삼일 후갑삼일'이라고 나오지만, 그건 그냥 책에 나오는 내용이고 과연 실전에서 그대로 바람이 불 것인지는 본인도 100% 장담은 못 하는 것이다. 필자가 보기에 확률은 70% 정도 되지 않았을까. 주역의 데이터는 7할 정도를 보증하고 나머지 3할은 운에 달렸다고 봐야 한다. 만약 그 3할이 작동하지 못하면 바람이 불지 않을 것이고, 바람이 불지 않으면 조조 군대에게 패배할 수밖에 없는 상황이었다. 여기서 공명은 제단을 쌓고 천지신명에게 빌 수밖에 없다. 기도를 올린 지 사흘 만에 다행히 바람은 불기 시작하였다. 《삼국지》 원문에 보면 '갑자기甲子起'라는 내용이 나온다. 갑자甲子일부터 깃발이 나부끼기 시작하였다는 말이다. 주역은 자연과학적 데이터까지 포함한 점서占書라는 사실이 흥미롭다.

AI와 신기

수많은 전생부터 현생에 이르기까지
축적된 정보가 신기로 발현된다.
무의식의 발로이기도 하다.

　　신기神氣가 무엇인가는 노벨상 수상자들
도 아직까지 규명하지 못한 문제이다. '신기'를 과학적으로 설명해 주는
연구 결과는 언제 나오는가. 이것에 대하여 과학적 해명이 아직까지 없다
면 필자가 그동안 축적한 경험적 차원의 설명이라도 하는 수밖에 없다.
입 다물고 있을 수만은 없다. AI와 신기의 분기점은 텍스트라고 본다. 텍
스트가 있는 것은 AI의 학습이 가능하다. 그러나 텍스트가 없는 분야, 텍
스트 밖의 영역은 AI가 잡아낼 수 없다. 텍스트 밖의 영역은 신기의 영역
이 아닌가 싶다. 그렇다고 한다면 창의성 내지는 창의력이 발휘되는 그
어떤 순간은 신기가 작동한 것이라고 생각한다.

　　아르키메데스가 목욕탕에 들어가는 순간에 섬광처럼 다가온 영감.
'유레카Eureka!' 이것도 신기의 작용이라고 본다. 발명왕 에디슨의 여
러 가지 발명도 그 어떤 영감이 작동한 결과인데, 이 영감은 신기에서
왔다. 1980년대 초반 소설《단丹》의 주인공이자 계룡산파의 장문인이었

던 봉우鳳宇 권태훈(權泰勳, 1900~1994) 선생은 필자와 같은 20대 초반의 젊은 대학생들을 앉혀 놓고 이야기해 주셨던 기억이 지금도 아련하게 남아 있다.

추사 김정희 같은 인물의 글씨 쓰는 능력도 '서신통書神通'의 결과였다고 말이다. 추사는 글씨의 신, 즉 서신書神과 통한 사람이었다는 것이다. 한국 사람이 자주 쓰는 '신바람', '신명神明 난다'와 같은 표현은 우리나라 사람들이 수천 년 동안 신기를 중시하고 신기의 효과를 체득했던 민족이었음을 보여준다. 현대그룹 정주영 회장이 조선소를 지을 막대한 돈을 빌리러 영국에 갔을 때 500원 지폐에 그려져 있던 거북선을 보여주며 '우리는 중세부터 철갑선을 만들었다'라고 한 대목도 순간적인 신기의 발현이 아닌가 싶다.

내가 만나 본 기업 창업자들은 신기가 어느 정도는 있는 사람들이었다. 창업자의 신속하고 정확한 판단력의 바탕에는 신기가 있다. 그렇다면 신기의 원동력은 무엇일까? 첫째는 보호령이다. 보호령이 있는 사람들이 있는데, 그 보호령이 결정적인 순간에 영감이나 신기를 준다. 대개는 보호령이 조상신들이다. 둘째는 불교에서 말하는 아뢰야식, 즉 장식藏識이다. 장藏은 감추다, 가두다는 뜻으로 깊은 무의식이다. 수많은 전생부터 축적한 모든 정보가 여기에 녹아 있다. 현생에 이르기까지 축적해 놓은 정보에서 신기가 발현된다. 신기는 무의식의 발로이기도 하다. 셋째는 하느님, 부처님, 알라와 같은 신들한테서 오는 기운이다. 가장 고전적인 의미의 신기에 해당한다. AI가 신기와 종교를 사라지게 할 수 없다.

택풍대과의 괘

택당은 대과 괘를 마음속에 새겨 놓고
'어떻게든 이 상황을 견디자. 이 상황도
결국 다 지나간다'고 자신을 달랬을 것이다.

주역의 28번째 괘는 택풍대과澤風大過이
다. 위에는 연못의 물이 출렁거리고, 아래에는 바람이 불고 있다. 집의 기
둥뿌리가 흔들리고 서까래는 천정에서 하나씩 떨어지는 형국이다. 여차
하면 집이 무너질 수도 있다. 이 괘는 아주 위태로운 상황을 보여주는 괘
이다. 지진이 났을 때 공포를 느끼지 않을 사람 없다. '대과大過'라는 말 자
체가 '크게 오버했다'는 뜻을 담고 있지 아니한가. 그러나 인생살이에서
대과 없는 사람 없다.

조선 역사에서 훑어보면 이 택풍대과 괘에 필이 꽂혔던 인물이 하
나 있다. 바로 택당澤堂 이식(李植, 1584~1647)이다. 조선의 4대 문장가
'월상계택' 가운데 '택'이 바로 택당을 가리킨다. 월사 이정구月沙 李廷龜,
상촌 신흠象村 申欽, 계곡 장유谿谷 張維 등 네 사람 호를 한 자씩 따서 월
상계택이다.

호를 택당이라고 한 이유는 주역의 택풍대과 괘의 택에서 따온 말이

다. 경기도 양평군 양동면 쌍학리에 지어 놓았던 정자 이름도 택풍당澤風堂이다. 나는 아직 택풍당을 가 보지 못했지만, 이곳을 답사한 이종묵 서울대 교수의 글에 의하면 '양배추 속에 쌓여 있는 형국'이라서 아주 소문난 명당이라고 한다.

이식은 왜 자신의 호도 택당이고, 정자 이름도 택풍당이라고 지었을까. 이식이 지은《택풍당지澤風堂志》에는 "큰 변고를 만나 주위 인사들이 화를 입으니 나 또한 두렵다, 점을 쳐 보니 대과의 함이 나왔다"는 대목이 나온다. 정치적인 소용돌이에서 휘둘리고 자빠지면서 그만큼 풍파를 많이 겪었다는 의미이다. 기둥뿌리가 흔들리고 서까래가 바닥으로 떨어지는 풍파 말이다. 택당은 대과 괘를 마음속에 새겨 놓고 '어떻게든 이 상황을 견디자. 이 상황도 결국 다 지나간다'고 자신을 달랬을 것이다.

기둥뿌리 흔들리는 이 상황에서 대처법은 무엇일까? '독립불구獨立不懼하고 돈세무민遯世無悶' 하는 방법이다. 홀로 있어도 두려워하지 않고 은둔해 있으면서도 고민하지 않는다. 찾는 사람도 많더니만 끈 떨어지니까 찾아오는 사람도 없다. 전화 오는 사람도 없다. 이때 내공이 쌓인다. '독립불구 돈세무민'은 이때 외우라고 있는 것이다. 혼자 가만히 있을 수 있는 게 내공이다. 이식도 그랬다.

"아침, 저녁으로 선영에 추모하며, 비록 술과 노래를 부를 기회가 있어도 감히 즐기지 아니한다. 여기에 약간의 책을 두고 근방의 학동 몇 명을 모아 장구를 암송케 하고 싫증 나면 시냇가로 나가 헤엄치며 놀다 돌아온다. 점을 보아 머물기 시작한 지 10년이다."

이식은 이곳에서 수많은 제자들을 배출하였다.

진정한 '씻김'이
필요한 시대

해 보지 못한 한恨, 꼭 한번 가져 보고
싶었으나 가져 보지 못한 한을
씻어내야 한다. 이걸 털고 가야 한다.

씻김굿이 필요한 시대가 도래하였다. 우리 사회에 악감정이 많이 쌓여 있어서 거의 한계치에 도달하지 않았나 싶다. 분노, 증오, 상처를 씻어주는 게 씻김굿의 목적이다. 살아생전에 꼭 한번 해 보고 싶었으나 해 보지 못한 한恨, 꼭 한번 가져 보고 싶었으나 가져 보지 못한 한을 씻어내야 한다. 이걸 털고 가야 한다. 그러나 이걸 어떤 방법으로 털어낸단 말인가! 방법이 문제다. 아마도 수천 년 세월 동안 경험이 축적되면서 고안된 방법이 씻김굿이 아닌가 싶다.

씻김굿이야말로 한국 무속신앙의 핵심이다. 우선 죽은 사람의 옷을 대나무 자리(또는 돗자리)로 둘둘 말아서 그 대자리를 세운다. 이걸 '영돈말이'라고 한다. 영혼을 대자리로 둘둘 만다는 뜻이다. 대자리는 끈으로 7군데를 묶어 놓는다. 7번은 죽어서 북두칠성으로 돌아간다는 의미가 있다. 세워 놓은 대자리 위에는 누룩을 놓는다. 누룩을 놓는다는 점에 주목해야 한다. 누룩 위에는 또아리(똬리)를 얹어 놓는다. 똬리 위에는 밥그릇을 놓는다. 그 밥그릇 속에는 인체의 모양으로 오려 놓은 한지韓紙를 넣어둔다. 사람 모양 한지는 죽은 자의 넋(영혼)을 상징한다. 그 밥그릇 위에는 솥뚜껑을 올려놓는다. 그다음에는 솔잎이 달린 소나무 가지로 물을 찍어서 대자리에 바른다. 향물(향나무를 쪼개서 담가 놓은), 쑥물, 맑은 물 등 세 가지 물이다. 조그만 사발에 담겨 있는 세 가지 물을 돌아가면서 솔잎 가지로 찍어서 죽은 자의 넋이 담겨 있는 대자리에다가 바르는 행위이다. 이 과정을 '이슬털이'라고 부른다. 씻김굿의 여러 과정 중에 이슬털이 과정이 가장 하이라이트이다.

그런데 왜 여기에 누룩이 들어갈까? 영돈말이를 하는 모든 씻김굿에서는 반드시 누룩을 쓴다. 진도珍島 씻김굿을 오랫동안 연구한 민속학자 이윤선은 저서《산 자와 죽은 자를 위한 축제》(민속원 펴냄)에서 죽은 자의 넋을 술로 만들기 위해서라고 풀이했다. 누룩은 술을 만드는 원료이다. 증류소주를 만들 때에도 솥단지 뚜껑에서 이슬처럼 한 방울씩 떨어진다. 이슬털이라는 이름은 여기에서 왔다고 본다.

이렇게 보면 죽은 자의 영혼을 술로 만들기 위해 상징적으로 중간에 누룩을 집어넣었다는 것이다. 씻김굿은 죽은 자의 넋이 남긴 그 술을 산 자가 음복飲福하는 행위가 된다. 이 술은 죽은 자와 산 자를 이어주는 신비한 액체이다. 죽은 자의 생명이 산 자의 몸속으로 이어지니까 말이다. 좌파와 우파의 악감정을 풀어줄 씻김굿의 누룩은 어디에 있나. 부음정孚飲亭에서 술 한잔하고 싶다.

무속의 허와 실

무속의 문제점은 사적 욕망에 치중한다는
점이다. '영발靈發'의 파워를 사리사욕
채우는 수단으로 이용하면 천벌을 받는다.

무속은 간단하지 않다. 1만 년이 넘는 역
사를 가진 원시 종교이다. 무속에는 3대 기능이 있다. 첫째 예언, 둘째 치
병治病, 셋째 안심安心 기능이다. 따지고 보면 이 3가지 기능은 제도권 종
교의 역할과도 겹쳐지는 부분이다. 무속과 제도권 종교는 그 기본 골격
이 같다는 말이다.

우선 안심 기능을 보자. 프로이트와 카를 융의 후예들이 이 기능을
대체하고 있다. 무속에 가지 않고 심리상담소로 가게 되었지만, 일부 한
국 사람은 무속에 가야지 속이 시원해진다. 20년 전쯤 우면산 아래에 사
진 점쟁이라고 하는 유명한 점쟁이가 있었는데, 여기로 점을 치러 가면
특징이 열댓 명의 고객들을 한 방에 몰아넣고 오픈 방식으로 점을 치는
행태였다. 방에 같이 앉아서 그 사람의 점괘, 즉 내밀한 사생활의 문제
들을 모두 들을 수 있다는 게 민망하기도 하였다. '너 신랑은 바람을 피
워야 사업이 잘돼, 열 여자도 부족해. 그러니까 너무 안달복달하지 마!'

'당신은 몸에서 구린내가 나네. 혹시 정화조 사업하는 사람이여?' '지금은 아들이 백수이지만 40대 중반이 되면 문서를 만져서 크게 돈을 벌게 돼. 좀 참고 기다려!' 등등. 점집에 앉아서 이런 점괘 이야기를 듣다 보면 나름대로 심리 치료가 된다. 다른 사람 고민도 나랑 비슷하구나! 하는 깨달음이다.

치병의 사례를 보면 러시아의 라스푸틴(1869~1916)이 있다. 라스푸틴은 193cm 장신의 떠돌이 수도승이었다. 러시아 황제의 아들인 알렉세이 황태자의 난치병을 고쳐 주어서 황실의 전폭적인 신임을 얻었다. 그러나 지금은 무속이 가지고 있던 치병 능력을 현대화된 종합병원이 대체하게 되었다.

마지막으로 예언 기능이 문제이다. 인공지능 AI가 아무리 딥 러닝을 돌려 보아도 인간의 운명을 예측할 수 없다. AI의 천적은 무당이다. 운명에 대한 욕구, 즉 운욕運欲은 여전히 시장에서 끊임없이 요구되는, 강력한 수요이다. 시장의 수요가 있는 한 공급은 이루어진다. '미친X 널뛰는 팔자'인 사업가와 정치인은 강력한 수요자이다. 물론 무당의 점괘가 다 맞는 것은 아니고 틀릴 때도 많다. 유능한 주식 전문가를 시장에서 가려내는 것처럼, 용한 점쟁이도 그 승률을 시장에서 가려낸다.

무속의 문제점은 사적 욕망에 치중한다는 점이다. 공심公心이 희박하다. '영발靈發'의 파워를 사리사욕을 채우는 수단으로만 이용하면 천벌을 받는다. 권력과 가까운 무당이 공심이 없고 이권 챙기는 데 몰두하면 위험해진다.

포용의 땅, 충청도

'냅둬유'는 속내를 잘 드러내지 않는
충청도 특유의 어법이다. 남과 조화를
이루되 쉽게 동화되지 않는 '화이부동'이다.

칼럼 소재를 어떻게 구하느냐는 질문을
독자들에게 심심찮게 받는다. 대답은 "강호와 강단입니다." 강단은 논문
과 학술 서적이고 강호는 현장 답사와 특이한 인물 인터뷰다. 강단 재료
에만 치중하다 보면 야성이 부족한 책상물림의 글이 된다. 재미가 없다.
반대로 강호에만 치중하다 보면 원리적 근거가 약해져서 가설항담(街說
巷談, 떠도는 소문) 수준에 머무를 위험이 있다.

엊그제 충청 유교의 특징을 설파한 송인창(대전대 명예교수) 선생의
논문을 읽으면서 눈에 들어오는 대목이 있었다. 요약하면 '충청 중화론'
이다. 충청도는 '토土'에 해당한다는 이야기이다. 음양오행에서 토는 가
운데에 자리 잡고 있다. 경상도와 전라도의 중간에 충청도가 자리 잡고
있다는 의미로 해석했다. 토의 특징은 목木, 화火, 금金, 수水를 모두 포용
하는 성정을 지니고 있다. 인체의 위장이 바로 토다. 육식, 채식, 커피, 보
이차, 위스키, 막걸리를 모두 포용한다.

반면에 토는 속이 깊다. 자기 속내를 좀처럼 잘 드러내 보이지 않는다. 여론조사가 가장 들어맞지 않는 지역이 충청도 대전이라고 들었다. '냅 둬유, 알았시유'는 자기 속내를 잘 드러내지 않는 충청도 특유의 어법이다. 화이부동(和而不同, 남과 조화를 이루되 쉽게 동화하지 않는다)의 화법이라 하겠다. 충청도가 지닌 이러한 중화적中和的 기질을 잘 드러내는 인물이 동춘당同春堂 송준길(宋浚吉, 1606~1672)이다. 그의 호 동춘당은 '여물 동춘與物同春'에서 유래하였다. 만물과 더불어 봄을 함께한다는 의미이다.

노론의 스승이자 기호 예학의 종장인 사계 김장생에게 배웠지만 장인은 경상도 예학의 좌장인 우복 정경세였다. 동춘당은 장가간 이후로 장인 정경세를 통해서 영남 퇴계학파의 학풍도 깊이 접속했던 것 같다. 동춘당이 평생 닮고 싶어 했던 인물이 율곡이 아니라 퇴계 선생이었으니까 말이다.

토를 보강해 주는 것이 화생토火生土의 화火이고, 이 화는 예禮에 해당한다. 충청도의 예학은 동춘당이다. 그런가 하면 토는 금을 낳는다. 토생금土生金이다. 금은 직直을 상징한다. 바름이다. 직을 상징하는 대표적 인물이 우암 송시열이다. 직直은 곧음, 즉 칼이기도 하다. 조선 당쟁에서 최고 검객은 우암이라고 해도 과언이 아니다. 우암 칼날에 영남 남인의 목이 많이 날아갔다.

충청도는 영호남의 가운데인 토에 있으면서도 한쪽에는 예禮가 있고 다른 한쪽에는 직直이 있다. 좌파와 우파의 갈등도 따지고 보면 영호남 갈등인데, 이 가운데서 충청도가 중심을 잡는 역할을 했으면 좋겠다.

AI는 팔자도 볼 수 있는가?

AI로 새로운 우주에 진입하고 있다는
느낌이 든다. 그렇다면 그 맞히기 어렵다는
주식 시세도 예측할 수 있을까.

챗봇 AI는 인간의 운명 즉 사주팔자도 볼
수 있는가 하는 의문이 들었다. 이것도 불가능하다고 단정하지 못하겠다.
알파고가 바둑의 이세돌을 이기면서 시작된 AI의 신통력은 이제 인간 대
신에 문장을 다루고 글을 쓸 수 있는 경지까지 도달하였다. 사람이 글을
쓴다는 것은 지적 작용의 총화인데, 이걸 AI가 대신할 수 있다고 하니 우
리 시대는 새로운 우주에 진입하고 있다는 느낌이 든다. 그렇다면 드는
의문이 그 맞히기 어렵다는 주식 시세도 예측할 수 있느냐이다.

주식 시세보다도 더 예측하기 어려운 것이 인간의 팔자이다. 주식보
다도 훨씬 더 장기적인 예측이 되어야 하고 변수도 더 많다. 현재 AI의
두뇌 세포(매개변수)가 1750억 개라고 하는데, 앞으로 100조 개쯤으로
용량이 늘어나면 이것도 가능할지 모른다. 모든 변수는 확장된 데이터
용량으로 커버가 가능하니까 말이다. 태어난 생년·월·일·시를 육십갑
자로 조합하면 대략 60만 개의 경우가 나온다. 성격유형검사인 MBTI

의 유형이 겨우 16개밖에 안 된다. 애들 장난 수준이다. 여기에 비해 사주팔자는 오십몇만 개, 즉 60만 개 유형이 도출된다. 이걸 AI로 입력시키는 것은 간단하다. 수백억 개의 변수도 처리하는데 60만 개쯤이야 아무것도 아니다.

그러나 함정이 있다. 사람의 팔자를 예측하는 데 있어서 꼭 필요한 부분이 '신기神氣'라고 하는 대목이다. 신기는 신神의 영역으로부터 공급받는 어떤 기운이다. 고도의 직관력으로도 설명된다. 팔자를 예측하는 데 있어서 데이터만 가지고 다 되는 게 아니고 신기까지 겸비하고 있어야 하는 것이다. 예를 들어 DJ(김대중) 정권 때 최규선 게이트가 있었다. 최규선은 팔자에 물이 많아서 홍수가 나는 운명이었다. 홍수가 나면 법과 규범을 소홀히 한다. 필자와 같이 데이터만 조금 가지고 있고 신기가 부족한 사람의 처방은 둑(제방)을 강화하라고 했다. 범람하는 물을 가두려면 제방을 튼튼하게 쌓아야 한다고 조언하였다.

하지만 도교《옥추경玉樞經》에 나오는 뇌성벽력 신의 주문을 외워 신기가 충만했던 K도사는 '사막으로 가라'라는 처방을 내렸다. '아무리 홍수가 나도 사막으로 가면 물이 다 흡수된다'였다. 최규선은 그 말을 듣고 사우디의 알 왈리드 왕자를 찾아갔고, 왈리드로부터 도움을 받은 것은 사실이다. 같은 데이터를 보고도 '제방'이 아니라 '사막'으로 처방을 내리는 게 신기의 영역이다. 과연 신기라고 하는 직관의 영역을 AI가 커버할 수 있단 말인가?

운이 바뀌는 조짐

운運이 바뀔 때는 어떤 조짐이 있다.
운을 연구하는 관점에서는 손흥민 선수의
득점왕 사건이 '한국의 운이 있다'라는
조짐으로 다가온다.

같은 사건을 보면서도 해석과 의미 부여
가 서로 다른 경우를 수시로 겪고 있다. 손흥민의 잉글랜드 프리미어리그
(EPL) 득점왕 등극도 그렇다. 손흥민의 최대 강점은 양발을 고르게 쓴다
는 점이다. 왼발로 12골. 오른발로 11골이다. 거의 5대 5다. 이런 선수 없
었다. 메시와 호날두에게도 없는 능력이다. 손의 전매특허는 좌우를 다
쓰는 '좌우 통달通達 킥'이다. 희귀한 '좌우 통달 킥' 23골이 한국 사회의
심각한 좌우 갈등에 모처럼 웃음을 주었다고 본다. 좌우 통달 킥 앞에서
좌파·우파 모두 기뻐했고 덩달아 자신감을 얻었다.

운運이 바뀔 때는 어떤 조짐이 있다. 운을 연구하는 관점에서는 손의
득점왕 사건이 '한국의 운이 있다'라는 조짐으로 다가온다. 한국의 국운
이 아직 쇠락하는 단계는 아닌 것이다. 손흥민과 BTS, 그리고 반도체는
국운을 상징한다. '국운' 하면 계룡산이다. '여자가 득세한다', '딴따라가
대접받는다', '한국이 중심 국가가 된다'는 예언을 남긴 계룡산파의 김

일부金一夫. 김일부 이후로 계룡산파의 바통을 이어받은 봉우 권태훈 선생도 북계룡北鷄龍 이야기를 필자 세대에게 남겨주고 가셨다.

'남쪽에도 계룡이 있지만 압록강변 단동丹東 위에도 북계룡이 있다. 봉황산성 자리이다. 자네들은 여기를 주목해야 한다'라고 강조하였다. 아울러 '봉황이 동래東來하면 금계金鷄가 저수低首한다'라는 예언도 남겼다. 봉황이 동쪽으로 오면 금닭이 고개를 숙인다는 뜻이다. 한국으로 봉황이 오면 금닭인 중국도 우리에게 함부로 하지 못한다'라는 의미로 해석하고 싶다. 반도체 강국인 한국을 주변 국가에서 예전처럼 하인 다루듯이 쉽게 다루지는 못한다는 점괘이기도 하다.

그런가 하면 중국의 도사들도 중국 국운을 예언하였다. 대만 장개석의 국사國師 역할을 하고, 강택민을 비롯한 중국 본토의 공산당 상류층에게 '선생님'으로 존경받았던 남회근 도사. 그는 '1987년 정묘년 이후로 중국의 운세는 청나라 강희·건륭제와 같은 융성 시기로 진입하였다, 이 상승세가 앞으로 200~300년간은 지속될 것이다'라고 예언하였다.

수백 년 만에 한 명 나올까 말까 하다는 평가를 받는 남회근 같은 인물이 이런 예언을 한 것을 보면 중국도 결코 만만한 운세가 아니다. 다시 봉우 선생으로 넘어가 보면, 이 양반의 문명사적 예언이 있다. '황백전환론黃白轉換論'이다. 21세기 문명은 백인에서 황인종으로 넘어온다는 메시지다.

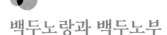

백두노랑과 백두노부

> 오행 중에서 물은 유연하다. 통념에
> 사로잡히지 않는다. 어떤 그릇이든지
> 거기에 따르면 수용이 된다.

고등학교 다닐때는 영어 참고서《성문종
합영어》를 옆구리에 끼고 다녔다. 대학 졸업 후에는 사주명리학 교과서
인 이석영의《사주첩경四柱捷徑》을 품고 다녔다. 지나고 보니까 영어보다
는 사주가 내 삶에 더 도움이 되었다. 학교 시험에는 영어가 도움이 되었
지만, 인생살이 시험 길에 들어서서 갈팡질팡할 때는 사주가 나침판이 되
어주었다. 왜 나는 영어보다 유달리 미신(?)을 좋아하였을까. 60세가 되
어 생각해 보니 이것도 팔자이다.

《사주첩경》에 나오는 사주 풀이 가운데 흥미로운 대목이 하나 있는
데, 그것은 백두노랑白頭老郎을 만나는 여자 팔자이다. 백두노랑은 '머리
가 허연 늙은 남편'을 만난다는 의미다. 노랑老郎의 기준은 20세 이상의
나이 차이다. 운명적으로 나이 차이 많이 나는 상대를 만나게 되어 있
다는 것이다.

태어난 날인 일간日干의 글자가 임壬이나 계癸인 여자가 백두노랑을

만날 확률이 높다고 본다. 왜 그런가? 융통성 때문이다. 임이나 계는 오행 중에서 물에 해당한다. 물은 유연하다. 통념에 사로잡히지 않는다. 어떤 그릇이든지 거기에 따르면 수용이 된다. 20년 이상의 나이 차이가 나더라도 섹스sex, 머니money, 토킹talking이 맞으면 사귀거나 결혼한다. 섹스는 하단전의 궁합이고, 머니는 중단전의 궁합, 토킹은 상단전의 궁합에 해당한다. 젊어서는 하단전 궁합이 중요하고 중년에는 중단전, 노년에는 상단전의 궁합이 작동한다. 여기서 한 가지 궁합만 맞아도 산다. 더구나 요즘은 100세 시대라고 하지 않던가.

나이 들어도 체력 관리가 되고, 돈도 있고, 인생 경험이 축적된 노인이 많다. 탤런트 김용건이 75세인데도 불구하고 39세 연하의 젊은 여인과 사귀고 임신까지 하였다는 뉴스를 보면서 혹시 그 상대 여성 A씨의 팔자가 임·계 일주가 아닌가 싶다. 만나 볼 수가 없어서 확인을 못 할 뿐이다.

〈파워 오브 러브Power Of Love〉를 부른 캐나다의 가수 셀린 디옹의 남편도 26세 연상의 백두노랑이었다. 남편은 무명의 셀린 디옹을 발굴하여 성공시킨 매니저이기도 하였다. 나는 오래전부터 셀린 디옹의 팔자도 임·계 일주가 아닌가 하고 추측해 왔다. 이 대목에서 빼놓을 수 없는 인물이 프랑스 대통령 마크롱이다. 부인이 24세 연상이다. 백두노부白頭老婦의 케이스다. 아마도 상단전 궁합이 맞아서 사는 게 아닐까. 그동안까지는 노랑이 많았지만 앞으로는 여자가 20세 이상 연상인 노부도 가끔 생길 것 같다.

제왕절개
예약이 다 찬 까닭

> 기왕이면 근심이 없는 인생을 살아야 한다.
> 마음과 행동이 이치와 질서에 어울리면
> 모든 공덕과 통한다.

산부인과 의사를 만나서도 칼럼 소재를 발견하는 수가 있다. 인간사는 처처處處칼럼이요, 사사事事소재로다! 곳곳에 칼럼이 있고, 겪는 일마다 소재가 된다. 산부인과 의사 이야기로는 서울 강남의 제왕절개 예약이 2월 18일에 거의 다 찼다는 것이었다.

2022년 2월 18일이 무슨 날이기에? 육십갑자로 이날을 살펴보면 임인壬寅일이다. 이날을 연월일시로 환산해 보면 임인년, 임인월, 임인일이 된다. 이날 새벽 시간인 인시寅時에 제왕절개를 하면 임인시壬寅時가 된다. 그날 태어난 사람의 사주는 4개의 임인이 병렬로 늘어서는 구조이다. 임인년, 임인월, 임인일, 임인시가 되는 것이다. 아주 특이한 팔자가 조합되는 셈이다. 그래서 18일 새벽 인시에 서울 강남의 임신부들이 제왕절개를 하기 위해서 몇 달 전부터 미리 예약을 다 해 놓았던 것이다. 확인을 해 보지 못해서 알 수는 없지만, 지방의 상당수 산부인과에서도 이날 제왕절개 시술이 평소보다는 많았을 것이라고 짐작이 된다.

같은 한자 문화권에 속하는 중국, 일본의 산부인과는 어땠는지 모르겠다. 중국은 공산당이 집권하면서 사주팔자 문화는 미신이라고 해서 거의 박멸되다시피 했다. 일본은 남아 있지만, 한국보다 미미하다. 그렇다면 제왕절개를 통해서 인위적으로 팔자를 조합하면 그 효과가 있을까 하는 의문도 든다. 자연산과 인공산의 차이는 없는 것인가?

호랑이가 4마리 겹치는 18일의 인시는 사인검四寅劍을 제조하는 시간이기도 하다. 호랑이가 4마리나 들어가는 사인검은 특별한 검이다. 이 시간대는 사찰의 산신각을 신축하기에 최적의 택일에 해당한다. 호랑이는 산신으로 여겨져서 인寅이 많이 들어간 날에 산신각 상량문을 쓰는 게 영험하다고 믿었다. 4개의 간지가 똑같은 사례를 찾아보면 중국의 한고조 유방의 팔자가 계해癸亥로만 이루어졌고, 진주 촉석루의 논개 팔자가 갑술甲戌만 4개였다.

시간, 공간, 인간 그리고 길흉이 각기 따로 놀지 않고 육십갑자를 매개로 하여 서로 얽혀서 돌아간다는 것이 '시스템적的 사고'이다. 삶도 시스템으로 돌아간다. 호랑이 날에 맞춰 호랑이 그림 전시를 하는 인사동의 무우수無憂樹 갤러리에 갔다. 무우수는 '근심이 없는 나무'라는 뜻 아닌가! 기왕이면 근심이 없는 인생을 살아야 한다. 호랑이가 겹치는 날에 무우수 밑에 있는 호랑이를 본다는 것은 주술적이다. 상응相應 *이 발전하면 시스템적 사고가 된다.

서로 응하거나 어울린다는 뜻. 서로 기맥이 통하는 일. 주관과 객관의 모든 사물이 서로 응하여 융합하는 일. 경(境, 장소)은 심心과 서로 응하고, 행行은 이(理, 이치와 질서)와 서로 응하며, 과(果, 결과)는 모든 공덕功德과 응한다.

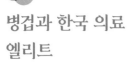

병겁과 한국 의료
엘리트

'동서양은 병으로 판을 고르리라.'
전염병으로 인해 동서양의 격차가
줄어든다는 의미로도 해석된다.

　　　　　조선의 도사들은 삼재불입지지三災不入之
地를 찾아 전국의 심산유곡을 헤맸다. 재앙이 들지 않는 땅이다. 여기서
말하는 삼재는 전쟁, 흉년, 전염병이다. 전염병 때문에 조선조는 상당히
시달렸다. 《조선왕조실록》의 영조 26년 1월 기사를 보면 전염병 사망자
숫자가 나온다. '해주 등 11개 고을에서 45명, 관서는 865명, 영남은 함양
등 6개 고을에서 43명, 호서는 5089명, 경기는 2192명, 호남은 1650명,
관동은 1531명, 강도는 145명, 송도는 132명.' 같은 해 2월 기사에도 사
망자가 연이어 증가하고 있음이 나온다. '경기도 3487명, 강도에서 349
명, 영남에서 1993명, 해서에서 464명이다.' 3월에는 역병이 크게 번져서
전국 사망자가 10만여 명에 이른다고 기록되어 있다. 이후로 계속해서
7월까지 매달 사망자 수가 몇만 명씩 속출하니까 영조 임금과 대신들은
전쟁보다 더 심각한 상황이라고 여겼다. 이 시기에 대략 20만~30만 명이
사망한 것으로 추정된다.

조정에서 할 수 있는 일은 여제厲祭를 지내는 일뿐이었다. '여厲'는 염병, 전염병을 의미한다. '여제'는 전염병으로 죽은 사람의 영혼인 여귀厲鬼에게 제사 지내는 것을 가리킨다. 당시 조선 인구는 700만 명 규모였다. 역병으로 20만~30만 명이 사망한다는 것은 엄청난 사회적 충격이다. 치료법을 모르니까 오로지 역병으로 죽은 귀신들에게 제사를 지내고 나서 혹시나 진정되기를 기다리는 수밖에 없었다. 당시 조선 사람들은 얼마나 공포스럽고 답답하였을까.

조선 말기의 혼란 시기에 김제 모악산母岳山 아래에서 강증산이 등장하였는데, 이 강증산의 예언 가운데 주목을 끄는 대목이 바로 병겁病劫이다. 앞으로 전염병이 크게 유행할 것이라고 본 것이다. '세상의 모든 의술이 무용지물이 된다', '자다가도 죽고 먹다가도 죽고 오가는 중에도 죽어서 시신을 묶어낼 사람이 없다' 등. 전쟁, 기근보다도 더 무서운 것이 병겁이라고 예언하였다. '동서양의 전쟁은 병으로 판을 고르리라.' 전염병 앞에 동서양의 차별이 없다는 의미로도 해석되고, 전염병으로 인해 동서양의 격차가 줄어든다는 의미로도 해석된다.

강증산은 병겁 시대에 대한 대비로 의통醫統이라는 신통력을 갖춰야 한다고 내다보았다. 그동안 한국은 공부 잘하는 인재는 모두 의대로 진학하는 편중 현상을 보였다. 지나치다 싶을 정도로 한국의 엘리트들이 의대로 몰린 탓에 한국 의료진의 수준은 세계적인 수준에 올라왔다. 거기에다 의료보험도 세계적인 수준이다. 2020년, 최고 엘리트들이 모여 있는 한국 의료 시스템이 코로나19 전염병과 정면 승부를 벌이고 있다. 이게 '의통'이다.

흑인 클레오파트라

후천개벽, 밑바닥이 위로 올라온다는
것이다. 이제 을과 음이 득세를 하고
앞장을 선다는 뜻이다.

　　　'관점이 콘텐츠'라는 이치를 시간이 갈수
록 느낀다. 카메라 사진도 앵글이 문제다. 다른 각도에서 사물을 보느냐
가 관점이다.

　　나는 관점을 가지는 데 30년은 걸린 것 같다. 세계의 명산대천을 밟
아 보고 미신, 주술에 심취해 본 결과이다. '금지된 숲forbidden forest'
에서 거주하던 이단아, 미신 종사업자들과 부둥켜안고 놀아 보면서 관
점이 생겼다. 그 관점이 '강호동양학'이다. 명칭도 내가 붙였다. 강호江
湖라는 현장과 박치기를 하고 피가 나면서 깨닫는 게 강호동양학이다.

　　클레오파트라가 흑인이라는 넷플릭스 다큐와 박치기를 할 때이다.
세계사에서 차별받던 집단은 노동자, 여자, 그리고 흑인이었다. 마르크
스가 노동자를 보듬었고, 페미니즘이 여자들에게 돌도끼를 쥐여주었다.
마지막 남은 게 흑인이다. 서구의 'PC(정치적 올바름)주의'가 이 흑인들
에게 원전을 공급하였다. 갑질만 당하며 을의 상징이었던 흑인들이 명

분을 거머쥐었고, 그것이 흑인 클레오파트라로 나타난 게 아닌가 싶다. 사실 여부와 상관없이 명분 싸움이 된 셈이다.

조선 시대 당쟁에서도 명분을 누가 쥐느냐가 관건이었다. 세계사적인 흐름인 '을乙의 반란'을 조선에서 태동된 패러다임인 《정역正易》에서는 후천개벽으로 규정하였다. 밑바닥이 위로 올라온다는 것이었다. 정역 용어로는 '기위신정己位新政'이다. 갑을병정의 천간 10개 중에서 가운데인 5, 6번째가 무戊와 기己이다. 갑甲에서 무戊까지는 전반전이고 기己에서 계癸까지가 후반전으로 본다. 전반전이 끝나고 후반전의 시작은 '己'부터이다. 문제는 이 근가 양이 아니고 음이라는 사실이다. 후반전은 음이 득세를 하고 앞장을 선다는 뜻이다.

조계종 승려로서 정역을 깊게 연구한 학승이 문광文光이다. 정역의 대가로서 후천개벽을 예언했던 탄허학呑虛學의 계승자이다. 문광은 필자에게 "10수를 주목해야 한다. 정역은 최초로 10수를 말했다. 10은 음수陰數이다. 정역팔괘 이전에는 10을 이야기하지 않았다. 10이 드러난다는 것은 음양평등이 되고, 을이 치고 올라온다는 예시였다"라고 했다. 1·3·5·7·9는 홀수이고 양수이다. 2·4·6·8은 짝수이고 음수이다. 양이 5개이고 음이 4개이다. 음이 하나가 부족했는데 정역에서는 금기시되었던 10수를 드러내었다는 말이다. 그럼으로써 양수와 음수가 똑같이 5:5가 되었다. 개성의 서경덕이 복희·문왕 팔괘를 깊게 연구했고, 이 흐름이 김일부 대에 와서 정역팔괘로 완성되었고, 이후로 한국 민족종교의 후천개벽 패러다임으로 정착되었다.

금수저로 태어난다는 것

완전한 제로 베이스가 되면
철저하게 자기 눈으로 세상을 보는
안목을 획득하게 된다.

금수저도 불리한 것이 있다. 어찌 그림자 없는 인생이 존재하겠는가. 그 불리함은 무엇인가? 영적靈的인 성숙이 어렵다는 점이다. 나의 경험에 비추어 보면 영적인 성숙은 피, 땀, 눈물이라는 세 가지 액체를 바가지로 흘리지 않고는 어렵다. 아이비리그 졸업하고 MBA 졸업한다고 리더십이 생기는 게 아니다. 어림 턱도 없는 소리이다.

부잣집에 태어나면 도 닦기가 어렵다. 불가에서 전해져 오는 말이 있다. '전생에 도 닦아서 부잣집에 태어나게 되는 것이 가장 하질下秩이다.' 부잣집에 태어나 좋을 게 없다는 것이다. 물질적 풍요는 대부분 주색잡기로 빠지도록 유도한다. 인간 세계에 큰 가르침을 준 성인들을 보면 '조실부모 인생 파탄'으로 태어난 경우가 많다.

어려서 일찍 부모를 잃거나 아니면 인생 파탄이 나봐야만 완전한 제로 베이스에서 인생 출발을 한다. 완전한 제로 베이스가 되면 철저하게 자기 눈으로 세상을 보는 안목을 획득하기 때문이다. 전 세계 천재적인 예술가들의 특징이 철저하게 자기 눈으로 사물을 보는 관점을 지닌다는 점이다.

예수가 그렇다. 마구간에서 태어났다는 것은 많은 관점을 시사한다. 완전히 밑바닥 출신임을 의미한다. 공자도 그렇다. 무당의 딸로 태어난 10대 후반의 어머니와 70세 다 된 아버지 사이에서 야합野合으로 태어난 아들이 공자라는 사실을 주목해야 한다. 동학을 창시한 수운 선생도 비천한 출생이다. 천출賤出로 태어나 어렸을 때부터 온갖 천대를 받으며 자랐다. 인도의 시성詩聖 카비르(Kabir, 1440~1518)는 창녀의 아들로 태어나 옷 짜는 부부 밑에서 키워졌다. 문맹이었다.

부모를 잘 만나면 그 사람의 인생 전반부를 지배한다. 인생 50%는 어떤 부모를 만났느냐에 영향받는다. 금수저일수록 영향을 많이 받는다. 통제를 많이 받으면 관점의 독립을 못 한다. 주입된 관점에서는 창조를 못 한다. 물질적, 신분적 풍요는 가식假飾 속에서 생활하기 쉽다. 그래서 재산을 물려받은 2세나 3세는 다른 사람을 의심하는 의심병도 많다. 가식을 많이 경험해 봤기 때문이다. 인간에 대한 환멸이 심하면 폐병 걸린다. 금수저를 너무 부러워 말라.

영혼의 배달부

하늘은 하느님이 계시는 곳인데,
이 하늘나라로 접근할 수 있는
유일한 동물이 새이다.

'신령한 새를 숭배하는 관습'이 신조 토템이다. 평창올림픽 개막식에 등장했던 인면조人面鳥 모형도 신조 토템의 하나이다. 머리와 팔은 사람이고 몸통은 새이다. 이게 매우 역사가 깊다. 중앙아시아에서 살았던 북방 유목 민족들은 공통적으로 새를 숭배하였다. 우리나라는 고구려와 백제의 고분 벽화나 유물에서 볼 수 있다.

왜 새를 숭배하였는가? 인간의 영혼을 하늘나라로 배달하는 배달부로 생각하였다. 하늘은 하느님이 계시는 곳인데, 이 하늘나라로 접근할 수 있는 유일한 동물이 새이다. 유목민들은 장례를 치를 때 조장鳥葬, 천장天葬을 많이 하였다. 새가 사람의 시체를 뜯어먹도록 하는 장례법이다. 건조한 고원지대에서는 사람의 시체가 잘 썩지 않는다. 잘 썩지 않으면 전염병이 쉽게 번질 수 있다. 땅을 파고 매장을 해도 건조하면 잘 썩지 않는다. 나무도 귀하다. 시체를 태우는 화장火葬을 하려면 목재가 많이 필요하다. 유목민들에게는 이 목재가 귀하였다.

세계에서 가장 오래된 종교가 중동 이란에서 시작된 배화교拜火教인데, 모두 조장鳥葬을 하였다. 이란의 산천을 돌아다녀 보니 나무가 많지 않았다. 새가 뜯어먹는 것이 가장 깨끗하고 비용도 적게 드는 생태적 장례법이었다. 시체만 뜯어먹는 게 아니고 죽은 자의 혼령도 물고 하늘나라로 올라간다고 생각하였다.

육신을 물고 가는 조류인 까마귀와 독수리는 신조神鳥로 여겼다. 까마귀는 독수리보다 훨씬 지능이 높다. 그래서 까마귀는 삼족오三足鳥로 승격되었다. 신화의 새가 된 것이다. 약간 지능이 낮은 독수리는 영취靈鷲가 되었다. 인도 불교의 영취산靈鷲山이 여기에서 유래한 지명이다.

사이먼 앤 가펑클이 부른 노래 〈엘 콘도르 파사(El Condor Pasa, 철새는 날아가고)〉의 콘도르도 장례식에서 육신을 물고 가는 독수리이다. 고구려의 '인면조'는 사람의 영혼이 새로 변해서 하늘로 올라가는 모티브이다. 최치원이 학鶴을 타고 다녔다는 전설이나, 신선이 되어 대낮에 하늘로 올라간다는 백일승천白日昇天의 상상력도 인면조가 진화된 것이다. 한민족은 새를 숭배하던 민족이다.

새는 죽은 조상의 메시지를 후손들에게 전달해 주는 메신저이기도 하였다. 우리나라 여기저기에 남아 있는 솟대의 오리는 저승에서 돌아온 조상의 혼령으로 여겨지지 않았을까. 일본의 아스카(飛鳥)라는 이름도 새가 날아왔다는 뜻이다. 이는 한반도에서 날아간 새이고, 이 새가 왔다는 것은 결국 조상의 혼령이 날아와서 점지해 준 땅 또는 시대라는 의미로 해석하고 싶다.

마음을 움직이는
지네 주술

'운남성의 곤충 연구소', 사람의 힘으로
자연自然을 통제할 수 있다는 사고방식은
부작용이 클 수 있다는 상징이다.

대기업에 다니다가 퇴직한 지인이 책을
하나 써서 보내왔다.《충선생》(곽정식, 자연경실)이라는 제목으로, 곤충과
벌레에 관한 책이었다. '지네' 항목을 펴 보니까 주술呪術 이야기가 나온
다. 중국 남쪽의 운남성 산속에 사는 묘족은 지네, 전갈, 독거미를 같은 접
시에 넣고 뚜껑을 닫아 놓는 풍습이 있다고 한다.

며칠 후에 뚜껑을 열어 보면 대개 지네만 살아남아 있다. 지네가 전
갈, 독거미를 물어 죽인 것이다. 최후 승자인 지네를 '고충蠱蟲'이라고 불
렀다. 묘족 주술사들은 최후 승자 고충이 주력呪力을 품고 있다고 믿었
다. 고충을 이용해서 주술을 걸면 상대방 마음을 움직일 수 있다고 보았
다. 고혹蠱惑은 여기에서 탄생한 단어라는 설명이다.

주술의 목표는 무엇인가? 주술사가 가장 많이 받는 민원 사항은 짝
사랑하는 이성의 마음을 움직여 자신을 좋아하게 해달라는 부탁이었다.
이 부탁을 주술사가 지네에게 전달한다는 시스템이다. 어떻게 전달? 평

소에 주술사는 지네를 팔뚝에다 올려놓고 자기 피를 먹게 한다. 주술사의 피를 먹은 지네는 주술사와 피를 나눈 관계이므로 염력念力이 통하게 되는 것이다. '저 여자(남자)의 마음을 돌려놓거라'라고 지네에게 주문하면 지네가 그 상대방 마음을 돌린다는 전제다.

고혹蠱惑의 사전적 의미는 '아름다움이나 매력 같은 것에 이끌려서 정신을 못 차림'이다. 저자는 이런 묘족의 오래된 풍습을 어떻게 알게 되었을까? "중국 운남성에 가면 곤충 연구소가 있는데, 이게 국책 기관으로서 상당히 잘 갖추어져 있다. 여기 가서 안내를 받아 묘족 노인들을 만나게 되었다"라고 한다.

중국은 1958년 대약진 운동의 하나로 참새를 잡아 죽이는 운동을 벌였다. 곡식을 먹어치운다는 이유였다. 전국적으로 참새를 수억 마리 죽이고 나니까 메뚜기 떼가 창궐하였다. 천적이 사라지니까 메뚜기 떼가 논밭을 덮쳐서 기근이 찾아왔다. 3년 기근으로 무려 4000만 명이 굶어 죽는 대가를 치렀다. 부랴부랴 소련 서기장 니키타 흐루쇼프에게 사정하여 참새를 수입할 수밖에 없었다. 이 사태를 겪으면서 생긴 연구 기관이 운남성의 '곤충 연구소'라고 한다. 곤충을 연구하는 것이 생태계를 유지하고 인민들 먹고사는 문제와 관련된다고 깨달은 셈이다.

코로나를 잡는다고 2500만 인구의 상하이를 봉쇄하는 중국 공산당 정책을 보면서 참새 생각이 났다. 인위人爲로써 자연自然을 통제할 수 있다는 사고방식도 부작용이 클 수 있다.

호랑이의 상징

'나는 누구인가?'로 유명한 인도의 성자 라마나 마하리시는 호랑이 가죽을 깔고 앉아 있었다. 에고ego를 정복한 제왕이라는 뜻이다.

열두 띠는 목성木星이 정한다. 목성의 공전 주기는 대략 12년이다. 목성이 어떤 위치에 있느냐에 따라 띠가 정해진다. 그만큼 목성의 크기가 크고 지구에 미치는 영향력이 크다는 이야기이다.

시간으로 따지면 새벽 3시부터 5시까지가 인시寅時에 해당한다. 호랑이는 칼자루를 상징한다. 그래서 호랑이띠에다가 호랑이 시에 태어난 사람은 독립적이고 보스 기질이 강하다. 한 군데 가만히 있지 못하고 역마살이 강하다. 한국은 호랑이 숭배의 전통이 강했던 나라이다. 불교 사찰의 산신각마다 호랑이 그림이 흰 수염 난 할아버지와 함께 모셔져 있다. 불교도 차마 호랑이로 상징되는 산신을 떨쳐 버릴 수 없었다.

호랑이 수염은 무당들이 좋아하였다. 굿을 할 때 무당이 쓰는 모자에 호랑이 수염을 꽂았다. 호랑이 수염이 있어야 '신발'이 잘 받는다고 믿었다. 호랑이 발톱도 주술적 효과가 있었다. 호랑이 발톱 2개를 칠보七寶에다가 접합하여서 노리개로 썼다. 호랑이 발톱은 궁궐의 왕비가 주로 사용하는 노리개였다. 왕 이외의 쓸데없는 남자가 접근하면 호랑이 발톱으로 찍어 누른다는 주술적 의미였다.

호랑이 뼈도 특별한 뼈이다. 대문 앞에 뼈를 걸어 놓으면 삿된 귀신이 접근하지 못한다고 여겼다. 예전에 구례 운조루雲鳥樓 솟을대문 앞에도 호랑이 뼈가 걸려 있었다. 호랑이 뼈도 갈아서 먹으면 특별한 강장제 효과가 있다. 호골환虎骨丸도 있다. 황소 뿔을 맨손으로 타격한 '바람의 파이터' 최배달의 어머니는 임신했을 때 호랑이 뼈를 복용하였다. 그리고 낳은 아들이 최배달이다.

호육虎肉도 좋다. 안동 치암고택의 할머니는 어렸을 때 봉화에서 포수들이 잡은 호랑이 고기를 먹고 몸이 건강해졌다고 한다. 그 기력이 아들에게까지 전해졌다. 호랑이 가죽은 가장 비싼 모피였다. '나는 누구인가?'로 유명한 인도의 성자 라마나 마하리시도 사진에 보니까 호랑이 가죽을 깔고 앉아 있었다. 사자 가죽이 아니었다. 에고ego를 정복한 제왕이라는 뜻이다. 인도는 호랑이와 사자가 모두 서식하는 지역인데, 사자는 울음소리가 특별해서 사자후獅子吼가 생겼고, 호랑이는 가죽이 좋으니까 성자와 제왕의 깔개로 사용되었다.

호피에 앉아 있으면 치질에 좋다는 민간요법도 전해진다. 부잣집에서 딸을 시집보낼 때 가마에 호랑이 가죽을 둘러치기도 하였다. 삿된 기운이 접근 못 하게 하기 위해서였다. 호랑이 나라인 한국이 기상을 펴는 한 해였으면 좋겠다.

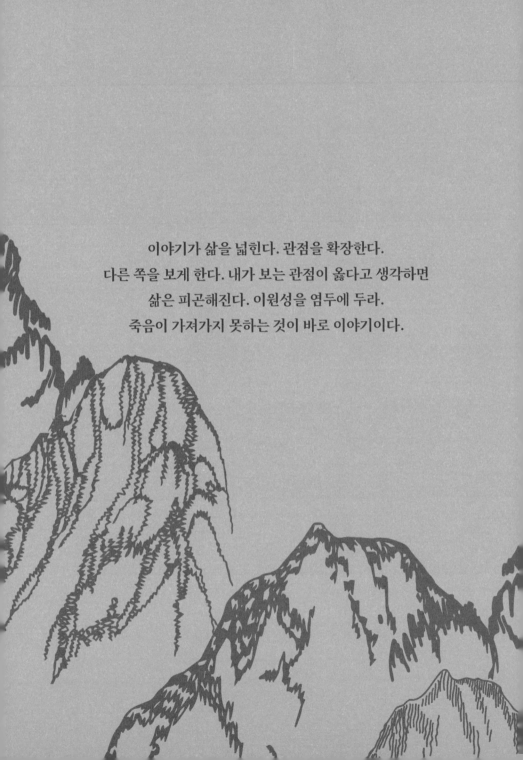

이야기가 삶을 넓힌다. 관점을 확장한다.
다른 쪽을 보게 한다. 내가 보는 관점이 옳다고 생각하면
삶은 피곤해진다. 이원성을 염두에 두라.
죽음이 가져가지 못하는 것이 바로 이야기이다.

6

이야기로 마음을 부드럽게 갈아 두다

상상력으로 우리는 더 멀리,
더 높게, 더 깊이 산다

배의 선수와 선미에서

인간의 욕망이 만들어내는 물거품을
왜 아름답다고 느끼는 것일까.
결국 흔적 없이 사라지는 이치인 것을.

명산의 산신령 손바닥에서 놀던 토끼가
배를 타고 넓은 바다에 나간다는 것은 용궁 체험에 해당한다. '나의 에고
ego가 넓은 대양大洋으로 사라지는 것인가, 아니면 대양이 나의 에고 속
으로 들어오는 것인가?'

　환경재단에서 주관하는 그린보트를 타고 일주일 동안 부산에서 제주
도를 거쳐 대만을 왕복하는 크루즈 항해를 해 보았다. 산속에 있던 토끼
가 바다로 나간 셈이다. 크루즈 배는 14층까지 있는 5만급이다. 큰 배
의 맨 앞쪽인 선수船首와 배의 뒤쪽인 선미船尾에서 바다를 바라보았던
일이 일주일 여행에서 가장 기억에 남는다. 배가 앞을 향해 가는 선수에
서 바라다보는 바다는 '새 바다'였다. 선미에서 바라보는 바다는 '헌 바
다'였다. 선수에서는 바늘로 꿰맨 자국이 없는 순결한 바다를 뱃머리가
가르면서 항해하는 모습으로 비친다. 선미에서는 대형 스크루가 힘차게
돌아가면서 바닷물을 세탁기처럼 돌려 버린다. 거의 3m 크기에 가까운

대형 금속제 스크루 2대가 회전하면서 만들어내는 하얀색 포말泡沫을 들여다보고 또 들여다보았다. 선미의 포말이 200m쯤 포말 자국을 유지하면서 뒤로 밀려 흘러가다가 어느 지점에서 다시 대양과 하나로 합쳐지면서 그 흔적이 소멸하고야 마는 모습을 말이다. 선수의 바다는 희망에 부풀고 진취적인 바다이지만 배의 뒤쪽에서 포말의 자국을 바라다보는 바다는 지난 삶을 회고하게 만드는 풍경이다.

배의 스크루는 인간의 욕망과 같다는 생각이 들었다. 재색명리를 향해 맹목적으로 돌진하는 인간 욕망의 힘은 저 스크루처럼 쉬지 않고 돌아간다. 그리고 바닷물의 색깔도 변화시킨다. 검은 흑조黑潮처럼 보이는 바닷물이 일단 스크루에 감겼다 나오면 하얀색의 포말과 함께 비취색 같기도 한 '깊고 푸른색'의 바닷물로 색깔이 변한다. 이 깊고 푸른 바닷물은 황홀한 색깔이기도 하다. 사람을 끌어당기는 강한 흡인력이 있다.

'스크루'라는 인간의 욕망이 만들어내는 이 아름다운 물거품. 왜 이 물거품이 아름답다고 느끼는 것일까. 인간의 끈적끈적한 욕망이 더러운 게 아니고, 이렇게 아름다울 수도 있다는 이치를 배 뒤쪽의 선미에서 알았다. 그렇지만 결국 그 욕망의 흔적들도 다시 대양과 합류되면서 언제 그런 자취가 있었냐는 듯이 흔적 없이 사라진다는 사실. 흔적 없이 사라져야 한다는 게 인생의 이치란 말인가. 그 이치를 싫지만 받아들일 수밖에 없는 인간 존재.

선미에서 관조觀照를 배웠다.

낙방 인생의 콘텐츠

화려한 과거 합격자는 역사 속에서
다 사라졌지만, 낙방 인생이 채집한
이야기만 콘텐츠로 남았다.

신문 칼럼을 쓰는 일은 매설가賣說家에 해
당한다. '이야기를 팔아서 먹고사는 직업'이라는 말이다. 매설가의 뒷면
에는 채담가採談家의 영역이 있다. 이야기를 채취해 놓아야 매설을 할 것
아닌가. 그러니 나는 직업이 2개이다. 매설가이면서 채담가. 건강만 허락
하면 이 '투잡'은 정년퇴직도 없다.

방대한 독서를 하고, 명산대천의 유적지와 인물 탄생지를 여행 다니
며, 재야에 숨어 있는 고수들과 어울려 놀면서 그 사연들을 들어 보고,
매일 혼자 1~2시간씩 산책을 하면서 채담한 것을 어떤 방식으로 매설할
것인가를 곰곰이 생각한다. 도사가 되고 싶었으나 영발이 부족하여 되
지 못하고 매설과 채담으로 연명(?)하는 직업이 결국 내 팔자가 되었다.

근래에 사방을 둘러보니까 이 분야의 선배가 한 분 계셨다. 중국 사
람이다. 명말 청초에 살았던 포송령(蒲松齡, 1640~1715)이다. 바로 기담
집奇談集인 《요재지이聊齋志異》*의 저자이다. 그는 과거에 낙방하고 루저

가 되어 여기저기를 떠도는 낭인 생활을 하였다. 과거 제도가 있었던 중국과 한국에서 시험에 낙방하면 그 상실감은 이루 말할 수 없다. 낙방 인생의 행로는 뻔하였다. 남의 집 사랑채에서 밥 얻어먹는 식객 노릇도 하였고, 부잣집 가정교사로 연명하기도 하였다.

'낙방 인생' 포송령을 위로한 것은 기이한 이야기들이었다. 그는 주로 귀신 이야기를 들으면서 '인생 실패했다'는 상실감을 달랠 수 있었다. 《요재지이》 서문에 보면 이런 고백이 나온다.

'나의 흥취는 갈수록 용솟음쳐 누군가 나를 두고 미쳤다고 말해도 굳이 변명하지 않게 되었다. 마음 기댈 곳을 찾았는데 남들에게 어리석다 일컬어진들 무슨 거리낌이 있었으리오…. 진정 나를 알아줄 이는 꿈속에서나 만날 수 있는 귀신들뿐이런가!'

포송령은 이야기를 채취하기 위해 대문 앞에다 다과상을 차려 놓고 지나가던 과객들을 대접했다고 한다. 장국영 왕조현 주연의 영화 〈천녀유혼〉도 포송령의 이야기로 만들었다. 과거 합격자는 다 사라졌지만, 낙방 인생이 채집한 이야기만 콘텐츠로 남았다.

'요재가 기록한 기이한 이야기'라는 뜻이다. 요재는 포송령의 서재 이름이자 아호이다. 이 책에서 가능하지 않은 것은 아무것도 없다. 포송령은 상상으로 호흡하며 꿈꾸는 일 자체를 자기 삶의 고유한 방식으로 받아들였다. '꿈과 환상'이라는 보이지 않는 세계가 역설적으로 고단한 현실을 견디게 한 힘이 되어준 것이다. (-《요재지이》, 김혜경 옮김, 민음사)

답사기와 방랑기

여행은 삶의 안목을 키운다.
떠나 본 사람, 방랑하는 사람에게만
열리는 세계가 있다.

여행에도 두 종류가 있다. 공중 폭격과 땅
개 작전이 그것이다. 공중 폭격에 해당하는 여행기는 유홍준 선생이 최근
에 펴낸《중국 문화 답사기》(중국편 1~3권, 창비)이다. 이에 대비되는 땅개
작전 유형의 여행기는 노동효라는 작가가 쓴《남미 히피로드》(나무발전
소)이다. 800일 동안 남미의 히피들과 어울리며 떠돌아다닌 방랑기이다.
답사기와 방랑기가 이렇게 다르다는 것을 이번에 알았다.

유 선생은 당대의 안목이다. 거의 50년 동안 유적지를 직접 발로 밟
아 보고 방대한 영역의 문사철을 공부하고 거기에다 미학까지 섭렵하였
다. 여기에서 발효되어 나온 게 '당대 안목當代眼目'이다. 1권 서문을 읽
어 보니 문화재청장 시절 중국의 주요 도시 시장이나 인민위원장의 만찬
초대를 받은 대목이 나와 있다. 유 청장이 북경시에 가서 대접받을 때는
'북경시중국北京是中國'이라는 덕담을 방명록에 썼다. 서안에서는 '서안
재중국재西安在中國在', 남경에 가서는 '남경흥중국흥南京興中國興'을 남겼

고, 중국 수행원들에게는 '상해요중국요上海擾中國擾', '부지제남부지중국不知濟南不知中國'을 써줬다고 나온다. 필자는 본문 내용보다 서문의 이 대목이 인상적이었다. '안목을 갖추기 위해서는 고관대작을 한번 해 봐야 하는 거구나. 그래야만 문화 귀족의 아우라가 생기겠구나!' 하는 생각이 들었다.

전직 고관대작과 문화 귀족의 여행기가 답사기라 한다면 노동효의 《남미 히피로드》는 800일 동안 겪은 밑바닥 따라지들의 방랑기이다. 남미 대륙이 히피들의 천국인 줄은 이 책을 보고 처음 알았다. 히피는 무협지적으로 해석하면 개방파(丐幇派, 거리를 떠도는 거지 도사. 자유분방함을 즐기는 재주꾼) 아닌가.

미국의 히피, 중국의 개방파는 본토에서 사라졌지만 그 전통은 살아남아 남미로 옮겨갔다. 히피들은 돈 없이 여행하는 부류이다. 숙식에 필요한 최소 경비는 여행 중에 자체 조달한다. 품팔이도 하고, 길거리에서 수공예품도 만들어 팔고, 광장에서 악기를 연주하고 노래하며 모자 속에 동전을 받기도 한다. 공중으로 공을 여러 개 던져서 주고받는 놀이인 저글링이나 외발자전거 타는 서커스 묘기도 익혀야 한다. 하룻밤 자는 숙박비도 3천 원 정도. 여행 중에 히피들끼리 만나면 먹을 것도 서로 나누어 먹는다.

글쓴이 노동효도 여행 중 강도를 만나 카메라, 노트북, 돈을 다 털린 적이 있다. 빈털터리 상태에서 서커스 주특기의 히피들과 합류한다. 한 달간 같이 장마당마다 돌아다니며 공연을 하면서 숙식을 해결한 대목도 나온다. 내가 20대라면 취직하지 않고 남미로 갔을 것이다.

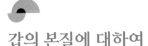

갑의 본질에 대하여

갑甲은 크고 단단한 나무이다.
팔자에 갑이 많으면 고집이 강하다.
가지치기를 안 하면 잡목이 되어서
쓸모가 없다.

갑甲은 남산 위의 저 소나무처럼 크고 단
단한 나무이다. 을乙은 부드럽고 휘어지는 나무이다. 팔자에 갑이 많으면
고집이 강하고 애교가 부족하다. 그 대신 뇌물에 잘 넘어가지 않는다. 을
은 등나무와 비슷하다. 상대방의 말을 경청하는 타입이 많다. 남녀 불문
하고 팔자에 을이 많으면 비서 또는 조력자 역할에 맞다.

갑은 도끼 맛을 보아야 한다. 금金이 많이 들어 있는 선생이나 선배를
만나서 도끼로 가지치기하면 동량지재(棟梁之材, 집의 들보나 기둥처럼 한
집안이나 나라의 중심이 되는 인재)로 성장한다. 초년에 담금질을 좀 해야 한
다. 가지치기를 안 하면 잡목이 되어서 쓸모가 없다. 조선 시대 언관言官들
팔자에 갑이 많았다. 왕의 잘못된 점을 직언하다가 사약도 받곤 하였다.

얼마 전(2018) 살해당한 사우디아라비아의 언론인 자말 카슈끄지도
내가 보기에는 팔자에 갑이 많았던 것으로 추측된다. 갑이 많으면 타협
을 안 한다. 비록 본인은 비참하게 죽었지만 사우디의 민주 언론을 세우

는 동량이 되지 않을까 싶다.

갑은 1번을 뜻한다. 갑부甲富, 삼한갑족(三韓甲族, 삼한에서 가장 으뜸가는 집안)도 있다. 일제강점기 서울 명동 일대의 전 재산을 팔아 마차 수십 대에 싣고 만주에 가서 독립운동을 하였던 우당友堂 이회영(李會榮, 1867~1932) 집안이 당시에 삼한갑족으로 불렸다. 6형제 가운데 우당을 비롯한 5형제는 중국에서 병들어 죽거나 고문으로 죽었다. 다섯째인 이시영만 해방 후 고국에 돌아올 수 있었다. 집안의 재산과 생명을 조국의 독립운동에 모두 쏟아부은 진정한 갑이다.

과거에도 갑과甲科가 있다. 과거시험에서 1·2·3등 합격자를 보통 갑과로 분류한다. 불교 사찰에도 갑甲자 들어간 절이 있다. 충청도 계룡산에 가면 갑사甲寺가 있다. 터가 강해서 역대로 힘이 센 장사 승려가 많이 배출되었던 절이다. 임진왜란 때 무술에 능해서 절 앞의 철 당간을 뛰어 올라갈 수 있었다는 이야기가 전해지는 승병대장 영규靈圭 대사가 갑사 출신이다.

전남 영광에 가면 불갑사佛甲寺가 있다. 서역에서 온 승려 마라난타가 383년 배를 타고 한반도 서쪽에 들어와 최초로 세운 절이 불갑사다. 월출산에는 도갑사道岬寺가 있다. 갑은 원래 긍정적인 의미였지만, 자본주의 사회로 접어들면서 계약서를 많이 쓰다 보니까 부정적인 의미로 변질되었다.

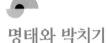

명태와 박치기

마음이 허할 때는 지리산 아래
인산 김일훈 선생을 찾아뵈었다.
선생에게서 들었던 이야기가 허함을
달래주었다.

80년대 초반인 20대 시절에는 인생 목표가 없었다. 사회 적응에 조금은 실패한 듯한 아웃사이더들과 많이 어울렸다. 그래도 마음이 허할 때는 지리산 일대를 돌아다니곤 하였다. 뒤로는 남덕유산이요, 앞에는 지리산이 서 있는 산골 동네 함양에 가면 인산仁山 김일훈(金一勳, 1909~1992) 선생이 따뜻하게 맞아 주셨다.

선생은 우선 풍채가 선풍도골仙風道骨이었다. 한민족의 선가적仙家的 전통을 보존한 인물이었다. 그가 이야기한 여러 가지 '신약神藥'도 수천 년간 선가의 도사들 사이에서 이어져 오던 전통 처방의 한 줄기이다. 이북 출신 중에서 동무 이제마 선생이 《사상의학》을 정립했다고 한다면, 인산은 이 땅의 민초들에게 신약을 전해 주고 간 업적이 있다. 어느 날인가 명태 이야기를 해주셨다.

"명태는 말이야. 독을 풀어주는 데 특효가 있어. 주독酒毒, 농약 독도 잘 풀어."

"왜 하필 명태가 그런 효과가 있는지요?"

"하늘에 있는 북방 7수 가운데, 여성女星의 정기를 받아서 바닷물 속의 수정水精으로 성장하지. 북방 수水 기운이 명태에게 뭉쳐 있어. 북방 수 기운은 해독 작용이 강해. 그래서 술꾼에게 생태탕이 좋은 거야."

명태는 오호츠크해에서 출발하여 일본의 서쪽을 돌아 한랭 기류를 따라 한반도의 동해안을 거슬러 올라간다. 동해안을 거슬러 올라가다가 추운 겨울인 동지 무렵에 강릉, 주문진, 속초 근방에서 잡혔다. 동지 무렵에 잡힌 명태를 바닷가 덕장에서 말린 것이 약이 되는 셈이다. 요즘에는 기후변화로 러시아산 명태를 고성, 속초 바닷가에서 말린다고 한다.

인산 이야기 가운데 또 하나 기억에 남는 대목이 바로 박치기였다. 이북의 평안도는 전통적으로 박치기가 강했다. 선생도 10대 후반에는 박치기의 고수였다. 몸을 공중으로 점프하였다가 앞으로 날아가서 상대방의 '이마빡'을 들이받는 무술이다. 평안도 박치기에 맞으면 대개는 고꾸라졌다고 한다. 일제강점기 때 주먹의 일인자 '시라소니(본명 이성순)'도 이 박치기의 고수였다.

박치기 연습은 처음에는 기둥에 새끼줄을 감아 놓고 한다. 그다음에는 새끼줄을 벗겨 내고 한다. 마지막 단계에서는 맷돌에다가 팥을 놓고 이마로 깨는 연습을 한다. 박치기로 팥을 갈아 버리는 셈이다. 70년대 TV에서 레슬러 김일의 박치기를 보던 인산 왈. "저 정도 박치기로는 평안도에서 맞아 죽기 쉽다." 평안도 박치기의 전설을 여러 번 들었던 필자는 현재 UFC에서 박치기를 허용하지 않도록 한 룰이 아쉽다.

신성, 우상, 이성

21세기 현대인의 우상은 바로 스포츠
스타와 연예인이다. 스타디움과 극장,
이 두 공간은 원래 신전의 공간이었다.

우상偶像 앞에는 돈이 수북이 쌓인다. 권
투선수 메이웨더와 격투기 선수 맥그리거는 오직 30분만 뛰고 각기 2000
억 원과 1000억 원을 벌었다고 나온다. 스포츠 스타는 현대인의 우상이
다. 두 선수가 받은 돈은 결국 신자(시청자)들이 갖다 바친 헌금이 아니겠
는가! 우상은 또 있다. 바로 연예인이다. 유명 배우와 가수들도 공연 한 번
에 수백, 수천억씩 번다. 우상이 아니고서는 이렇게 돈을 벌 수 없다. 이
돈도 역시 열성 신도들이 갖다 바친 돈이다.

신神은 밥 굶고 있는데 우상은 배가 터진다. 21세기의 우상은 바로
스포츠 스타와 연예인이다. 양대 우상이 활동하는 공간은 선수가 뛰는
스타디움과 연예인이 가무歌舞를 보여주는 극장인 것이다. 스타디움과
극장이 죽어 버린 신을 대신해서 대중을 흡인하고 있다는 중간 결론에
도달하고 보니 생각나는 장면이 있다.

그리스 고대 신탁소神託所로 유명한 델피Delphi 신전의 공간 배치이

다. B.C. 1500년 전부터 2000년이 넘는 세월 동안 지중해 일대에서 전쟁과 정치적 결정을 좌우했던 신전이 바로 델피이다. 델피 신전은 아폴론을 주신으로 모셨다. 그런데 해발 700m의 바위산 언덕에 자리 잡은 델피 신전에는 운동경기를 하는 스타디움과 공연을 할 수 있는 계단식 극장이 언덕 위에 설치되어 있다. 이곳에서 음악회와 연극, 토론 등 대중 모임이 이루어졌다.

왜 신성한 신전에 스타디움과 극장이 들어서 있단 말인가? 스타디움과 극장은 그리스의 다른 고대 신전에도 역시 동일하게 배치되어 있다. 고대 그리스인들은 스포츠와 극장을 신의 좌청룡 우백호로 여겼다는 뜻인가. 아니면 신에게 다가서기 위해서는 스포츠와 극장이 필요하다는 의미인가. 아니면 신의 자비심이 스포츠와 극장의 즐거움으로 나타난다는 것일까.

서양 고대문명에서 신을 섬기는 신전의 부속 건물이었던 스타디움과 극장은 시간이 흐르면서 신전에서 따로 떨어져 나왔다. 신성神聖으로 다가가기 위한 수단에서 이탈하여 오락적 기능으로 자리를 잡았고, 이것이 오늘날 우상이 된 것이다. '미개인은 돌과 나무로 된 우상을 섬기지만, 문명인은 살과 피로 된 우상을 섬긴다'라는 말이 있다. 압도적인 우상의 위력 앞에서 이성을 챙기면서 사는 일도 쉽지 않다.

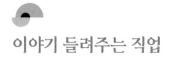

이야기 들려주는 직업

이야기는 한 사람의 인생행로를 바꾼다.
현대의 전기수, 이야기꾼은 전문성이라는
내공을 갖춰야 한다.

　　　　　　책이 귀하고 문자를 해독하지 못하는 문
맹률이 높았던 시대에는 사람이 입으로 다른 사람에게 이야기를 해주는
직업이 필요했다. 귀는 뚫려 있어 이야기는 들을 수 있었기 때문이다. 돈
을 받고 소설을 이야기로 풀어서 전해 주는 이야기꾼을 전기수傳奇叟라
고 불렀다.

　이들 이야기꾼은 서울의 청계천 다리, 인사동 입구, 배오개 같은 사
람 왕래가 많은 데서 영업을 하였다. 사람들 몇십 명이 전기수 옆에 둘
러앉아 구수한 입담에 취해 있다가 중간에 이야기가 끊기면 청중이 엽
전을 전기수의 모자에 던져 넣었다. 돈을 받기 위해서 중요한 대목에서
는 일부러 이야기를 중단했던 것이다.

　서울에만 눌러앉아 영업하는 전기수도 있었지만 지방을 돌아다니
며 순회공연을 하는 전기수도 있었다. 원불교를 창시한 소태산 박중빈
의 구도 과정도 전기수와 인연이 있다. 소태산이 16세 때 처가 동네인

전남 영광군 백수읍의 홍곡리에 갔던 적이 있다. 1906~1907년 무렵이다. 홍곡리에는 대조영의 후예들인 대씨大氏들이 집성촌을 이루고 살았는데, 이 대씨들은 정월 보름 같은 명절에는 잔치의 일환으로 돈 주고 전기수를 동네로 불러서 이야기를 듣는 관습이 있었다. 주로 소설을 이야기해 줬다. 《조웅전》《임진록》《박씨부인전》 같은 소설이었다. 특히 《조웅전》이 소태산의 흥미를 끌었다. 주인공이 월경 대사, 화산 도사, 철관 도사와 같은 도인들로부터 검술, 호풍환우, 축지법과 같은 초능력을 전수받는 대목이었을 것이다. 정월 보름 처가 동네에 갔다가 전기수가 이야기해 주는 도사 이야기를 듣고 일대 전환을 하게 된다. 이전까지 산신을 만나기 위하여 산신 기도만 해왔던 16세 소년 소태산은 '나도 산신이 아니라 도사를 만나야 되겠구나' 하는 결심을 굳힌다. 당시 전국구 도사는 불교계의 경허 스님과 김제 금산사 근처의 구릿골 약방에 강증산이 있었다.

아무튼 전기수로부터 《조웅전》 이야기를 듣고 소태산의 인생행로가 바뀌었다고 해도 과언이 아니다. 요즘 보니까 설민석 작가가 디지털 시대의 전기수 역할을 하고 있다. 타고난 '구라꾼'이다. 전생부터 이거 했던 것 같은 목소리와 눈빛이다. 전생부터 하지 않으면 프로페셔널이 되기 어렵다. 종이책 읽는 것보다 휴대폰의 유튜브를 들여다보는 게 훨씬 편한 시대와 딱 맞는 궁합이다. 문제는 정확도이다. 지식 대중이 보고 있기 때문이다. 전문가도 상대해야 하는 21세기 전기수는 전기 충격을 받으면서 내공을 쌓는 어려운 길이다.

사이고 다카모리와
가쓰 가이슈

두 사람은 살육하지 않고 타협했다.
사이고는 지도층의 품위를 지키게 해주었다.
일본사에서 가장 감동적인 장면이다.

'강일독경剛日讀經 유일독사柔日讀史.' 강한
날에는 경전을, 부드러운 날에는 역사책을 읽는다. 중국의 남회근이 쓴
《주역계사 강의》(부키)에 나오는 말이다. 한가한 날에는 역사책을 읽어
야 궁합이 맞는다. 역사책의 묘미는 바둑처럼 복기復棋해 보는 데에 있다.
복기에서 교훈과 통찰 그리고 식견이 축적된다.

복기해 볼 만한 역사는 일본의 메이지 유신사이다. 한국의 근·현
세 100년 동안 영향을 미쳤던 역사이기 때문이다. 근래 재미있게 읽은
메이지 유신 관련 책이 《한국 사람 만들기2》(함재봉, 에이치(H)프레스),
《조용한 혁명》(성희엽, 소명출판)이다.

가장 흥미로운 대목은 사이고 다카모리와 가쓰 가이슈의 1868년 4월
의 담판이다. 사이고 다카모리(西鄕隆盛, 1828~1877)는 혁명군을 이끌고
막부의 본거지인 에도성을 공격하는 입장이었고, 가쓰 가이슈(勝海舟,
1823~1899)는 막부군의 편에서 에도성 방어를 책임지는 입장이었다. 당

시 에도는 인구 120만 명의 세계에서 가장 큰 도시였다. 두 사람은 서로 간에 적대 관계였다. 공격과 수비. 대부분의 역사에서 이런 관계로 만나면 서로 간에 처참한 살육을 할 수밖에 없고 그 결과로 상대 진영에 대한 원한이 오래간다. 그러나 두 사람은 살육을 하지 않고 타협을 했다. 무혈 항복이었다. 가쓰는 전쟁 없이 에도성을 사이고에게 넘겨주었고, 사이고는 마지막 쇼군인 도쿠가와 요시노부를 비롯한 막부의 지도층들을 죽이지 않고 품위를 지킬 수 있도록 안전 보장을 해줬다. 나는 일본사를 읽을 때마다 이 부분이 가장 감동적이다.

두 사람은 적대 진영에 속해 있었다. 1864년 사이고가 가쓰를 처음 만나 본 후 "가쓰는 학문에 있어서나 세상을 보는 눈에 있어서는 아무도 필적할 사람이 없다. 나는 가쓰에게 완전히 매료되었다"라고 하였다. 가쓰는 사이고에 대하여 "사이고를 만났을 때 나는 내 견해와 논리가 월등하다고 확신했다. 그러나 나도 모르게 사이고야말로 이 나라를 두 어깨에 짊어져야 할 인물이라는 생각이 들었다"고 평했다.

비록 진영을 달리했지만, 서로에게 이미 반해 있었던 것이다. 이 두 사람의 존경과 신뢰가 전쟁 없이 타협으로 끝낼 수 있는 요인이었다. 혁명 성공 후 사이고는 정부 요직에 가쓰를 추천하였다. 사이고가 반란군의 수괴로 죽은 뒤에도 가쓰는 그의 추모비를 세우고 가족들을 끝까지 챙겨주는 의리를 지켰다.

천 년 뒤에 꺼내 쓸 향

침향은 동아시아의 향이었다. 우리 조상들은
민물과 바닷물이 만나는 갯벌 속에 향나무를
묻어 두고 미륵불이 오기를 염원했다.

덥고 짜증이 날 때 향수를 맡으면 기분 전
환이 된다. 6개의 감각기관 '안이비설신의眼耳鼻舌身意' 가운데 냄새를 맡
는 비근鼻根은 3번째이다. 눈과 귀보다는 아래지만 혀(舌)보다는 등급이
높다. 향기로운 냄새를 맡는다는 게 그만큼 효과가 크다. 한가하게 입으로
는 차를 마시고 침향을 피우면서 그 연기를 맡으면 열 받은 게 내려간다.

원고 쓰는 문필업자 수입으로는 비싼 침향 값이 감당이 안 되어서 일
반적인 향수로 취향을 다운시켰다. 꿩 대신 닭이 '아무아주amouage'라는
아랍 향수. 오만의 술탄이 실력 있는 프랑스 조향사에게 '돈 아끼지 말
고 만들라'라고 해서 만든 향수라고 한다. 재료는 유향, 몰약, 침향이 들
어갔다. 아랍 사람들이 좋아했던 3대 향이었다. 따지고 보면 유향과 몰
약의 원산지는 아랍이었다. 향수는 아랍이 원조였던 것이다.

동방박사가 예수 탄생 선물로 가져갔다는 유향과 몰약은 어떤 물건
인가? 유향은 감람나무과에서 추출된다. 아라비아, 예멘, 오만, 소말리

아에서 자라는 감람나무들이다. 나무 크기는 5~6m. 해발 1000~1800m 석회질 산지에서 야생으로 자란다. 유향은 나무껍질을 치고 다듬거나 줄기를 도려내서 얻는다. 나무에서 흘러내리는 수액을 얻는 것이다. 냄새는 신선하고 상쾌하다. 요즘은 에탄올 추출 기술이 발달하였다. 기원전 2000년 전부터 이 유향을 낙타에 싣고 시나이반도를 출발하여 유럽 쪽에다 공급하는 '유향로드'가 있었다고 한다(《조향사가 들려주는 향기로운 식물도감》, 프레디 고즐랜드·자비에르 페르난데스, 도원사).

몰약은? 감람나무의 한 종류에서 나오는 수액을 추출한다. 소말리아, 에티오피아, 아라비아 남부, 이란이 원산지이다. 예수님의 시신을 감싼 아마포에는 몰약이 발라져 있었다. 몰약은 유대 장례 풍습에서 빼놓을 수 없었다. 몰약 성분의 수액이 공기에 닿으면 적갈색 덩어리로 굳어진다. 덩어리 크기는 콩만 한 것에서부터 달걀만 한 크기까지 있다. 향은 부드럽고 레몬이나 사프란의 향을 떠올리게 만든다. 몰약의 '팅처(에탄올에 허브를 담가 우려내는 것)'에는 소독 작용과 진정, 거담 작용이 있다. 몰약도 역시 사람의 마음을 안정시켜주는 효과가 있는 것이다.

유향과 몰약이 중동의 향이라고 한다면 침향은 동아시아의 향이었다. 그러나 침향이 너무 귀해서 우리 조상들은 민물과 바닷물이 만나는 갯벌 속에 향나무를 묻어 두고 매향비埋香碑•를 세웠다. 천 년 후에 꺼내서 쓰도록. 매향비를 세운 사람들이 용화향도龍華香徒였다.

내세에 미륵불이 오기를 염원하면서 향나무를 땅에 묻거나 향을 피우고, 이 과정을 기록한 비석을 말한다. 용화향도龍華香徒는 신라의 김유신이 이끈 낭도 집단의 이름이다. 당시 화랑 1인에 낭도 700~800여 명이 한 집단을 이루었다.

흑마술과 평정심

소스라치게 놀라는 순간 혼(에너지)을
빼간다. 다행히 집주인은 담담하게
받아들여 위기를 넘겼다.

　　'아무개가 죽었으면 좋겠다', '비행기 추
락하기를 비나이다'. 이런 저주詛呪가 좀 더 심화되어 방법론과 체계성을
갖추면 흑마술(黑魔術, Black Magic)로 간다. 블랙을 이야기하려다 보니까
영국의 그룹 '블랙 사바스(Black Sabbath, 검은 안식일)'가 생각난다. 강한
금속성 소리를 내는 헤비메탈, 1970~1980년대 전성기를 구가한 이 음악
장르도 흑마술적 배경을 가지고 있다는 사실은 흥미롭다. 당시 헤비메탈
은 악마를 숭배하는 장르라는 루머가 돌기도 했다.

　　헤비메탈의 창시자 격에 해당하는 그룹이 '블랙 사바스'다. 주로 검
은 옷을 즐겨 입는 특징이 있다. 헤비메탈 그룹이 대부분 검정 패션을
선호한다. 긴 머리를 늘어뜨리고 팔찌, 목걸이, 벨트와 같은 금속성 장신
구를 착용한다. 이러한 복장과 장신구는 흑마술의 영향이다. 비기독교적
인 맥락을 가진 주술사, 영靈 능력자를 유럽에서는 흑마술의 범주로 규
정하였는데, 그 뿌리를 소급해 들어가면 켈트 종교와 연결된다. 아일랜

드와 웨일스 지역은 기독교에 쫓겨간 켈트족의 마지막 피난처였다. 영국에 이런 흑마술적 분위기를 풍기는 헤비메탈이 출현한 배경이다. 말하자면 유럽의 무속신앙에 기반하고 있다.

조선 시대 흑마술의 대표적인 사례는 인형에다가 바늘이나 칼을 찌르는 방법이다. 궁중 암투를 그린 드라마에서 가끔 등장하는 장면이다. 동기감응同氣感應에 해당한다. 저주의 대상과 그 인형을 얼마나 일체화시킬 수 있느냐가 관건이다. 일체화는 흑마술을 진행하는 주술사의 염력과 정신 집중력이 얼마나 강한가에 달려 있다.

티베트의 밀라레파(1052~1135년)가 원한 맺힌 사람들을 제거하기 위하여 흑마술을 사용한 사례가 유명하다. 흑마술로 정신세계의 거대한 전갈을 불러내었고, 이 괴물 전갈이 건물 기둥을 무너뜨려 수십 명을 몰살시켰다고 전해진다. 밀라레파는 이때의 잘못을 참회하기 위해 불교 수행에 들어갔고 성인의 반열에 올랐다.

필자가 근래에 직접 들은 흑마술의 사례는 새끼를 밴 암고양이 사체를 저주하는 상대방 집의 현관 앞에 놓아둔 경우이다. 새끼를 밴 상태의 암고양이 머리를 벽돌로 찍어 죽인 모습. 피 묻은 벽돌은 바로 옆에 있고. 일부러 보라고 그 자리에 둔 것이다. 고양이 옆에는 썩은 고등어 5마리가 놓여 있었고, 생선 내장도 널려 있었다. 썩는 냄새가 코를 찔렀다. 흰 떡과 오색 종이 그리고 쓰레기도 같이 놓여 있었다. 집주인이 새벽에 문 열고 나오다가 이 광경을 보고 놀라면 그때 집주인의 혼(에너지)을 빼가기 위한 흑마술이었다. 다행히 집주인은 요가의 고단자였으므로 담담하게 받아들였고 비닐봉지에 담아 치워버렸다.

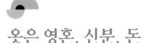

옷은 영혼, 신분, 돈

신분제도가 없어진 이후의 옷은 돈을
나타낸다. 수천만 원씩 하는 명품 패션은
사이비 브라만 계급을 배출해 내고 있다.

대통령 영부인의 옷 문제가 사그라들지
않고 계속 논란이 되고 있다. 옷이란 무엇인가? 동아시아의 고대인들에
게 옷은 영혼을 상징하였다. 필자가 어렸을 때 장례를 보면 죽은 사람을
땅에 묻고 난 후에는 그 사람이 생전에 입었던 옷을 불에 태우는 관습이
있었다. 다른 사람이 재사용할 수도 있는데 굳이 왜 태웠을까? 옷에는 망
자의 영혼이 깃들어 있다고 믿었기 때문에 불로 태워야만 했다. 아깝지
만 망자의 영혼이 붙어 있는 옷을 산 사람이 입으면 귀신이 붙는다고 믿
었던 것이다.

옷에는 혼이 깃들어 있다. 일본의 한자 권위자였던 시라카와 시즈카
(白川靜)는 의지한다는 의미의 '依' 자를 '사람에게 의지한다'는 의미가
아니라고 해석한다. '사람에게 혼을 옮긴다'라는 의미라고 본다(《주술의
사상》, 이경덕 옮김, 사계절). 옷은 혼령이 옮겨가는, 즉 빙의憑依되는 매개
물이다. 여기에는 육체라고 하는 것이 영혼을 감싸는 하나의 옷이라고

보고, 육체가 죽어 버리면 일상의 옷이 육체 역할을 대신한다고 믿는 사생관이 밑바탕에 깔려 있다. 요즘에도 꿈을 해석할 때 옷을 갈아입는 꿈을 꾸면 신분이 바뀌거나 직장 또는 상황이 바뀌는 의미로 해석한다.

필자도 베스트셀러를 냈을 때는 번쩍거리는 금 단추가 달린 옷으로 갈아입는 꿈을 꿨던 적이 있다. 좋은 옷으로 갈아입으면 길몽이고 다 떨어진 허름한 옷을 입으면 부도날 조짐이다. 인도의 카스트에서도 상류층 브라만 계급은 흰옷을 즐겨 입고, 밑바닥의 수드라(천민) 계급은 검정 계통을 입었다. 흰색 옷은 정화된 영혼을 상징한다. 불교의 흰색 옷을 입은 관음보살인 백의관음白衣觀音도 같은 맥락이다. 용도 여러 색깔의 용 중에서 백룡白龍이 가장 수준 높은 용에 해당한다. 인도인들에게 검정은 업장(karma)이 두터운 색으로 여겨졌다.

샤넬이 선호했던 '블랙 앤드 화이트' 패션은 사제 계급인 브라만 색과 밑바닥 색의 기묘한 결합이다. 지금은 신분제도가 사라졌다. 신분제도가 없어진 이후의 옷은 돈을 나타낸다. 돈이 신분이 되었기 때문이다. 수천만 원씩 하는 명품 패션은 돈으로 살 수 있고, 이 명품 패션은 사이비似而非 브라만 계급을 배출해 내고 있다. 돈이 없는 사람은 이 명품 앞에서 기가 죽고, 계급적 열등감을 느낀다. 권력은 왜 잡는가? 명품을 걸쳐서 서민들에게 위압감을 주고 '네 인생은 별 볼 일 없다'라는 계급적 열등감을 주려고 잡는 것이다.

빵이 지배한 역사

> 풍수도참과 주역, 족보를 연구하던 사람이
> 빵 문제로 들어가니 다시 신입생이 되었다.
> 인생은 참 배울 게 많다.

　　밥이냐, 빵이냐? 이것이 문제로다. 중년
남자가 나이가 들어가면서 겪게 되는 실존적 위기는 밥 문제이다. 혼자서
밥도 하고 설거지도 하고, 김치도 장만하고 찌개도 끓일 수 있는 능력을
구비하느냐가 큰 문제이다. 이 능력이 갖춰지지 않으면 자유로운 영혼은
없다. 종속과 눈치 보기를 감수해야 한다.

　　필자도 전남 장성 축령산 자락의 황토집인 휴휴산방에서 새소리 듣
고 편백나무에서 나오는 피톤치드를 코로 맡으면서 사흘까지는 즐겁게
지낸다. 그러다가 사흘 넘어가면 아파트에서 준비해 온 밥과 반찬이 떨
어진다. 이때부터는 배가 고프면서 자유가 사라진다. 빵으로 때울 수밖
에 없다. 장성 읍내 마트에 가면 60~70대 남자들이 무엇을 사 가는지 유
심히 관찰한다. 빵·막걸리·우유가 그것이다. 나이 든 홀아비의 3대 먹거
리이다. 혼자 사는 나이 든 남자는 빵을 사갈 수밖에 없구나! 전기밥솥
도 필요 없고 설거지도 필요 없고 반찬도 필요 없고 5~6일을 두고도 먹

을 수 있는 게 빵이다. 어쩔 수 없이 빵을 공부해야겠다.

2019년 한국인 1인당 쌀 소비는 59kg, 밀 소비는 33kg이다. 쌀의 나라에서 밀 소비가 계속 증가하고 있다. 《육천 년 빵의 역사》(하인리히 E. 야콥, 곽명단·임지원 옮김, 우물이있는집)를 읽어 보니까 빵의 재료인 밀은 에티오피아에서 처음 나왔다. 기원전 4000년 밀을 발효시켜서 빵으로 만든 것은 이집트이다. 양귀비 씨, 참깨, 장뇌를 첨가하여 빵을 만들었다. 이집트 노동자는 하루에 빵 3개 맥주 2병을 파라오로부터 배급받았다. 구걸하는 사람에게 빵을 주지 않는 것은 가장 추악한 범죄였다. 람세스 왕의 고분벽화를 보면 제빵소에서 밀가루를 반죽하고 화덕에 굽고 이를 머리에 이고 나르는 장면이 그려져 있다. 로마 시대로 넘어가면 빵의 표준화가 이루어진다. 빈민 1인당 하루 2개씩 빵을 배급하였고, 제빵소 앞에는 실업자 30만 명이 빵을 지급받으려고 모였다고 한다.

로마는 제국을 빵으로 통치하였다. 빵으로 세계를 정복한 셈이다. 고대 예루살렘에는 제빵사의 거리가 있었고, 예수가 태어난 베들레헴은 '빵의 집'이란 뜻이라고 한다. 예수는 말했다. "나는 생명의 빵이다. 나에게 온 사람은 결코 굶주리지 않으리라."

중년 남자가 속이 편한 빵을 찾다 보니까 광주에 사는 이영환이라는 빵 선생을 만나게 되었다. 빵 도사이다. 빵의 재료에서부터 어떻게 발효를 하는지, 어떤 오븐이 좋은지, 그리고 담백한 맛의 빵을 어떻게 만드는지를 수시로 물어 본다. 풍수도참과 주역, 집안 족보를 연구하던 사람이 빵 문제로 들어가니까 다시 신입생이 되었다. 인생은 참 배울 게 많다.

상인의 저울

> 장사를 통해서 도를 닦은 문명이 이슬람
> 문명이 아닐까. 천칭은 이익과 공평함이라는
> 상반된 요소를 결합하는 도구였다.

서양 점성술에 천칭자리가 있다. 황도 12
궁 가운데 7번째 별자리다. 양력으로 9월 22일 무렵부터 10월 23일쯤 사
이에 태어난 사람들이 이 별자리에 해당한다. 천칭은 저울이다. 저울대
양쪽 끝에 접시가 줄에 매달려 있는 모습이다. 기원전 5000년 무렵에 이
집트에서 처음 사용하기 시작했다고 한다. 벽화나 파피루스에 오늘날의
천칭과 거의 같은 그림이 그려져 있다.

천칭은 공평함을 상징한다. 로마신화에서는 정의의 여신 아스트라
이아Astraea가 쓰던 저울이 하늘로 올라가서 천칭자리가 되었다고 전해
진다. 선과 악을 이 저울에 달아 보았던 것이다. 선과 악이 추상적인 개
념이라면 이익과 손해의 물물교환 현장에서도 천칭이 필수적이다. 상품
을 교환할 때는 공평해야 하기 때문이다. 동양에 비해 고대부터 훨씬 상
업이 활발하였던 서양 문화권에서는 저울이 중요한 사회 정의의 상징이
된 것 같다. 그러니까 하늘의 별자리 위치까지 올라간 것이다. 동양의 열

두 띠에는 동물만 있지 천칭(저울) 띠는 없지 않은가.

　중동의 이란을 여행하면서 깊은 인상을 받은 대목은 거리의 상점 간판 곳곳에 이 천칭이 큰 그림으로 그려져 있는 장면이었다. 아랍은 육로와 해로를 통해 동서양 중계무역으로 먹고살았던 문화권이다. 무역과 장사의 핵심이 공평함이라는 사실을 이란 사람들은 깊이 체득하였다는 증거이다. 속이면 신뢰가 깨지고 결국 장사가 어렵게 된다. 한 번 속지 두 번 속나. 조선 시대는 상商을 천시하였지만 아랍(이란)에서는 장사가 주업이다 보니까 역설적으로 상업의 본질이 공평해야 한다는 사실을 체득하지 않았나 싶다.

　직업을 통해서 고통도 받지만 깨달음도 얻는다. 이란의 중세 도시 이스파한. 시내 중심부로 강이 흐르고 그 강을 가로지르는 다리가 고풍스러운 도시였다. 강 이름은 '자얀데Zayandeh', 생명을 준다는 뜻이다. 카펫을 하나 사러 중세 아랍의 분위기가 물씬 나는 가게에 들어갔다. 달러를 유로로 환산하고, 유로를 다시 이란 화폐로 환산하는 계산 과정이 투명했다. 어리어리한 아시아 관광객을 속여먹을 법도 한데, 의외로 정직하게 값을 매기는 장면을 지켜보게 되었다. 장사를 통해서 도를 닦은 문명이 이슬람 문명이 아닐까 하는 생각이 들었다. 물론 장사는 이익을 추구하지만 말이다. 천칭은 이익과 공평함이라는 상반된 요소를 결합하는 도구였다. 이슬람의 골격은 천칭이 아닐까.

용궁으로 간 타이탄

물질적 충족은 반드시 영적 빈곤을
초래한다. 양陽만 추구하다 보면 음陰이
고갈된다. 이게 자연법칙이다.

북대서양에 가라앉은 타이타닉호의 잔
해를 구경하려고 바다 밑 4000m까지 내려갔던 잠수정 '타이탄'의 사고
뉴스. 사고를 당한 5명은 모두 '수퍼리치', 갑부라고 한다. 왜 갑부들이 심
해에서 죽어야만 했는가?

"5000억 원 정도가 있으면 비행기도 사고, 저택·요트·수퍼카 등을
모두 살 수 있다. 그 이상 돈은 필요 없다. 살 것이 없으니까. 그런데 왜
당신은 종업원 수만 명을 관리하면서 돈을 더 벌려 하고, 골치 아프게
사는가, 한가하게 살지 않고?"

몇 년 전 필자가 어느 재벌 오너과 이야기 나눌 기회가 있었는데, 그
재벌 오너가 미국의 갑부와 밥 먹다가 들은 충고라고 하면서 전해준 이
야기다. 조 단위 부자가 유유자적하면서 한가하게 살기는 불가능에 가
깝다. 한중락閑中樂, 한가한 즐거움)은 도인이 되어야 가능하다. 내가 만
나 본 서울 강남의 수천억 원대 부자 대부분이 수면제를 먹는다. 법정

소송이 평균 3~4건씩 걸려 있기 때문이다.

수조 원대 부자가 되면 모든 물질적 욕구를 충족할 수 있고, 모든 사람이 자기 앞에 와서 굽신거린다. 이런 상태가 되면 일반적 오락은 전혀 와닿지 않고, 남들이 경험하기 어려운 강력한 자극을 원하게 되는 것 같다. 강력한 자극이란 결국 목숨을 거는 놀이다.

물질적 충족은 반드시 영적 빈곤을 초래한다. 양陽만 추구하다 보면 음陰이 고갈된다. 이게 자연법칙이다. 영적인 빈곤 상태의 수퍼리치가 센 자극을 계속 찾다 보면 대서양의 4000m 심해로 내려갈 수밖에 없다. 동양에서는 바다 밑에 용궁龍宮이 있다고 믿었다. 용궁에는 용왕이 산다. 타이탄에 탑승했던 갑부 5명은 용궁에 가서 용왕을 만나려고 하다가 목숨을 잃었다고 해석된다. 용궁은 돈 있다고 가는 데가 아니다.

용궁 이야기가 나오니까 신라의 원효 대사가 생각난다. 이 양반은 용궁에 갔다 온 사람이다. 원효가 쓴 명저《금강삼매경론金剛三昧經論》의 저술 배경에는 '바닷속 용궁에서 이 책의 골격을 가져온 것'이라고 나온다. '현재 이 상태로 우주는 금강삼매에 들어가 있다'라고 보는 것이 원효의 관점이다. 이 상태에서 더하고 뺄 것도 없다는 말이다. 철들고 생각해 보니 용궁은 인간 내면의 무의식이었다. 인간의 8식識, 무의식 저 깊숙한 곳은 심해처럼 칠흑같이 깜깜하다. 원효가 들어간 심해의 깊이는 1만 미터가 넘었을까? 결국 잠수정 타이탄은 용궁으로 들어가는 반야용선(般若龍船, 극락정토로 갈 때 타고 가는 배)이었다.

글씨 보는 기쁨

국시집 입구 액자에 걸려 있는
일중 선생 글씨를 볼 때마다 '좋다 좋다'
하는 공감이 올라온다.

서예가들은 대체로 장수한다. 왜 장수하
는가? 우선 선현들이 남겨 놓은 명구들을 반복해서 쓰다 보면 자동적으
로 절제가 된다. 욕심도 줄이고 성질내는 것도 자제하게 되고 인간관계에
서도 무리하지 않게 된다. 일상생활에서 절제가 되면 각종 사건 사고에도
덜 휘말리게 된다. 송사에 덜 휘말리면 건강에도 도움이 된다. 붓글씨를
쓰다 보면 정신 집중이 된다. 잡생각을 하면 필획이 흔들리게 마련이다.
그러니 글씨 쓰는 동안에는 집중이 될 수밖에 없다.

이러한 집중은 명상의 효과와도 같다. 서예를 쓰는 실력이 어느 정도
경지에 이르면 주변 사람들에게 선물하기도 좋다. 늙어서 돈 못 벌고 있
을 때에도 자기 찾아오는 사람들에게 글씨 선물하는 것도 격조가 있다.
각종 애경사에도 돈봉투 대신에 글씨를 선물할 수도 있다. 서예를 하면
또 하나 좋은 점이 냄새이다. 먹물 냄새가 집 안에 배어 있으면 이 또한
고급스러운 느낌을 준다. 그 집 안에서 나는 냄새는 집마다 다르고, 묵

향이 배어 있는 집을 방문할 때는 왠지 마음이 차분하게 가라앉는다. 샤넬 향수보다 묵향이 더 깊이가 있다고 생각한다.

필자가 이룩하고자 했던 교양이 차茶, 요가, 악기, 서예 4가지였다. 이 중에서 실천에 못 옮긴 것이 서예이다. 그 대신에 서예 전시회는 시간 날 때마다 가 본다. 마하 선주선 선생의 예서 전시회가 서울 인사동 백악미술관에서 열리고 있다. 백악미술관은 서예가로 유명했던 일중 김충현 선생의 아드님이 운영하는 미술관이다. 한국 서예가들의 요람이기도 하다. 나는 일중 선생의 서체, 즉 예서隷書 글씨를 좋아한다. 미술관 지하층에 있는 국시집에 갈 때마다 액자에 걸려 있는 일중 선생 글씨를 수시로 쳐다보는 습관이 있다. 볼 때마다 '좋다 좋다' 하는 공감이 올라온다. 예서에서 왠지 점잖으면서도 담백한 기운을 느낀다. 힘 있는 글씨보다는 담백함이 더 와닿는다.

선주선의 이번 예서 글씨들은 그 담백함이 아주 잘 느껴지는 글씨들이다. 선주선은 어려서부터 글씨를 써 오다가 50세 무렵부터 글씨는 제쳐놓고 고서와 경전 공부에 몰두하였다. 글씨는 결국 심력心力이고 통찰력인데, 그 심력은 유·불·선의 경전에 대한 깊은 천착에서 우러나온다는 사실을 깨달았기 때문이다. 전시실의 1번 작품이 의상 대사의 〈법성게〉이다. 〈법성게〉 가운데 '九世十世互相卽 仍不雜亂隔別成(과거와 현재 미래가 다른 듯하면서도 모두가 현재의 이 마음에 함께 있어서 얽힌 듯 얽히지 않고 각각 뚜렷하게 이루어졌도다)', 이 구절을 필자는 인생 살면서 항상 생각한다. 고풍을 간직한 마지막 세대의 전시이다.

목포의 세 가지 맛

적어도 여름 동안 3번은 민어탕을 먹어야
보람을 느낀다. 못 먹으면 인생 헛바퀴
돈 것 같다는 생각이 든다.

안동에 가면 지인들이 밥 먹자고 데리고 가는 데가 갈빗집이다. 안동역 앞 걸어서 5분 거리의 골목길 이쪽저쪽에 갈빗집이 대략 20여 군데는 되는 것 같다. 숯불에 갈비 굽는 냄새가 골목길에 진동한다. 안동에서 손님 대접할 때는 갈빗집이다.

안동의 대각선 방향에 전라도 목포가 있다. 목포 친구들이 데리고 가는 데는 목포역 앞에서 도보로 10분 거리인 민어탕 집들이다. 온통 해물海物집들이다. 민어탕, 병어 조림, 횟집이 쭉 깔려 있다. 어제도 후배 차에 동승해서 1시간 30분 동안 100km가 넘는 고속도로를 달렸다. 중요한 사무가 있어서가 아니다. 목포 민어탕집을 가기 위해서이다. 여름이 다 가기 전에 민어탕을 한 번 더 먹어 보려고 여정에 올랐던 것이다. 적어도 여름 동안 3번은 민어탕을 먹어야 보람을 느낀다. 못 먹으면 인생 헛바퀴 돈 것 같다는 생각이 든다. '뭐가 그리 중요한 일이 있다고 허둥대면서 시간 없다고 자기 먹고 싶은 것도 못 먹나!'

민어는 목포 인근 바다에서 잡힌다. 동해에는 없다. 정약전(丁若銓, 1762~1836)의 《자산어보玆山魚譜》에는 면어鮸魚라 하고, 속명이 민어民魚이다. "맛은 담담하고 좋다. 날 것이나 익힌 것이나 모두 좋고 말린 것은 더욱 몸에 좋다"고 나온다. 날것으로 바로 먹기보다는 냉장고에 2~3일 숙성시켰다가 먹어야 맛이 좋다. 경상도 친구들은 약간 물렁하다는 느낌을 주는 민어의 식감에 익숙하지 못하다. 민어 부레를 참기름 버무린 소금에 찍어 먹으면 쫀득쫀득하다. 민어 껍질도 찍어 먹을 만하다. 양은 냄비에다 양념을 넣고 끓여서 나오는 민어탕은 '성난 파도를 잠재우는 맛'이다.

민어가 좀 심심한 맛이라면 그 대칭점에 홍어가 있다. 나는 팍 삭힌 홍어 맛을 선호한다. 암모니아 가스가 분출되는 홍어 맛 말이다. 어렸을 때는 어른들 따라 삭힌 홍어 먹다가 입천장 벗겨진 적도 있다. 중년이 되니까 왜 암모니아 가스 맛이 당긴단 말인가? 홍어를 먹고 나면 내장에 쌓인 퇴적물이 시원하게 청소되는 것 같다.

목포 삼미의 하나가 병어 조림이다. 민어의 장중한 맛과 홍어의 톡 쏘는 맛 사이에서 중용을 잡는 맛이다. 목포 인근의 임자도·지도 일대에서 늦봄과 초여름에 많이 잡힌다. 목포는 주변의 무안군·해남군 일대에서 양념이 풍부하게 생산된다. 파·마늘·고추·양파의 산지들이다. 이 풍부한 양념들과 민어·홍어·병어가 어우러져 목포 삼미를 만들었다.

의식주 가운데 식食이 범부凡夫에게 의욕을 준다.

온돌방의 제왕, 아자방

벙어리 아啞, 아자방에 들어오면
말 대신 벽을 마주 보고 침묵 수행을
하라는 뜻이다.

'등 따시고 배부르면 행복'이라는 게 우리 조상들의 기준이었다. 배는 부르다. 많이 먹어서 고혈압, 당뇨 아닌가. 그러나 등이 따뜻하지 않아서 몸이 개운하지 않다. 아파트 보일러 방에서는 등을 뜨끈뜨끈하게 지질 수가 없다.

하동군의 지리산 칠불사七佛寺 아자방亞字房은 한국 최고의 온돌방이다. 방 내부의 온돌 형태가 아亞 자처럼 되어 있다고 해서 붙은 이름이다. 방 가운데 바닥은 열 십+ 자 형태이다. 그 십자 모양 방바닥 사방으로는 높이 40cm 정도로 온돌이 겹으로 설치되어 있다. 방바닥이 복층인 셈이다. 열십자 주변의 올라온 온돌 위치에 대략 10명 정도 인원이 앉아서 명상할 수 있는 구조이다. 특히 칠불사는 해발 700m이므로 겨울에 춥기 마련인데 뜨뜻한 온돌방에서 겨울 석 달을 좌선하기에는 최적이다. 아자방 입구에는 'ㅁ'자 형태의 마루가 있으니까 이 'ㅁ'자를 亞자 옆에다가 붙이면 벙어리 '아啞'가 된다. 아자방에 들어오면 말을 하지 말고 침묵 수행을 하라는 이야기이다.

원래의 아자방은 신라 때 구들 도사인 담공 선사가 축조하였다. 한 번 불을 때면 100일 정도 따뜻했다고 전해지는데, 6·25를 겪으면서 파괴되었다가 작년(2019) 겨울에 요사채 밑의 위치에 새로 복원하였다. 방은 18평 넓이다. 경남도청과 하동군 윤상기 군수의 지원이 있었다. 새로 축조된 아자방의 아궁이 입구 높이는 1.6m 정도 된다. 아궁이 형태가 마치 도자기를 굽는 가마 모양과 흡사하다. 아궁이 입구에는 네모진 철문이 설치되어 있어서 온기를 보존한다.

아궁이 내부의 방고래와 이어지는 부분은 땅속을 깊이 팠다. 방고래 밑바닥에서부터 방 안의 구들장까지 높이가 3.7m라고 한다. 방고래 깊이가 평균 3m이다. 일반 가정집 온돌의 스케일과는 비교할 수 없다. 아랫목의 구들은 방돌을 7중으로 깔았다. 윗목은 3중으로 깔았다. 방고래를 쌓는 데 들어간 기왓장은 무려 1만 1000장이다. 불의 온기를 보존하기 위해서는 방고래의 깊이도 깊고, 그 구조가 만만치 않은 것이다.

처음에 불을 땔 때는 장작의 분량이 보통 집의 10배가량 들어간다는 주지스님의 전언이다. 한 번 불을 때 놓으면 온기가 20일을 간다. 어느 정도 뜨거운 온돌방을 유지하려면 일주일 간격으로 한 번씩 장작불을 때준다. 일주일 간격으로 불을 넣을 때는 처음 불을 넣을 때 장작 분량의 30% 정도를 사용한다. 하룻밤 자 보니까 이불을 덮을 수 없을 정도로 뜨겁다.

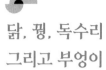

닭, 꿩, 독수리
그리고 부엉이

조직과 회사는 방패막이면서
울타리이다. 울타리를 나가야 할 때
어떻게 할 것인가.

울타리는 자기를 보호해 주는 방패막이도 되지만, 자기를 구속하는 철장으로도 작용한다. 조직과 회사는 울타리이다. 이걸 방패막이로 생각하는 사람은 낙관적인 사람이고, 철장으로 생각하는 사람은 자유로운 영혼이다. 조직과 회사라는 울타리는 월급을 제공한다. 월급은 닭장의 모이와 비슷하다. 월급에 익숙해지다 보면 월급쟁이가 된다. 월급쟁이가 되면 닭장이 편하다. 시간 되면 모이가 나오고 동료와 조직이라는 울타리가 있기 때문이다. 닭장 밖을 나오면 엄청 불안하다. 닭장 밖을 나오면 길바닥에 버려졌다는 느낌을 받는다. 이 세상에 자기 혼자라고 생각한다.

닭장 밖을 나온 닭이 한 단계 업그레이드되면 꿩으로 변한다. 꿩은 야생에서 산다. 울타리가 없다. 자기를 보호해 주는 조직과 동료라는 방패막이도 없다. 시간 되면 나오는 모이도 없다. 하지만 하늘을 날아다닐 수 있다. 갇혀 있지 않은 자유를 누릴 수 있다. 그러나 한 번 날 때 그리

멀리 날 수는 없다. 200~300m를 날 수 있다. 축령산 산길에서 산책할 때마다 길옆의 풀숲에 숨어 있던 꿩이 갑자기 '푸드덕' 하고 날아갈 때마다 나는 얼마나 날아가는가를 유심히 지켜보곤 한다.

회사에서 30년 이상 근무하면 닭에서 꿩으로 변하기가 어렵다. 아무리 이야기해 보아야 소용없다. 닭장의 모이에 너무나 익숙해져 버렸고, 닭장을 벗어나면 죽는 줄 알기 때문이다. 회사에 20년 정도 있다가 나오면 꿩으로 바뀌는데 시간이 좀 걸린다. 굳어 버린 날개 근육과 허벅지를 풀려면 어느 정도 물리치료를 받아야 한다. 10년 정도 있다가 나오면 적응이 수월하다. 10년 정도 닭장에 있던 닭이 나와 꿩으로 변하면 오히려 장점이 많다. 조직의 경험이 장점으로 작용한다.

꿩으로 있다가 더 진화하면 독수리가 된다. 독수리는 절벽 위로도 날아 올라가고 수백 미터 고공까지도 비상한다. 그 날카로운 발톱으로 뱀이나 쥐를 움켜쥐면 놓치는 법이 없다. 독수리의 발톱은 독보적인 전문 기술이 될 것이다.

필자는 독수리를 흠모했는데, 요즘 보니까 부엉이도 괜찮은 것 같다. 낮에는 조용히 쉬다가 황혼이 질 무렵에 날갯짓을 시작한다. 남들은 보지 못하는 껌껌한 밤에 나무에 앉아 있다가 먹이를 잡는 시스템도 효율적이다. 장점은 소리가 나지 않는다는 점이다.

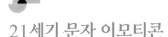

21세기 문자 이모티콘

21세기에 스마트폰 등장과 함께
새로 탄생한 이모티콘은 민초들이
만들어낸 아래에서 올라온 문자이다.

카톡을 주고받을 때마다 문자 메시지 말
미에 따라붙는 것이 이모티콘이다. 문자로는 표현하기가 미묘한 감성을
전달한다고나 할까. 풍성해진다. 이모티콘을 들여다보면서 이것도 문자
의 일종으로 보아야 한다는 생각이 들었다. 도형문자圖形文字, 그림문자인
것이다. 21세기에 스마트폰 등장과 함께 새로 탄생한 문자로 말이다. 스
마트폰이라는 기계가 없었으면 탄생이 불가능한 그림문자이기도 하다.
희로애락을 비롯한 감성을 표현하는 데 주특기가 있다.

이모티콘을 새롭게 등장한 문자 형태로 본다면 그다음에 드는 의문
은 영어 알파벳이나 한자, 그리고 우리 한글과는 어떻게 비교할 수 있
는가 하는 것이었다. 문자의 족보를 소급해 올라가 볼 때 거시적 통찰
을 얻을 수 있기 때문이다. 알파벳은 페니키아에서 시작되었고, 페니키
아는 지중해의 해상무역으로 부를 누렸던 문명이다. 알파벳은 장사하는
데 필요한 상업적 문자에서 출발한 것이다. 장사가 무엇인가? 분명해야

한다. 여러 가지로 해석할 수 있는 아리송한 부분이 많으면 안 된다. 애매하면 분쟁의 씨앗이 된다. 쉽고 간단하고 분명함. 이것이 알파벳의 장점이고 무역업의 본질에 알맞았다.

알파벳의 기원을 거슬러 올라가면 5000년 전 메소포타미아의 수메르인들이 사용한 설형문자楔形文字와 관련이 깊다. 설楔은 쐐기를 가리킨다. 설형문자는 비옥한 토양에서 생산한 잉여 농산물을 주변국 특산품과 교역하는 용도였다고 전해진다. 정보가 늘어나면서 초기의 상형적 형태에서 탈피해 단순한 기호로 발전했다는 것이다. 이것이 이집트 문자, 셈 문자, 그리스 문자, 로마 라틴어까지 계승되었다.

반면에 한자는 상업이 아니었다. 신탁神託, 영적 파워를 통치 권력으로 전환하는 용도가 있었다(《한자의 풍경》, 이승훈, 사계절). 신의 뜻은 다층적이고 함축적이다. 한자는 여기에 맞았다. 애초 출발부터 알파벳과 다른 것이다.

한글은 세종대왕이라고 하는 임금님이 만들어낸 문자라고 한다면 이모티콘은 일반 민초들이 만들어낼 수 있는 아래에서 올라온 문자라는 점에서 다르다. 사회적 합의가 없어도 이해하는 데 문제가 없다. 필자가 좋아하는 이모티콘을 그리는 이모티콘 작가 이은정. 그는 "중년들은 환한 꽃 그림을 좋아한다. 축하한다. 좋은 아침 보내세요, 같은 밝은 단어를 좋아한다"라고 말한다. 스마트폰이라는 건조한 기계에서 피어나는 21세기 감성적인 그림문자가 이모티콘이 아닌가 싶다.

바다에 떠다니는 금

은은하게 다가온다. 눈이 보이지 않는
이에게 무지개 설명하기가 어렵듯이,
이 향을 뭐라고 표현하기 어렵다.

분위기를 바꾸는 데는 두 가지 방법이 있
다. 선거와 향香이다. 선거는 나라 분위기를 바꾸고 향은 개인 분위기를
바꾼다. 차인茶人의 다실에 들어갔을 때 미리 피워 놓은 침향沈香을 맡아
보면 분노심이 아래로 내려간다. 침향만 아래로 내리는 줄 알았더니 용연
향龍涎香도 또 다른 방식으로 머리를 상쾌하게 해준다.

서울 강남에 사는 백운 거사의 다실에 갔더니만 용연향을 구경시켜
주었다. '연涎'은 입 속의 침을 가리킨다. 용이 흘린 침이라는 뜻이다. 여
기에서 용은 바다의 고래를 가리킨다. 고래 중에서도 향고래가 수심 깊
은 데 사는 대왕오징어를 주로 잡아먹는다고 한다. 대왕오징어는 수심
1500m까지도 내려간다. 수놈 향고래가 발정기가 되면 잡아먹었던 대
왕오징어를 토해내는 습관이 있다고 한다. 이 향고래의 토사물이 바다
에 몇 년 동안 둥둥 떠다니면서 햇빛을 받고 발효되면 이게 용연향이 된
다. '바다에 떠다니는 금'이다.

백운 거사가 가지고 있는 용연향은 회색 바탕에 검은색이 점점이 박혀 있는 모양이었다. 1kg에 4000만 원 정도가 국제 시세란다. 손으로 만져 보니까 단단한 고체인데 손가락에 힘을 주면 약간 부스러기가 떨어진다. 그 향이 침향처럼 곧바로 올라오지는 않는다. 그러나 왠지 은은하게 다가온다. 은은하다는 것은 머리가 아주 상쾌해지기 시작하는 상태를 가리킨다. 머리가 시원해지니까 피곤에 잠겨 있던 눈이 크게 떠지는 것 같고, 전두엽前頭葉에 불편하게 드리웠던 구름이 걷히는 것 같기도 하다.

향이 강하지도 않다. 눈이 보이지 않는 이에게 무지개 설명하기가 어렵듯이, 직접 맡아 보지 않고는 이 향을 뭐라고 표현하기도 어렵다. 그런데 효과는 기분이 상쾌해진다는 점이다. 오행으로 표현한다면 이 향은 수기水氣의 정수에 해당한다. 생명이 물에서 왔다고 한다면, 이 향은 그 물의 정기를 인간에게 선사해 주는 셈이다. 활력을 주니까 중국 황실의 궁녀들이 가장 선호했던 향이다. 궁녀들이 몸에 차고 있던 향낭香囊에는 용연향이 들어 있었다고 한다.

용연향을 차로 끓여서 남자에게 먹이면 엄청난 강장제 효능이 있다. 자고로 돈과 권력이 있는 남자들이 나이 들면 정력제에 집착하게 되어 있다. 청나라 황제들이 용연향을 밝히니까 이를 포착한 포르투갈 상인들이 용연향을 대량으로 갖다 바치면서 그 대가로 마카오 조차(租借, 영토를 빌려줌)를 요구했다. 눈과 귀 다음으로는 코다. 코로 맡는 냄새와 향이 기분과 취향을 결정한다

스스로 자신을
즐겁게 하는 독락

괴석 감상의 포인트는 '수추누투'에 있다.
마르고 못생기고 구멍이 있고,
구멍이 뻥 뚫린 것을 최고로 친다.

'학교 다닐 때는 국·영·수가 중요하고, 나이 오십 대 중반 넘어서는 음音·체體·미美가 중요하다.' 다른 사람이 자기를 즐겁게 해주기를 기대하지 말고, 자기 스스로 자신을 즐겁게 해야 한다. 독락당獨樂堂에 거처해야 한다. 그러자면 음악, 체육, 미술이 필요한 것이다.

미술 가운데는 민화民畵가 무난한 것 같다. 문인화가 양반의 그림이라면 민화는 서민들의 그림이다. 나무, 꽃, 동물, 돌 등 자연물에 소박한 바람과 기도, 염원이 담겨 있다. 보통 사람도 2~3년 배우면 집 안에 걸어 놓고 감상할 수 있는 그림을 그릴 수준이 된다. 선물하기에도 좋다. 민화를 보면 마음이 안정된다. 세월이 흘러도 변하지 않은 고향의 마음을 느끼기 때문일까. 한민족의 무의식을 건드리기 때문일까.

전국 민화 인구가 15만~20만 명에 육박한다고 한다. 서울 인사동 필방과 표구상은 민화 인구가 먹여 살리고 있다. 민화 붐의 시작은 대갈大

喝 조자용(趙子庸, 1926~2000)이다. 하버드대를 졸업하고 잘나가던 건축가였던 그는 아무도 민화를 거들떠보지 않던 시절 혼자 민화를 수집하고 정리했다. 조자용의 가방을 들고 다니며 수발을 다한 제자가 윤열수 선생이다. 현재 가회민화박물관 관장이다. 오늘날 민화 붐을 일으킨 공로자이기도 하다. 필자가 민화에 대한 초보적 식견을 갖게 된 채널도 윤 관장이 펴낸 민화 책을 통해서이다. 윤열수가 민화에 대한 학문적 토대를 쌓았다면 조자용의 또 다른 제자인 송규태 선생은 민화를 잘 그리는 최고수이다. 이 두 사람으로부터 훈도를 받은 민화가가 정학진 선생인데, 이번에 서울 가회동 '가회민화박물관'에서 민화 전시회를 하고 있다. 정학진의 민화 가운데 〈괴석화훼도〉가 돋보인다. 커다란 괴석怪石을 붉은 꽃과 함께 그린 그림이다.

산의 정기는 돌에 뭉쳐 있다. 한자 문화권의 식자층은 산에 가지 못하고, 그 대신 돌의 정기를 집 안의 정원에서 전달받으려고 괴석을 좋아했다. 괴석 하나에 명산 하나가 통째로 응축되어 있다고 여겼다. 괴석 감상의 포인트는 '수추누투瘦醜漏透'에 있다. 마르고 못생기고 구멍이 있고, 구멍이 뻥 뚫린 것을 최고로 친다.

그동안의 민화에는 괴석을 이처럼 크게 전면에 내세운 구도가 없었는데, 정 작가의 〈괴석화훼도〉는 구멍이 뻥 뚫린 괴석을 그림 가운데에 대담하게 배치한 점이 이채롭다. 돌은 씹어서 삼키기 어려운데, 작가는 이 단단한 돌을 위장에다 넣고 소화한 느낌이 든다. 민화라도 보면서 세월을 보내자.

사막의 종교와 부르카

사막의 뜨거운 기후와 대상 무역,
종교적인 이유로 부르카가 탄생했다.
하지만 이제 낙타에 짐 싣고 다니는
시대가 아니다.

자연환경이 혹독할수록 종교 신앙심은
강해지는 것 같다. 사막이 그렇다. 이란의 사막에 가 본 적이 있다. 바람
소리 외에는 동물 소리도 없고 자동차 소리도 없고 스피커 소리도 없었
다. 정적 그 자체였다. 모래 외에는 보이는 것도 없고 얼씬거리는 것도 없
는 완벽한 고독이었다. 죽음의 공간이었다. 그 대신 밤하늘의 별은 총총
하게 보였다. 도 닦기에는 아주 좋은 조건이었다. 아무리 에고ego가 강한
인간이라도 '위대하신 알라여!' 하고 엎드릴 수밖에 없다. 자기주장이 강
하고 사회적 인정 욕구에 목마른 인간은 사막에 들어가서 몇 달 생활하
면 홀가분해질 것이다.

이슬람이 아직도 그 종교 신앙심을 원리적 형태로 유지하고 있는 배
경에는 사막이 있었다. 세속화 물결 앞에서 다른 종교들이 함몰되고 있
지만 이슬람은 아직도 종교적 순수성이 남아 있다고 보인다. 그러나 그
순수성이 보편적 상식과 충돌하고 있으니 문제이다. 여성 인권이 대표적

이다. 머리부터 발끝까지 검은 천으로 덮고 눈 부위만 망사로 되어 있는 부르카는 여성을 억압하는 이슬람 복장이다. 왜 이렇게 여성의 몸을 다른 사람이 볼 수 없도록 완벽히 차단하는 극단 패션이 나왔을까. 왜 이렇게 여자를 죄수같이 다루는가? 이슬람 율법을 깊이 모르니까 알 수 없다.

상식 선에서 추론한다면 사막과 관련이 있지 않나 싶다. 사막에서 농사는 불가능하다. 농사는 여자들 노동력도 상당히 기여하기 때문에 발언권이 생기게 마련이다. 사막은 장사로 먹고살았다. 남자들은 교역품을 낙타에 싣고 몇 달씩 사막을 건너다니는 카라반이 주업이었다. 중동은 아시아와 유럽을 잇는 중계무역으로 먹고살던 문명권이었다. 낙타 몰고 사막으로 나가는 남자 처지에서는 여자들을 장시간 집에 남겨 두고 다니는 셈이다. 낙타 몰고 사막 건너는 공수부대 같은 일에 어떻게 여자들을 데리고 다니겠는가. 몇 달씩 나가 있는 남자들은 집에 남아 있는 여자들이 걱정될 수밖에 없다. 걱정 가운데는 여자들의 성적인 문란을 걱정하는 의심도 있었다고 보인다. 특히 여성 신체 노출은 사막에서 시달린 남성의 성욕을 자극한다고 우려했다. 성적 충동은 대상隊商들의 역할마다 공정한 몫을 배당해야 하는 사막 문명권에 엄청난 혼돈을 일으킨다. 대상의 조직이 붕괴할 수 있다.

그러나 이제 환경이 바뀌었다. 낙타에 짐 싣고 다니는 시대가 아니니까 부르카 패션도 바뀔 것이다.

성균관의 정육점

조선 시대는 축산업을 국가가
관리하였으며 특히 쇠고기는
국가 인재 양성의 장학금이었다.

중국은 돼지고기를 좋아한다. 중국 요리
의 개성은 '동파육'에 잘 나타난다. 그 대신 중국 쇠고기는 맛이 별로 없
다. 한국은 쇠고기가 특별하게 맛이 좋다. 그래서 한국 사람들은 명절 선
물로 소갈비 세트를 보낸다.

한국을 대표하는 육류는 한우다. 한국의 쇠고기는 어떤 역사를 가지
고 있는가를 살펴보니까 《축산실록》(팜커뮤니케이션)이라는 책이 있다.
저자인 남인식은 농협에서 축산기획 상무를 지냈는데 의령 남씨 도사공
파 17대 종손이다. 수년간에 걸쳐 《조선왕조실록》을 다 뒤져서 축산에
관한 내용을 뽑아내어 책을 썼다. 왕실 이야기와 국정을 논하는 실록이
지만 가축에 대한 내용이 세세하게 기록되어 있다. 질병과 기형 가축이
태어나도 이를 조정에 일일이 보고했다.

이 책에서 흥미로운 부분이 성균관 유생들의 식량과 고기를 담당하
는 노비들인 전복典僕 이야기였다. 성균관 전복들에게만 소를 도살해서

시중에 팔 수 있는 전매특허권이 있었던 것이다. 조선왕조는 소나무를 함부로 베지 못하게 하는 송금松禁 정책과 소를 함부로 잡지 못하게 하는 우금牛禁 정책을 시행하였다. 소가 없으면 농사짓기 힘들다. 그래서 허가 없이는 소를 도살하지 못하도록 법으로 금하였다. 예외적으로 성균관 전복에게 소를 도살할 수 있는 특허를 왜 주었던 것일까?

성균관은 국가의 인재를 양성하던 엘리트 교육기관이었다. 유생 정원은 200명. 1년 동안 이 200명이 먹는 비용이 쌀로 환산하면 960석이 들어갔다. 이 비용을 대는 부서가 양현고養賢庫였다. 재원은 1000결(300만 평)의 학전學田이 있었다. 그러나 이걸로는 부족하였다. 겨우 밥과 국, 나물 정도만 먹을 수 있는 돈이었다. 나머지 비용을 성균관 소속의 전복(노비)들이 부담하였다. 성균관 전복의 임무는 양곡, 채소, 생선, 땔감 등을 매달 공급하는 것이었다. 이들은 서울 동소문 근처에서 거주하였다. 이들이 먹고살면서도 성균관에 상납할 수 있는 돈을 만들 수 있도록 소를 도살해서 쇠고기를 시중에 팔 수 있는 특권을 부여한 것이다.

원래 이들은 문묘에 제사 지낼 때 필요한 희생 제물을 공급하는 임무였다. 푸줏간인 도사屠肆를 설치·운용하고 있었다. 국가 제사에 쓰고 남은 고기를 민간에 팔아 수입을 챙겼다. 나중에는 성균관 재원 담당 임무까지 맡았다. 그 대신 다른 사람은 가질 수 없는 독점적 특권인 소의 도살권과 정육점(현방懸房)을 운영하면서 알짜배기 수입을 올릴 수 있었다. 이들이 운영하는 정육점이 서울 시내에 대략 40군데가 있었다고 한다. 쇠고기 외에도 소가죽, 소기름, 소뿔 판매도 짭짤하였다. 이 수입으로 성균관의 유지비를 댔다. 쇠고기는 국가 인재 양성의 장학금이었다.

중국의 창, 일본의 칼,
한국의 활

중국은 창을 잘 쓰고 일본은 칼을
잘 쓴다면, 한국은 예부터 활을 잘 쏘는
민족이었다. 조선의 활은 한우에서 나왔다.

올림픽에 나갈 때마다 메달을 따는 종목
이 양궁이다. 한국 사람은 활을 잘 쏘는 유전자가 있는 것일까. 있는 것 같
다. 고구려를 세운 주몽도 활을 잘 쏘았고, 조선을 건국한 이성계도 활을
잘 쏘았다. 칼을 잘 쓰거나 창을 잘 썼다는 이야기는 안 나오고 활을 잘
쏘았다는 이야기만 전해진다는 것은 이 창업주들이 특별히 활을 잘 쏴
서 정권을 잡았다는 이야기로 해석된다. 이성계가 전국구로 이름을 얻게
된 것은 황산대첩에서 왜구의 소년 명장 '아지발도'를 다름 아닌 화살로
잡은 실력 때문이었다. '동이東夷'의 이夷 자도 큰(大) 활(弓)이라는 뜻 아
닌가. 《삼국사기》에는 "궁술弓術로서 인물을 선발했다"라고 나온다. 활
쏘기가 올바른 태도와 집중력, 체력, 판단력을 고루 갖추는 기술이었기
때문이다. 고구려 평원왕 때 평강공주의 배필 온달이 활쏘기 대회 우승
자 출신이다.
  한·중·일의 주특기를 비교할 때 중국은 창을 잘 쓰고 일본은 칼을

잘 쏜다면, 한국은 예부터 활을 잘 쏘는 민족이었다. 특히 사거리가 일반 활보다 2배나 길고 화살이 짧은 편전片箭이라는 활은 조선 활 중에서 명품 활이었다. 관통력이 강해서 어지간한 갑옷을 뚫는 데다가, 화살이 아주 짧으니까 날아오는 화살을 칼로 쳐내기도 어려웠다. 그래서 조선은 무예 중에서도 유달리 활 쏘는 데 주력하였다. 요즘도 서울 남산을 비롯하여 지방 도시 곳곳에 국궁 연습장이 있다. 다른 전통 무예는 그 전승이 희미해졌지만 국궁만큼은 아직 민간의 품격 있는 취미 활동으로 명맥이 남아 있는 것이다.

경북 예천에 가 보니까 국궁(國弓, 角弓) 만들었던 이야기가 전해진다. 예천에는 김해에서 낙동강을 거슬러 700리를 올라가 삼강 나루터라는 터미널이 있었다. 경상도 내륙 물류의 중심지였으므로 소를 사고파는 소 장수들의 왕래도 많았다. 삼강에서 예천 읍내로 가는 중간에 우두원牛頭院이라고 하는 숙박 시설이 있었다. 영남 일대에서 모인 소 장수들이 많이 묵는 여관이었다.

국궁을 만들기 위해서는 황소 뿔과 소 힘줄이 많이 필요했다. 황소 뿔은 활의 사거리를 좌우하는 중요한 재료였고, 소 힘줄이 들어가야만 활채의 탄력을 유지하였기 때문이다. 민어 부레로 만든 풀 '어교魚膠'로 참나무와 산뽕나무에 뿔과 힘줄을 붙였다. 조선의 전략 무기인 활을 대량으로 제작하려면 황소 뿔과 소 힘줄 공급이 충분해야만 하였다. 조선의 황소가 활의 주요 재료였던 것이다. 소 장수의 왕래가 많아 우두원이 있었던 예천이 국궁으로 유명했던 것도 우연이 아니다. 한우 가죽은 북을 만들고, 피는 선짓국으로 먹고, 다리는 우족탕으로 먹었다. 버릴 것이 하나도 없는 가축이었다. 조선 활은 한우에서 나왔다.

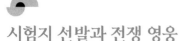

시험지 선발과 전쟁 영웅

한국의 특징이 '황금 티켓 신드롬'이다.
명문대 졸업장과 고시 합격 그리고 공무원
시험이 황금 티켓에 해당한다.

엘리트를 충원하는 방식은 2가지이다. 종이 시험지로 시험을 봐서 선발하는 방식이 있고 피 튀기는 전쟁을 치르면서 지도자로 올라서는 방식이다. 로마의 카이사르는 전쟁을 통해서 국가 지도자로 등극한 대표적인 사례이다. 물론 귀족 신분은 세습되지만, 세습으로 다 되는 것은 아니고, 직접 전쟁에 나가서 승리를 쟁취하였을 때 국가 지도자로 인정받는다.

일본도 칼부림으로 인재를 충원하였다. 사무라이가 지배 엘리트였다. 일본에는 종이로 시험을 보는 과거제도가 없었다. 무사, 승려, 의사 계급 다음 서열이 '사士' 계급이었다. '사'는 무사의 가정교사를 하거나 서기書記 정도의 일을 하는 신분이었다. 일본은 과거제도가 없었다는 것이 한국이나 중국과는 다른 사회적인 특징이었다. 사회의 결이 달랐던 것이다. 중국과 한국의 공통점은 바로 과거제도였고, 이는 유교 성리학이 국가 지배 이데올로기의 역할을 하였기 때문이다.

OECD가 지적한 한국의 특징이 '황금 티켓 신드롬'이다. 명문대 졸업장과 고시 합격 그리고 공무원 시험이 황금 티켓에 해당한다. 종이 시험으로 인생이 결정되는 사회 시스템이다. 고려 광종대부터 시작된 과거제도와 조선 시대 문과 급제자가 누렸던 출세의 전통이 21세기 황금 티켓으로까지 이어졌다.

종이 시험으로 신분이 결정되는 황금 티켓 사회의 최대 약점은 전쟁 상황이다. 만약 푸틴이 핵 버튼을 누른다면 유럽은 타격이 클 것이고, 그 파급 효과는 한국과 중국을 포함한 동아시아까지 미칠 것이다. 대만 해협에서 전쟁이 안 난다고 누가 보장한단 말인가? 대만에서 전쟁이 나면 한반도는 어떻게 되는가. 핵 버튼을 눌러서 우크라이나 전쟁이 확대된다면 유럽 문명은 쇠퇴하고 한국, 일본, 중국, 인도가 주도권을 잡는다는 예언이 '황백전환론黃白轉換論'이다. 80년대 초반 계룡산파의 장문인이었던 봉우 권태훈 선생이 주장하던 예언이었다.

난세가 닥치니 이순신 장군이 생각난다. 문과 급제자로서 한 급 아래였던 무과의 이순신 밑으로 들어갔던 인물, 반곡盤谷 정경달(丁景達, 1542~1602) 선생도 생각난다. 환상적인 문무文武 콤비였다. 이순신이 모함으로 투옥되었을 때, 선조 면전에 대놓고 '이순신을 죽이면 전쟁에 진다'라고 직언하였다. 문과 출신이었던 전라도의 현감, 군수들이 무과 출신인 이순신의 통제를 받지 않으려고 하자 정경달이 중재를 하여 이순신의 지휘를 받게 하였다. 전라도의 둔전屯田을 작동시켜 이순신에게 군량미를 댔다. 동인, 서인을 생각하고 무과에 주목이 된다.

진신사리와 '이^李컬렉션'

세계가 인정하는 미술 작품들은
일급 예술가들의 혼이 담겨 있다는 점에서
사리와 같다.

붓다가 죽고 난 후에 나온 사리舍利를 어떻게 분배할 것인가가 문제였다. 부처님 진신사리에는 신비적 영험이 있다고 믿었기 때문이다. 사리 분배를 두고 여러 부족 간에 전쟁이 날 수도 있는 위험한 상황이었다. 당시에 가장 신망이 높았던 도나Dona 바라문이 분배의 역할을 맡았다. 도나의 중재로 8등분을 하였다. 각기 지역별로 8군데에 사리탑을 세웠다. 항아리를 모시는 병탑, 재를 모시는 회탑까지 포함하면 도합 10군데에 탑이 세워졌다. 중재를 맡았던 도나는 사리를 모셨던 항아리를 가졌고, 뒤늦게 현장에 온 모리야족은 화장을 하고 난 후의 재를 가져갔다.

세월이 흘러 8군데 사리탑 중에서 유일하게 남아 있는 곳은 네팔 쪽에 있는 랑그람의 영탑이다. 붓다의 어머니 마야부인의 친정인 꼴리족이 배분받았던 사리이다. 후일에 랑그람 영탑을 해체하려고 하자 꿈에 용이 나타나 '손을 대면 화가 미친다'는 메시지를 전했다.

탑을 빙빙 도는 '탑돌이'를 하는 이유는 탑 속에 모셔 놓은 사리의 기운을 받기 위해서이다. 붓다뿐만 아니라 생전에 도가 높았던 고승들의 사리에는 3가지 영험이 있다고 한다. 방광放光, 은몰隱沒, 증과增果이다. 방광은 사리에서 빛이 나는 것이고, 은몰은 홀연히 사리가 사라지는 경우이고, 증과는 사리가 더 늘어나는 현상이다. 한국 불교 신앙의 중심에는 사리 신앙이 자리 잡고 있다. 불교도들의 대표적인 순례지인 5대 보궁이 그것이다. 통도사 금강계단, 오대산 적멸보궁, 설악산 봉정암, 정암사의 수마노탑, 사자산 법흥사 보궁이다.

고승들은 죽으면서 사리를 남겼지만, 삼성의 이건희 회장은 죽으면서 컬렉션을 남겼다. 세계가 인정하는 미술 작품들은 그 일급 예술가들의 혼이 담겨 있다는 점에서 사리와 같다. 세계적인 미술품들은 거기에서 기가 나온다. 작품을 보고 감동한다는 것은 기를 받는다는 의미이다. 아울러 관광객을 끌어모아 돈을 만든다.

'이李컬렉션' 가운데 국내 작품은 지방에도 분배를 하는 것 같다. 그러나 해외 명품이 문제이다. 모네, 로댕, 피카소 같은 세계적인 작품들도 서울 한 군데에다가 몰빵하지 말고 부산, 대구, 광주, 인천, 대전, 전주 등 지방 도시에 1점씩이라도 분배했으면 한다. 그래야만 관람객들이 작품을 보러 순례를 할 것 아닌가. 수백억에서 수천억까지 나가는 세계적 작품들이 지방마다 분산되어 있으면 거기에서 방광을 한다. 빛이 퍼진다. 지방도 먹고 살 기회를 줘야 한다. 이참에 이건희 회장을 고맙게 여길 기회를 줘야 한다.

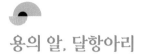

용의 알, 달항아리

용이 그려지지 않은 백자의 상징적 의미는
'용의 알'이다. 달항아리는 화가 김환기가
붙인 이름이다. 백자와 달의 만남이다.

중국과 일본에는 없고 한국에만 있는 항
아리가 달항아리이다. 왜 한국에서만 이 항아리가 만들어졌을까? '달항
아리'라는 이름은 1950년대 화가 김환기에 의해서 붙여진 이름이다. 달
과 비슷하게 생겼다고 해서. 그러나 내가 보기에는 달이 아니라 '용龍의
알'을 형상화한 것으로 여겨진다. 그 근거는 1719년의 〈경현당 석연도〉
에 등장한다. 숙종이 기로소(연로한 왕이나 고위 문신을 예우하기 위해 설치
한 일종의 경로당)에 들어간 것을 기념하는 그림이다.

이 그림에 보면 용이 그려진 백자인 쌍용준雙龍樽 청화백자 2개가 윗
자리에 놓여 있고 그 아래 위치에 백자가 놓여 있다. 아래 위치에 놓인
백자를 백립항白立缸으로 불렀다. 왕이 참석하는 궁중 행사에서 용이 그
려진 쌍용준과 용이 그려지지 않은 백립항(달항아리)은 복식조로 같이
등장하곤 하였다. 이 백립항의 상징적 의미는 '용의 알'이다. 쌍용준은
왕을 상징하고 백립항은 신하를 상징한다. 왕은 용이고, 신하는 알이라

고 짐작된다. 달항아리는 달이 아니고 용알이었지 않나 싶다. 용산이 용의 머리 부분이라면 여의도는 용알에 해당한다.

중국미술연구소의 전윤수 대표가 소장하고 있는 54cm짜리 대형 달항아리를 보고 난 다음에 퍼뜩 떠오른 영감이 '이건 용의 알이다'라는 느낌이었다. "이건 어디서 구했나?" "도쿄 미술 경매 시장에서 수십억을 주고 낙찰받은 것이다. 살고 있던 서울 한남동 아파트를 담보 대출 받아서 대금을 치렀다." 도쿄의 수준급 미술 경매 시장에는 한국 사람이 들어갈 수 없다. 철저하게 자기들끼리의 거래이다.

도쿄 교바시에 있었던 유명한 골동가게인 후겐도(不言堂)의 창립자 사카모토 고로 밑에서 전윤수는 10여 년 골동 수업을 받았다. "천하 명품을 만나면 집이라도 팔아서 손에 넣어라. 절대 찬스를 놓치지 말아라"가 사카모토의 가르침이었다. 수업받으면서 꿀밤도 많이 맞았다. 제자가 되기 위해서 5번을 도쿄에 찾아갔지만 문전박대를 당하고 6번째 찾아갔을 때 사카모토가 제자로 받아 줬다고 한다.

후겐도에서 10여 년씩 도제 수업을 하며 길러낸 제자들 100여 명이 중심이 되어 결성한 골동문파가 도리카이(桃李會)이다. 전윤수 대표는 이 도리카이 멤버이다. 도리카이가 한국인 동문 후배를 뒤에서 밀어줘서 54cm짜리 거대 달항아리를 손에 넣을 수 있었다. 달항아리의 크기는 45cm가 한계인데, 이것은 그 한계를 훌쩍 뛰어넘은 대작이라는 평가이다. 아시아의 명품은 고쥬교(壺中居), 류센도(龍泉堂) 같은 일본 골동 회사에서 장악하고 있다.

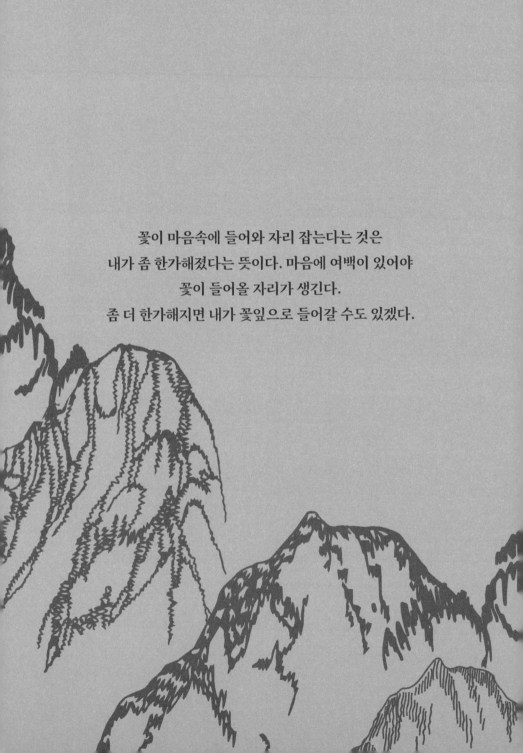

꽃이 마음속에 들어와 자리 잡는다는 것은
내가 좀 한가해졌다는 뜻이다. 마음에 여백이 있어야
꽃이 들어올 자리가 생긴다.
좀 더 한가해지면 내가 꽃잎으로 들어갈 수도 있겠다.

7

산천에 내려놓다

자연은 좋은 인생으로 가는

가장 짧은 길을 알려준다

신성한 소나무에는
죽은 가지가 있다

가지가 너무 무성하면 강풍이 불 때
몸체가 자빠질 수 있다. 몸무게를
줄여야만 한다.

인생은 '누구와 함께'가 중요하다. 누구를 만나느냐에 따라 삶의 색깔이 달라진다. 그래서 '복福 중에 인연 복이 최고이다'라는 말도 있다. 소나무 사진을 전문적으로 찍어온 장고송張古松 선생을 만나다 보니까 소나무에 대한 철학을 배우게 되었다. 전국에 3백 년 이상 된 노송이 약 2000그루쯤 있고, 이 중에서 자태가 아름다운 고송古松이 300그루쯤 된다. 300그루에서 다시 압축하면 신송神松이 나오는데, 이 신송은 전국에 20그루 정도 되는 것으로 추산한다.

"신송의 기준은 무엇인가?"

"신과 같은 느낌을 주는 소나무를 가리킨다."

"신과 같다니?"

"나무를 보는 순간 경외감이 느껴지는 나무이다. 불굴의 기상을 풍긴다."

"불굴의 기상이란 무엇인가?"

"소나무가 살기 어려운 악조건에서 수백 년을 넘어 천년 가까이 살아온 나무에서 느껴진다. 대개 절벽의 바위 틈에서 자란다."

소나무를 보면서 깨닫게 되는 철학은 악조건이었다. 너무나 좋지 않은 상황에서도 죽지 않고 살아남은 소나무들은 몸체가 뒤틀려 있다는 것이다. 토양이 별로 없고 바위 틈새에서 뿌리를 뻗고 살아야만 했으니 얼마나 고단한 삶을 살았겠는가! 뒤틀릴 수밖에 없다. 소나무 자신은 힘들었지만 이걸 바라다보는 인간에게는 자기 인생을 되돌아보게 한다. '그 수많은 고비를 겪고도 아직 내가 죽지 않았구나' 하는 소회이다.

명품 소나무가 되려면 또 하나의 조건이 죽은 가지가 있어야만 한다는 점이다. 가지가 너무 무성하면 강풍이 불 때 몸체가 자빠질 수 있다. 몸무게를 줄여야만 한다. 그러려면 가지가 몇 가닥은 시커멓게 죽어 있어야만 한다. 죽어 있는 가지가 사진작가에게는 여백의 미를 준다. 신송들은 시커멓게 죽은 가지들이 있다. 가까이 가서 보면 시커먼 가지들은 송진 덩어리들이다. 바위 틈새에서 몸부림치며 성장하다 보니 나이테가 촘촘하다. 나이테 간격이 좁은 것이다. 동해안의 두타산頭陀山 절벽에 이런 신송들이 여러 그루 있다고 한다. 두타산은 석회암 성분이 많다. 토양이 척박하고 험한 산에 명품이 있다.

장 선생에 의하면 한국 소나무가 세계 소나무 중에서 최고라고 한다. 로마의 가로수로 서 있는 소나무들도 기상은 있지만 한국처럼 거북이 등껍질 같은 갈라짐은 없다. 중국의 황산 소나무들도 명품이지만 한국처럼 꿈틀꿈틀하면서 용틀임하는 품격은 없다. 한국 적송赤松에서 나오는 특유의 붉은색은 아주 귀족적인 색깔인 것이다.

한 그릇 밥과
한 바가지 물

수백 년 전 무수한 목숨이 스러진 자리에서
공양주 보살이 상추와 쑥갓을 뜯는 모습을
보니, 마음이 고향에 온 듯하다.

　　　　　　　　　한국이 작은 나라 같아도 골짜기 골짜기
마다 이야기와 인물들이 숨어 있다. 지리산 화엄사華嚴寺는 우리나라에서
주먹이 센 장사 스님을 많이 배출한 절이다. 계룡산 갑사甲寺와 함께 화엄
사는 터에서 올라오는 기운이 강해서 역대로 한주먹 하는 스님이 많았다.
1960~70년대까지만 하더라도 화엄사에 가서 술 먹고 행패 부리는 건달
들은 화엄사의 주먹맛을 보고 참회를 해야만 하였다. 화엄사는 좌측 봉우
리가 청룡이고 우측에는 봉황이 버티고 있어서일까.

　　정유재란 때 진주성을 불태우고 전라도 쪽으로 쳐들어오던 왜군을
맞아 결사항전했던 석주관石柱關 전투. 당시 구례 남자들과 지리산 골짜
기 수백 개 암자에 수행 중이던 승려들이 맨몸으로 저항했다. 거의 다
죽었다. 구례는 고을이 텅 비었다고 전해진다. 보름 동안의 처절한 전투
항거 끝에 모두 사망한 1200명의 승려 가운데에도 화엄사 출신이 많았
을 것이다. 왜군들은 석주관을 넘어 화엄사에 쳐들어와 절에 남아 있던

동자승과 노승들을 모두 죽였다고 전해진다. 세상은 정권이 바뀌어서 설왕설래하지만 지리산 화엄사 골짜기의 녹색 신록은 천 년 전이나 지금이나 푸르기만 하다. 모든 것이 변하는 이 세상에 불변不變의 청산이 존재한다는 게 사람 마음을 안정시켜 준다.

화엄사 뒤로 올라가면 구층암九層菴을 거쳐 봉천암鳳泉菴이 나온다. '차나 한잔하자'는 봉천암 암주菴主의 연락을 받고 산길을 올라가다 보니 오른쪽에 채마밭이 눈에 들어온다. 상추, 쑥갓, 고추, 아욱, 고수, 감자, 부추(정구지), 더덕이 자란다. 공양주 보살이 햇볕을 가리는 밀짚모자를 쓰고 그 채마밭에서 상추와 쑥갓을 채취하는 모습을 보니 마음이 고향에 온 것 같다. 왜 이리 한가하단 말인가!

왼쪽 언덕의 비닐하우스에서는 새로 나온 햇차를 멍석에다 깔아 놓고 네댓 명이 손으로 비비는 작업이 한창이다. 50대 중반으로 보이는 머리 깎은 백인이 회색 승복 바지를 입고 땀을 흘리며 햇차를 만들기에 "스님이냐?"고 물어 보니 템플스테이 장기 숙박자라고 한다. 독일 사람인데 몇 년 전 우연히 이 절에 놀러 왔다가 좋아서 눌러앉을 준비를 한다는 것이다. '일단사 일표음(一簞食一瓢飮, 한 그릇 밥과 한 바가지 물)'의 경지를 서양인이 안단 말인가!

봉두혈鳳頭穴 밑의 봉천鳳泉에서 나온 샘물로 햇차를 한잔하였다.

풍경 속에 숨은
피의 역사

> 대자연이 살아서 꿈틀거리면 여기에서
> 인간은 삶의 의미를 느끼고 에너지를
> 얻는다. 산이 나에게 말을 걸어온다.

마음에 때가 끼었다고 생각되거나, 마음이 구겨졌다고 느낄 때는 이걸 그대로 놔두지 말고 풀어야 한다. 이게 쌓이면 눈빛이 탁해지고, 얼굴이 어두워진다.

내가 푸는 방법은 풍경 좋은 데를 가서 둘러보고 걷는 일이다. 구례 용두리에 있는 용호정龍湖亭도 그 풍경 가운데 하나이다. 지리산 노고단에서 30리를 내려온 지맥이 섬진강 앞에서 멈췄다. 용의 머리와 입이 섬진강으로 들어가기 직전이다. 그래서 용두리龍頭里라고 이름을 붙였을 것이다. 정자 앞으로는 섬진강이 돌아 나가고 앞으로는 오산鰲山이 서 있는 모습이다.

산 모습이 자라 모양처럼 생겼다고 해서 오산이라는 이름이 붙었다. 구례구역에서 바라다보면 자라가 내려와 섬진강의 물을 먹는 모습과 흡사하다. 움직이지 않는 산을 살아 있는 동물로 바꿔서 생각하면 대자연이 움직이는 동영상으로 다가온다. 살아서 꿈틀거린다.

용호정에서 오산을 바라보면 그 모양이 선비가 머리에 쓰는 유관儒冠처럼 보인다. 대자연이 살아서 꿈틀거리면 여기에서 인간은 삶의 의미를 느끼고 에너지를 얻는다. 산이 나에게 말을 걸어온다. '돈, 출세, 성공 대신에 자연이 있구나!' 용호정 주변에는 소나무, 상수리나무, 산죽들이 우거져 있다. 섬진강 둘레를 따라서 조성된 이 숲속의 덱deck 길을 걸으면 머리가 그렇게 상쾌할 수가 없다. 산골 마을의 서정이 느껴진다.

전해지는 이야기로는 옛날에 도선 국사가 사도리沙圖里에서 풍수를 연마하다가, 용호정 앞의 섬진강을 건너서 오산 꼭대기의 사성암四聖庵으로 올라가곤 하였다고 한다. 용호정은 매천梅泉 황현(黃玹, 1855~1910)이 '難作人間識字人(인간 세상에 살면서 글을 아는 사람의 노릇이 참으로 어렵구나)'이라는 절명시를 남기고 세상을 떠난 후에 구례의 선비들이 매천을 추모하기 위하여 지은 정자이다.

구례의 향토사학자 우두성 선생의 말을 들어 보니까 매천은 원래 광양 사람이라고 한다. 그런데 구례로 이사를 와서 산 이유는 선생 때문이라고 한다. 매천을 가르쳤던 스승이 구례 사람인 천사川社 왕석보(王錫輔, 1816~1868) 선생이다. 왕석보의 학문이 깊었다. 개성 왕씨인 왕석보에게 배우려고 매천은 구례에 와서 살았다. 알고 보니까 수백 년 동안 구례의 터줏대감은 개성 왕씨들이었다. 만석꾼이 여러 명 나온 부자들이었다. 게다가 정유재란의 석주관石柱關 전투 때에도 왕씨들이 목숨과 재산을 바쳐 싸웠다. 의병들의 전투에 들어간 돈도 왕씨들이 대고 목숨도 댔다. 풍경 속에는 피의 역사도 숨어 있었다.

1억 4천만 년의 물을
품은 우포늪

나지막한 산들로 둘러싸인 우포늪에
연두색 싹과 잔잔한 물, 그리고 청둥오리가
빈둥빈둥 일 없이 떠 있다.

지난 세월은 다 어디로 가버렸을까? 그
러나 경남 창녕군 우포늪에는 어린 시절 보았던 풍경들이 그대로 보존되
어 있었다. 먹고사는 일에 급급하여 다 잃어버렸던 풍광이 우포늪에는 여
전히 남아 있었다. 이 얼마나 고마운 일인가!

유년 시절의 경치를 수십 년이 지나서 다시 보게 되니까 지나간 세월
이 모두 사라진 게 아니고, 그 풍광 속에 그대로 저축되어 있는 것 같은
기분이 든다. 물 옆에 사는 왕버들의 연두색 싹이 올라오는 풍경이 우포
늪 봄 풍경의 압권이다. 비발디의 〈사계四季〉도 봄이 제일 좋고, 요한 슈
트라우스의 〈봄의 소리 왈츠〉가 주는 느낌을 연상시킨다. 나지막한 산
들로 둘러싸인 우포는 이 연두색의 싹과 잔잔한 물, 그리고 중간중간에
는 청둥오리가 빈둥빈둥 하는 일 없이 물 위에 떠 있다. 텃새들은 수면
위를 날아다닌다. 저 새들 이름은 무엇일까? 청머리오리, 황조롱이, 논
병아리, 딱새, 왜가리, 노랑부리저어새, 청다리도요 등 200여 종의 텃새

와 철새들이 우포늪에 서식한다.

생태학적 기능만이 아니다. 우기나 홍수 때의 과다한 수분을 습지 속에 저장하였다가 가뭄이 들 때 주변에 수분을 공급하는 역할을 한다. 우포늪은 평균 수심 2m에 이른다. 늪 주변의 얕은 데는 1m 정도밖에 안 된다. 밑에는 부드러운 펄이 깔려 있어서 그 펄을 딛고 수초들이 곳곳에 우거져 있다. 창포, 물억새도 있고 마름도 있었다. 마름을 삶으면 밤과 같은 맛이 난다. 모양이 소의 머리같이 생겼다. 이 마름을 줄로 꿰어서 목걸이도 만든다. 깊지 않으니까 사람이 빠져도 죽지 않을 것 같은 안도감이 든다. 깊으면 두려움을 주지만 얕으니까 오히려 경계심이 없어진다.

허虛한 사람이 산에 가면 산이 사람을 보듬어 주고, 열 받은 사람이 물에 가면 열을 식혀준다. 우포늪에 와서 왜 이리 마음이 평화스러워질까 하고 생각해 보니 산과 물이 융합되어 있어서이다. 허한 마음을 보듬어 주는 호생지기好生之氣와 열을 식혀주는 이완의 에너지가 충만해 있는 곳이다. 우포늪을 한 바퀴 도는 둘레길이 8.4km이다. 같이 걸으면서 우포늪 지킴이 노용호 박사에게 한마디 했다.

"당신은 복 받은 인생입니다!"

물은 1이다

물이 오염되면 인체의 피가 오염되는
것으로 여겼다. 피가 오염되면 건강이
오염되고 생각이 오염된다.

물은 하늘에서 내려오는 것이다. 하늘과
땅속을 마음대로 이동하는 게 물이다. 그런데 하늘이라니? 물은 북두칠
성에서 보내주는 것이다. 북두칠성은 그 모습이 국자처럼 생겼다. 국자
에서 물을 퍼 담아 인간계로 내려준다고 옛사람들은 생각하였다. 북두칠
성이 생명을 주는 셈이다. 하늘에 물이 있나? 바로 은하수銀河水이다. 은
하수만큼 거대한 물이 없다. 이 은하수가 지상에 내려오면 비가 되고 물
이 된다고 여겼다. 물은 생명을 주는 것이고, 생명은 결국 시간을 준다는
의미로 해석된다.

　북두칠성은 국자의 손잡이 부분, 즉 6번째와 7번째 별을 이은 부분
이 하나의 거대한 시곗바늘 역할을 한다. 시침時針이다. 칠성의 손잡이
부분이 가만있지 않고 하룻밤에도 계속 회전한다. 북반구의 유목민들은
밤하늘에서 이 부분을 보고 지금이 몇 시인지를 알았다. 칠성은 밤하늘
에 걸려 있는 거대한 시간의 신神이었다. 음양오행에서 물을 숫자로 나

타내면 1이다. 제일 첫 번째이다. 물에서 생명이 시작되었음을 암시한다. 고대 그리스의 탈레스가 '만물은 물에서 왔다'라고 한 말도 같은 맥락이다. 10개의 천간天干 중에서 물을 상징하는 임壬은 숫자로 1이다. 12개의 지지地支 가운데 물을 상징하는 자子도 또한 1이다. '임자壬子'라는 1과 1에 해당한다. '임자 만났다'는 뜻을 풀어 보면 제일 첫 번째를 만났다는 의미하고, 제일 센 상대를 만났음을 의미한다.

《도덕경》에서 유명한 대목이 상선약수上善若水이다. "최고의 선善은 물과 같다." 검정 옷을 입은 법조계 사람들의 사무실에 가 보면 이 글씨가 많이 걸려 있다. 그럴 수밖에 없는 것이 '법法'이라는 글자도 물(氵)이 흘러가는(去) 것과 같기 때문이다. '활活'도 그렇다. 물(氵)이 혀(舌)에 들어가면 활력이 생기지 않던가. 무술배우 이소룡도 딴따라 수준을 넘어서는 자신의 무술 철학을 가지고 있었고, 그 철학을 물로 정의했다. 물은 하늘에서 내려오는 것이니 고귀한 것이고, 낮은 데로 흘러가니 겸손한 것이고, 흘러가면서 많은 생명을 살리니 덕을 쌓는 것이고, 다시 수증기로 화해서 하늘로 승천하니 영광스럽다고.

풍수가에서는 물을 인체의 피로 여긴다. 인간과 자연은 서로 연결되어 같은 쳇바퀴로 돌아간다는 믿음이 강하다. 물이 오염되면 우리 몸의 피가 오염되는 것으로 여겼다. 피가 오염되면 건강이 오염되고 생각이 오염된다. 그래서 명당 주변에는 맑은 물이 흐르는 것을 최고로 친다.

경류정 뚝향나무

적선을 많이 하면 좋은 일이 있고,
이 경사가 시냇물처럼 흐르면서
그 향기를 멀리, 오래 내뿜는다.

외국 여행을 하게 되면 주로 껍데기를 많이 보는 것 같고, 국내 여행을 하면 속살을 본다. 속살은 무엇이냐? 뿌리를 보는 게 속살이다. 뿌리는 땅속에 묻혀 있어서 잘 보이지 않지만 그 뿌리의 깊이와 형태에 따라서 나무의 무성함과 가지, 이파리, 또는 열매까지 정해진다. 근기(根機, 뿌리의 모양)는 이래서 중요하다. 보이지 않는 부분이 보이는 부분을 좌우한다.

국내 여행을 하면서 '뿌리 깊은 나무가 바로 이런 나무이구나' 하는 느낌을 받은 사례가 있다. 안동시 와룡면 주하리에 있는 경류정慶流亭의 향나무이다. '경류정'은 택호이다. 바로 퇴계 선생 증조부 집이다. '선경류방善慶流芳'에서 나온 말이라고 한다. 적선을 많이 하면 좋은 일(경사)이 있고, 이 경사가 시냇물처럼 흐르면서 그 향기를 내뿜는다는 뜻이다. 산골이면서도 그리 높지 않은 야산으로 둘러싸여 있는 지형적 특징을 보여주는 곳이 이 지역이다. 산골이 주는 그윽함을 풍기면서도 위압적인 산세가 아니다. 조선 선비의 인품은 이 산세와 같은 게 아닐까.

경류정의 마당에는 600년 된 향나무가 가지를 뻗고 있다. 거대한 우산을 펼쳐 놓은 모양 같다. 높이는 2m가 넘지 않지만 옆으로 뻗은 가지는 세월을 말해준다. 조선 초기 6진을 개척하면서 영변판관을 지냈던 이정(李禎, 1512~1571)이 약산산성 쌓는 일을 마치고 고향으로 돌아올 때 영변에서 향나무 묘목 3그루를 가져왔다. 그 한 그루가 현재의 경류정 뚝향나무이다. 이 600년 된 향나무는 향기가 강해서 모기, 파리가 접근할 수 없다. 주변이 자동적으로 청정해진다. 유럽 켈트족의 신목神木이 참나무(오크)였다면 진성 이씨들의 신목은 바로 이 뚝향나무였다. 퇴계 선생이 배출된 뿌리가 바로 이 향나무라고 해도 과언이 아니다.

향나무는 유교의 제사 의례에서도 반드시 필요한 나무이다. 모든 제사는 향을 피워야 하기 때문이다. 향은 하늘로 올라가 조상의 혼(魂, 육신에 빠져나와 하늘로 올라간 혼)과 연결되고, 술은 땅에다가 부어서 조상의 백(魄, 땅에서 스러진 육신의 넋)과 연결된다고 믿었다. 향나무가 오래되어야 나무 속의 심이 붉어지고, 이 속심이 붉어진 부분을 태워야 향이 진하게 나온다.

21대 종손인 이세준李世俊 선생은 선대로부터 물려받은 이 경류정을 가꾸고 보존하는 데 자신의 일생을 다 보냈다. 다른 지역에 없는 풍속이다. "선대의 가르침은 무엇입니까?" "장사를 하지 말고, 운전을 배우지 말고, 시내버스를 타고 다니지 말라고 조부님으로부터 배웠습니다."

"버스는 왜?" "경류정 종손의 품격입니다."

주말에는
출세하러 가자

출$_{出}$ 자를 뜯어 보자. 뫼 산$_{山}$ 위에
또 뫼 산이 겹쳐 있다. 산 위의 산으로
간다는 뜻이다.

'억울하면 출세하라!' 억울한 일을 당한 사람의 가슴에 못을 박는 말이다. 이런 말을 자주 들은 사람치고 출세하고 싶지 않은 사람은 없을 것이다. 그렇다면 출세$_{出世}$란 과연 무엇인가? 무엇이 진정한 출세란 말인가.

출세라는 말의 어원은 불교의 '출세간$_{出世間}$'이라는 말에서 유래하였다. '세간을 떠난다'라는 뜻이다. 원래 의미에서 보자면 세속을 떠나 머리 깎고 승려가 되는 것이 출세였다. 번뇌를 벗어나 깨달음의 경지에 이르는 것이다. 출$_{出}$ 자를 뜯어 보자. 뫼 산$_{山}$ 자 위에 또 뫼 산$_{山}$ 자가 겹쳐 있는 모습이다. 출$_{出}$ 자는 산 위의 산으로 간다는 의미를 내포하고 있는 것이다. 따라서 출세는 세속을 떠나 깊은 산 속으로 들어간다는 의미로 해석할 수 있다. 불교의 행복은 산에 있었던 것이다.

불교적 맥락의 출세 개념은 조선 시대 유교로 넘어오면서 의미가 바뀌었다. 유교에서 추구하는 가치 가운데 하나는 '입신양명$_{立身揚名}$'이다.

몸을 바로 세워 세상에 이름을 날리는 것을 중요하게 생각하였고, 이 입신양명이 곧 출세를 의미하게 되었다. 오늘날 우리가 사용하는 출세라는 말은 '입신양명'의 뜻이다. 엄밀한 의미에서 보자면 세속에서 이루어지는 입신양명은 '입세入世'라고 표현해야 맞다. 입세라고 하지 않고 출세라는 단어가 계속 사용된 배경에는 고려 시대 불교가 준 영향이 사회 전반에 깊게 각인되어 있었기 때문이다. 고려 시대에는 승려가 되어서 산으로 가는 일이 출세를 의미하였다면, 조선 시대에는 과거시험에 합격하여 벼슬하는 것을 출세로 여겼다. 오늘날에는 국회의원 되고 장차관과 고시 패스하는 것이 출세이다. 국회의원과 고시 패스는 입세入世이지 출세는 아니다. 진짜 출세는 산으로 가는 것이다.

한국은 국토의 70%가 산이다. 그 70%도 네팔이나 티베트처럼 4000~5000m의 높은 산이 아니다. 4000m가 넘어가면 동식물이 살 수 없는 죽은 산이다. 1000m 내외의 산이라서 동식물이 살 수 있고, 계곡물을 사람이 마실 수 있다. 등산하기에 가장 좋은 산들이고, 산자락에서 텃밭 가꾸며 살면 굶어 죽지는 않는 산들이다. 복 받은 산들이다.

세계에서 이처럼 양질의 산이 많은 나라는 오직 대한민국뿐이다. 돈 없이도 갈 수 있는 곳이 산이다. 도시인들이여! 주말에는 출세하러 가자.

봄 여울 소리

> 물이 지닌 부드러움과 바위가 지닌
> 단단함이 어떻게 조우하는지를
> 관찰해 보는 것도 인생 공부이다.

봄은 강물을 따라서 온다는 이치를 알았다. 봄의 정취는 꽃잎 색깔에서도 느끼지만 강물에서도 물씬 풍긴다. 왜 춘강春江의 물색은 이리 푸르게 느껴질까. 청자빛으로 보이는 강물의 색깔은 사람의 마음을 정화시키는 작용을 한다. 봄이야말로 청산리靑山裏 벽계수碧溪水를 따라가며 그 물색을 감상하기에는 최적의 계절이다. 그 청산리 벽계수는 남한강이었다.

'퇴계 선생 마지막 귀향길'을 사전 답사하기 위해 '퇴계클럽' 회원들과 함께 여주 신륵사에서부터 남한강 상류를 60km 정도 거슬러 올라가 보았다. 남한강물이 신륵사의 바위 정기를 부드럽게 감싸 안고 흐르는 모습이 보인다. 물이 지닌 부드러움과 바위가 지닌 단단함이 어떻게 조우하는지를 관찰해 보는 것도 인생 공부이다. 어떻게 저리 이질적인 기운들이 서로 잘 섞일 수 있는 것일까! 물과 불이 서로를 감싸 안는다.

더 거슬러 올라가다 보면 강천섬이 나오고, 다시 강물을 따라 올라가면 고려 시대 세곡 창고가 있었던 흥원창興元倉 지점이 나온다. 원주를 비롯한 강원도에서 걷은 곡식을 개성으로 운반하기 위하여 만들어 놓은 창고이다. 200석을 실을 수 있는 평저선平底船이 21척이나 배치되어 있었다고 한다. 작은 강물인 섬강의 물과 큰 강물인 남한강의 물이 합류하는 지점이다. 19세기 초 선상유람에 나선 다산 정약용도 '흥원창 포구'에 잠시 머물며 시를 짓기도 했다. 두 개의 강물이 합류하는 지점은 예로부터 감상 포인트였다. 두 가닥의 인심이 저런 방식으로 합해지고 있구나를 느낀다.

원주시 부론면에서 점심을 먹고 다시 강물을 따라 걸어가니 아직 훼손되지 않은 조선 시대의 강변 풍경이 그대로 펼쳐져 있었다. 강물 중간 중간마다 여울(灘)들이 있다. 여울은 그 물소리가 좋다. 강물이 흘러오다가 강바닥의 바위와 자갈을 만나 부딪치면서 내는 특유의 물소리가 있다. 폭포 소리 같이 크지도 않다. 작은 소리지만 가슴에 스며드는 소리이다. 밤에 잠결에 들으면 좋을 소리이다. 왜 나는 이 여울 소리가 이리 좋단 말인가? 여울의 물소리는 먹고산다고 짓눌려 있었던 로맨틱한 감성을 회복시켜 준다.

이 풍경을 몇 번이나
볼 수 있을까

차회의 절도와 격식은 손님 입장에서
대접받는다는 느낌이 든다.
절도 있는 동작이 정신을 집중하게 한다.

차회茶會 초청을 받았다. 차를 마시는데
그냥 마시는 게 아니라 격식과 예절을 갖춰서 차를 마시는 차례茶禮이기
도 하다. 조선 시대 선비들의 모임이었던 향음주례鄕飮酒禮가 젊은 사람들
이 어른들에게 술 마시는 법과 시를 짓는 법을 배우는 예절 교육이었다면
차회는 차를 통하여 예절을 익히는 행사이다.

초청 단체는 부산 숙우회. 세련된 차회로 전국에 이름이 나 있다. '북커
남차'. 서울이 커피라면 부산은 차이다. 차회가 열리는 부산 해운대 달맞
이 고갯길 언덕에 올라가 보니 길옆에는 벚꽃이 만발해 있었다. 달맞이
언덕길을 올라가서 마주치게 된 꽃길의 풍경. 엷은 분홍빛이 섞인 흰색
의 꽃잎이 나무마다 풍성하게 매달려 있는 장면. 가슴이 뭉클하였다. 세
상사의 땟국물을 덮어주는 풍광이 아닐 수 없다. 동시에 '나는 그동안 뭐
하고 살았는가? 우물쭈물하다가 시간 다 갔구나!' 하는 회한이 밀려온다.

차회는 청사포 바다가 보이는 찻집 비비비당非非非堂과 차를 통한 명

상 공간인 도은都隱 두 군데서 열렸다. 총 5군데의 방을 돌면서 각기 다른 차를 마셔 보는 게 주 내용이다. 방마다 차를 우려주는 팽주가 한 명씩 있다. 방마다 각기 다른 색깔의 단정한 차복茶服을 입고 차를 담아주는 다기茶器들도 다르다. 찻주전자에서 차를 우리는 동작도 절도가 있고, 손님들에게 차를 내어주는 동작도 나름대로 격식에 맞춰서 한다.

차회의 절도와 격식이 불편함을 줄 수도 있지만 손님 입장에서는 대접받는다는 느낌이 든다. 절도 있는 동작들이 차회에 참석하는 사람들에게 잡생각 못 하게 하고 정신을 집중하게 만드는 효과가 있다. 동작 틀리면 안 되니까 말이다. 다법에는 나물 바구니를 활용한 채람菜藍 다법도 있었다.

마지막 다섯 번째 차실은 도은의 3층 덱deck 옆인데 차가 아닌 커피를 대접하는 조그만 방이었다. 덱에 서 보니 봄날 밤에 고갯길에 만발한 하얀색의 벚꽃 다발들을 발아래로 굽어볼 수 있는 위치였다. 벚꽃 너머로는 청사포 어두운 밤바다에 고기 잡는 배들의 등불들이 환하게 비추고 있었다.

봄날 밤바다의 고깃배 등불과 만개한 꽃들이 어우러진 풍경을 내려다보고 있노라니 기쁨과 슬픔이 동시에 밀려온다. 그 슬픔이란 내가 인생에서 이 풍경을 몇 번이나 볼 수 있을까 하는 생각이다. 이태백은 〈춘야연도리원서春夜宴桃李園序〉에서 그 유한함을 '백대百代의 과객過客'이라읊었다. 우리는 다 지나가는 나그네인 것이다.

장작불 찬가

> 영원할 것 같은, 무쇠 덩어리 같은
> 이 근심 걱정도 결국 연기처럼
> 그림자처럼 사라질 것이다.

어떻게 긴장을 푸느냐가 문제이다. 삶은 긴장의 연속인데, 이 긴장을 푸는 것이 쉽지 않다. 긴장은 자동적으로 일어나지만 그 반대인 이완이 정말 어려운 것이다. 물과 불이 긴장을 풀어 준다. 사람들이 호수, 강, 바다 옆에 집을 짓고 살려고 하는 게 물이 주는 이완 효과 때문이다. 우리 선조들이 지어 놓은 관수정觀水亭, 관란정觀瀾亭이 이런 맥락이다.

그렇다면 불은 어떻게 되는가? 세계에서 가장 오래된 종교가 조로아스터교, 일명 배화교拜火敎이다. 5000년이 넘는 역사를 가지고 있다. 이란의 수도 테헤란에 가 보니까 아직까지도 조로아스터교 예배당이 살아 있었다. 120cm 정도 높이의 돌로 된 제단에 금속의 화로가 놓여 있었고, 장작불이 타고 있었다. 사방에서 이 화로의 불타는 모습을 바라보는 구조이다. 밤에는 장작불을 줄이고 불씨만을 살려서 재로 덮어 둔다. 이 불 관리하는 사람은 흰옷을 입고 흰색 모자를 쓰고 있었다. 성직자이다.

24시간 불을 관리하는 직책이기도 하다. 설교는 없고 불만 바라보면 되니 아주 심플한 종교라고 여겨졌다.

장작불로 도자기를 굽는 도공들은 가마에 불을 땔 때 4~5일을 계속 땐다. 장시간 가마 속의 불을 바라보면 나중에는 황홀경에 빠진다는 이야기를 들은 바도 있다. 힘든 육체노동을 하면서 가끔 이렇게 불을 오래 때면 그 쌓인 스트레스가 녹는 것이다. 요즘 한국에는 아궁이가 없어졌고, 장작불 땔 일이 없어져서 더 스트레스가 쌓이는 게 아닌지 모르겠다.

나는 축령산 황토집인 휴휴산방에서 '배화교'를 믿는다. 아궁이에 장작불을 지피는 시간이 좋다. 불을 때다 보면 이상하게도 마음이 밝아지는 효과를 느낀다. 특히 눈 내리는 겨울이면 우선 그 장작불의 열기가 마음을 따뜻하게 해준다. 장작불이 이글이글 타는 모습은 근심을 태워 준다. 근심 걱정을 그 불꽃에다 던지는 연습을 한다. 걱정이 올라오면 던지고, 또 올라오면 또 던지고 던진다. 불은 근심 덩어리를 태워 버린다. 유有를 무無로 변화시킨다. 불이 지닌 장점은 유를 무로 순식간에 전환시키는 능력이다. 영원한 것은 아무것도 없고, 이 육신도 죽으면 저렇게 재로 변하고 무로 변할 것이라는 점을 마음속에 새겨 본다.

영원할 것 같은, 무쇠 덩어리 같은 이 근심 걱정도 결국 연기처럼 그림자처럼 사라질 것이다. 장작에 타는 불이 그 이치를 보여주고 있지 않나. 걱정이 많으면 사람이 어두컴컴해지고 오그라든다. 불은 어둠을 물리치고 오그라든 몸을 펴준다. 불을 보면서 신의 은총을 느낀다. 배화교 신자는 장작을 장만하는 일이 큰일이다. 시골 동네를 다니면서 담벼락이나 창고 옆에 장작을 차곡차곡 쌓아 놓은 집의 모습을 보면 나는 부럽다.

산삼의 잎사귀 수

산삼 잎사귀가 30장이 될 때,
'육구만달'이라 부른다.
1년에 잎 한 장이 자란 셈이다.
대략 30년이 걸린다.

산의 명당에서 몇 시간 동안 놀다 오면 몸에 정기가 충전되는 것 같다. 앞이마 쪽으로 기운이 쩌릿쩌릿하게 충전되는 맛이야말로 산의 맛이다. 골산骨山의 향이 에스프레소라고 한다면 육산肉山은 커피의 콜드브루 맛이다. 세상에 태어나서 이 맛도 모르고 죽으면 너무 억울하지 않은가! 산의 에너지와 기운에만 관심이 쏠려 있는 나 같은 풍수 마니아에게는 약점이 있다. 식물과 약초에 무지하다는 사실이다. 이름을 알아야 대화가 되는 법. 꽃과 약초 이름을 모르니까 풍성한 대화가 어렵다. 가끔 식물도감을 펼쳐 놓고 공부는 해 보지만, 역시 전문가를 만나야 공부가 쉽게 된다.

강원도 점봉산을 오르다가 약초꾼 태산을 알게 되었다. 경력 25년 차였다. 주중에는 서울에서 약초 백숙 식당을 운영하다가 주말이 되면 비가 오나 눈이 오나 산을 탔다고 한다. 내가 슬며시 한마디 던져 보았다.

"산신령 만나 봤나? 산신령 못 만나 봤으면 헛방인데?"

"계방산 운두령(1089m) 고개에서 텐트 치고 잠잘 때 하얀 소복 입은 여자 2명이 꿈에 나타난 적은 있다. 그 꿈 꾸고 산삼 두 뿌리 캤다. 소복 입은 여자는 산신령이 보낸 심부름꾼 아니겠나!"

태산의 설명에 따르면 산의 정기는 산삼에 뭉쳐 있다는 주장이다.

"산삼도 못 먹어 봤으면 산의 정기를 안다고 할 수 없다"며 나를 쥐어박았다.

그는 나에게 현장 강의를 했다. 우선 산삼 씨는 껍질이 두껍다는 점이 특징이다. 그래서 새가 산삼 씨를 먹고 위장에 들어가야 이 껍질이 녹는다. 껍질이 녹은 상태에서 새가 똥을 싸면 산삼 씨가 자연스럽게 발아한다. 조복삼鳥腹蔘이다.

산삼은 발아하면서 처음에는 잎사귀가 3장 나온다. 4~5년 자라면 잎이 5장으로 늘어난다. 5장이 되면 이때부터 산삼으로 인정한다. 다시 2~3년 자라면 옆으로 가지가 하나 뻗는다. 가지가 뻗으면서 잎사귀도 3장이 새로 솟는다. 그러다가 2~3년 더 자라면 잎이 2장 추가된다. 잎사귀가 총 10장 된다. 좀 더 자라면 다시 가지가 하나 새로 나오고 여기에 잎이 3장 솟아 나오고 좀 더 있다가 2장이 추가로 자란다. 가지 하나마다 이파리가 5장이 붙는 게 산삼의 습성이다. 이런 식으로 계속 자란다. 가지가 6개가 되면 잎사귀는 30장이 된다. 드디어 산삼의 완성태이다. 이걸 '육구만달'이라고 부른다. 대략 30년이 걸린다.

등산 물병에 들어 있는 산삼주 한잔을 얻어먹으니까 역시 다른 기운이 느껴진다.

미술사를 공부하고
산에 들다

산에 살려면 동양 정신사에서 차지하는
비중을 공부해야 한다. 그래야 외롭지
않고 내가 지금 상팔자임을 안다.

최근에 중국이 한국을 대하는 태도를 보
면서 중국의 내공이 생각만큼 깊지 않다는 생각을 하게 되었다. 졸부猝
富가 보여주는 그 어떤 면모를 보면서 실망을 많이 했다. 그럼에도 나는
중국의 명산名山, 보이차, 수정방水井坊 때문에 중국 취향을 끊을 수 없다.
특히 중국 명산들의 장엄하고 기괴한 풍광은 한국 사람의 원초적 심성에
어필하는 바가 많다. 중장년의 한국인에게 산은 세상의 시름을 달래주고
'왜 이 세상에 왔는가'를 깨닫게 해주는 구원의 장소이다.

대만의 이림찬 선생이 쓴 《중국미술사》(장인용 옮김, 다빈치)를 보니
중국 역대급 산수화에 대한 설명이 자세하면서 흥미롭다. 토박이 전문
가가 쓴 내용이라 서양학자 글과는 결이 다른 것 같다. 이림찬이 대만
고궁박물원에 수십 년간 근무하면서 작품들을 직접 들여다보고 썼으니
오죽하겠는가. 범관(范寬, 950~1032)의 명작인 〈계산행려도谿山行旅圖〉에
대한 설명도 마음에 든다. 계산행려, 산과 골짜기를 지나간다는 뜻이다.

암봉巖峰이 주는 장중함을 잘 표현해 평소 필자가 좋아하는 그림이다. 압도하는 바위 봉우리가 인간의 욕심과 한을 짓이겨 부숴 버린다는 필자의 관념에 아주 부합하는 그림이기 때문이다.

삼단논법으로 이 작품을 감상해야 한다는 설명이 나온다. 산 정상의 나무와 풀은 하늘에서 내려다본 각도이고, 낮은 산의 사원은 능선에서 바라본 각도이고, 시냇가의 바위들은 평지에서 바라다본 시각이라는 것이다. 이 세 가지의 각도가 이 작품에 모두 들어 있다는 이림찬의 설명을 듣고 보니 그림 보는 재미가 배가 된다.

황공망黃公望의 〈부춘산거도富春山居圖〉도 좋다. 후한後漢의 엄광嚴光이 친구인 광무제가 주는 벼슬을 사양하고 숨어 살았던 곳이 부춘산이다. 황공망은 그림을 3~4년에 걸쳐 완성했다고 한다. 있는 그대로 보고 그린 것이 아니라 오랜 세월 사색한 결과이다. 황공망은 그림을 그리려면 사첨속뢰邪甛俗賴, 4가지 자세를 버리라고 한다. 바르지 않고(邪), 달콤하고(甛), 속되고(俗), 의지하는(賴) 것이 그것이다.

한국에선 은퇴한 많은 이가 산 밑에 전원주택을 짓고 들어간다. 산에서 살려면 산의 아름다움과 의미를 알아야 한다. 산 밑에 사는 라이프스타일이 동양 정신사에서 차지하는 비중을 공부해야 한다. 그래야 외롭지 않고, '이만하면 상팔자로구나!'를 안다. 그러기 위해 미술사를 공부하는 것이 중요하다. 산수화가 지닌 의미를 알면 귀촌 생활이 풍요로워진다.

차의 6가지 덕성

녹차, 백차, 청차, 홍차, 황차, 흑차.
6가지 차마다 각기 색깔도 달랐다.
향기도 달랐다. 맛도 달랐다.

　　　　　　　　　　백 살까지 사는 세상에 인생 이모작은 뭐를 하지? 글을 안 쓰면 뭘 할까 하고 생각해 본다. 그 대안으로 차茶를 만드는 '제다製茶' 일을 해 보면 어떨까.

　우선 나 자신이 차 마시는 것을 좋아한다. 음차흥국飮茶興國이라는 말도 있다. 차를 마셔야 사람들의 건강이 좋아지고 정신이 맑아지니까 말이다. 차는 사시사철 녹색의 푸르름을 간직한 나무이자 식물이다. 푸른 차밭을 바라보는 것도 좋고, 안개 낀 아침에 차밭을 거니는 것도 그렇게 상쾌할 수가 없다. 그리고 원고 마감의 압박감을 누그러뜨리면서 '이만하면 괜찮은 인생이야' 하고 나를 달래준 것도 차이다.

　유럽에서 와인을 좋아하는 사람들은 구릉 지대에 펼쳐진 와이너리에 가서 그 어떤 충족감을 느낀다고 한다면, 한자 문화권의 아시아 사람들은 차밭에 갔을 때 마음의 평화를 느낀다. 서양 포도밭의 대구對句는 동양의 차밭이다. 차밭에서 생각을 정리한 중국의 우정량이라는 사람이 꼽은 차의 10가지 덕성은 설득력이 있다. 그 가운데 6가지를 추려 본다.

첫째, 우울한 기분을 흩어지게 한다(다산울기茶散鬱氣)

둘째, 차는 생기를 북돋운다(다양생기茶養生氣)

셋째, 병을 제거한다(다제병기茶除病氣)

넷째, 차로써 공경을 표한다(이다표경以茶表敬)

다섯째, 몸을 닦는다(이다수신以茶修身)

여섯째, 마음을 고상하게 만든다(이다아심以茶雅心)이다.

요즘 한국 사람들의 일상은 너무나 우울하다. 상대방을 너무 미워하고 증오한다. 평화롭게 사는 법을 잃어버렸다. 정치는 일종의 사이비 종교인데, 이 사이비 종교를 믿는 광신자가 너무 많아져서 입에 거품을 물고 욕을 한다. 거품을 물면 사이비 종교의 징표이다. 입에서 나오는 게 거품을 씻기 위해서라도 나는 오늘 혼자 찻상을 마주하고 앉아서 한 잔의 차를 마신다. 우울을 없애고 생기를 북돋우기 위해서이다.

남들 다 게거품을 물고 살든지 말든지 제 팔자이다. 도가道家의 노선은 사회 구원보다는 개인의 행복을 중요시하는 노선이다. 나는 도가이니까 차밭이나 둘러봐야겠다. 봄에는 곡성에 있는 야생 차밭 '산절로 야생다원'에서 찻잎을 따 보았다. 짜증 나는 더위가 가신 엊그제 초가을에는 강진의 '이한영 차문화원'에 가서 1박 2일 제다製茶 교육을 받았다. 차에는 6대 다류가 있었다. 녹차, 백차, 청차, 홍차, 황차, 흑차였다. 6가지 차마다 각기 색깔도 달랐다. 향기도 달랐다. 맛도 달랐다. 6가지 차향을 맡다 보니 마음속 근심이 줄어든다.

천왕봉 건강검진

91세 노인이 천왕봉이라니! 죽기 전에
한번 가 보자는 의욕을 실천한 것이다.
나도 희망이 있구나!

지리산 일대는 히말라야 자락이 내려온
네팔의 산골 동네 정취가 난다. 산청군 단성면의 배산서당倍山書堂. 이 서
당 일대는 문익점이 목화씨를 가져와 처음 재배를 한 동네로 유명하다.
서당이 자리 잡은 터에 대한 합천 이씨들의 자부심도 상당하였다. '지리
산에서 내려온 맥이 한 군데도 끊기지 않고, 강물도 건너지 않고, 순전히
산의 맥으로만 내려와 최종적으로 에너지가 뭉쳐 결국結局을 이룬 지점'
이라는 자부심이었다. 필자가 듣기에는 '지리산 천왕봉의 정기를 여기서
빨대 꽂고 끌어당길 수 있는 터'라는 의미로 해석되었다.

한 서당 멤버의 아버지가 91세이다. 고령의 아버지와 70·80대 후배
들 4명이 함께 1915m 높이의 천왕봉을 올라갔다 왔다는 무용담도 예
사롭지 않게 들렸다. 91세 노인이 천왕봉이라니! 천왕봉 등산이야말로
확실한 건강검진이라는 말이었다. 2009년 〈대한일보〉 기사를 검색해 보
니까 91세 이병덕 옹과 80대 2명, 70대 2명이 같이 핫바지에 나무 지

팡이를 짚고 9시간 만에 천왕봉을 올라갔다 내려왔다는 기사가 있었다. 죽기 전에 한번 가 보자는 의욕을 실천한 것이다. 나도 희망이 있구나!

부산교통 대표인 조옥환 옹은 1932년생이니까 올해(2021) 우리 나이로 90세이다. 이 영감님도 올해 4월에 천왕봉을 올랐다. 왕복 8시간 정도. 순두류에서 출발하여 천왕봉 정상까지 올라가는 데만 걸린 시간은 4시간 10분. 작년 기록보다 20분 늦었다. 작년에는 재작년 기록보다 15분을 단축하여서 기분이 좋았단다. 법계사에서 천왕봉 올라가는 중간 지점이 제일 헉헉거린다고 한다.

매년 천왕봉을 오르는 일은 남명학파의 전통이었다. 퇴계가 청량산을 사랑하였다면, 남명南冥 조식(曺植, 1501~1572)은 천왕봉을 사랑하였다. 아호인 방장산인方丈山人은 '지리산 사람'이란 뜻이다. 남명이 인생 후반부에 산청군 덕산에 살았던 이유도 이곳이 천왕봉을 직통으로 볼 수 있는 위치였기 때문이다. 남명은 생전에 천왕봉을 12번이나 올라갔다는 구전이 전해진다. 남명의 12대 후손인 조옥환은 사업해서 돈만 생기면 남명학회 논문 지원과 운영 자금으로 댔다. 45년 동안 400억 원을 썼다. 한 번에 1000억 원은 낼 수 있지만 수십 년 동안 꾸준히 돈을 내기는 어려운 일이다.

남명의 수제자가 수우당 최영경인데, 수우당의 13대 직손인 최구식(선비문화연구원장)은 '천왕봉 어른들'이라는 표현을 썼다. 남명과 수우당을 비롯한 남명학파 어른들의 혼령이 지금도 천왕봉에 계신다고 본인은 믿는다는 것이다. 천왕봉은 인생의 허무에 맞서는 정신과 기백을 기르는 산이었다.

이팝나무의
흰 꽃을 보면서

마음에 여백이 있어야 꽃이 들어올
자리가 있다. 좀 더 한가해지면
내가 꽃잎으로 들어갈 수도 있겠다.

해마다 피는 꽃은 같지만, 꽃을 바라보는
사람은 다르구나. 이 구절에서 '사람은 다르구나'가 의미가 깊다. 우선 사
람이 늙어 간다는 의미가 내포되어 있다. 몸의 컨디션이 작년 다르고 올
해 다르다는 느낌을 받을 때 인간은 서글퍼진다. 그 서글픈 마음을 가지
고 있을 때 '꽃은 왜 작년이나 올해나 그 빛깔과 이파리가 똑같다는 말인
가' 하는 탄식이 나오게 되어 있다. 꽃의 아름다움과 육신의 늙어 감이 대
비된다.

이 대비에서 인간은 종교적 순응의 마음을 터득하는 것 같다. 순응해
야지 어쩌겠는가. 춘하추동의 순환과 생로병사의 변화를 어떻게 거역한
단 말인가. 운명에 거역하면 질질 끌려가지만 순응하면 업혀 간다는 말
도 있다. 기왕 갈 바에는 질질 끌려가는 것보다는 업혀서 가는 게 좋다.
순응과 받아들임. 이것이 나이 들어가는 미덕이고 사람이 익어 간다는
징표라고 생각된다. 나는 주름살이 늘어 가는데 꽃 너는 왜 그렇게 해마

다 싱싱한 것이냐 하는 물음도 결국 인간의 욕심이다. 대자연의 섭리가 그렇게 되어 있는 것을 가지고 인간의 주관적 관점으로 철리哲理를 비틀어 보는 셈이다. 도법자연道法自然이다.

5월 5~6일 무렵이 절기상으로 입하立夏이다. 여름의 문턱이다. 이때 피기 시작하는 꽃이 있다. 이팝나무이다. 꽃잎의 색깔이 하얗다. 아침에 일어나 전기 포트에 물을 끓여 붉은색 차호茶壺에 찻잎을 넣고 우려 마시면서 '이만하면 내가 잘살고 있다'는 생각을 한다. 그러고 나서 원고를 쓴다. 집밥만 먹다가 가끔 근처의 단골 중국집에 간다. 15분 정도를 걸어가는 길인데 엊그제는 도로 주변의 가로수에 온통 흰 꽃이 피었다. 이팝나무에 꽃이 핀 것이다. 흰 꽃은 붉은색이나 노란색 꽃보다 한 차원 더 높은 느낌을 준다. 흰색이 주는 고결함과 정화된 느낌 때문이다. 재작년에도 보고 작년에도 보았지만 스쳐 지나갔다. 올해는 나무 밑에 서서 한참을 쳐다보았다.

마음속이 복잡하고 생각이 많으면 꽃을 봐도 건성이다. 흰 꽃이 마음속에 들어와 자리를 잡는다는 것은 내가 좀 한가해졌다는 뜻이다. 마음에 여백이 있어야 꽃이 들어올 자리가 있다. 좀 더 한가해지면 내가 꽃잎으로 들어갈 수도 있겠다. 아직은 나 자신을 툴툴 털어버리고 꽃잎 속으로 내가 빨려 들어가 버리는 경지는 못 갔다. 그렇지만 이거라도 어디인가! 이팝나무 흰 꽃은 멀리서 보니 쌀밥이 소복이 얹혀 있는 것 같다. 복목福木이다.

신선이 덮는 이불을
발밑에 두고

시간, 인간, 공간 가운데 선택할 수 있는
것은 공간이다. 공간에서 시간이 다르게
흐르고 만나는 사람도 달라진다.

시간, 공간, 인간. 한세상 사는 일은 이
3간間을 통과하는 일이다. 이 3간 중에서 비교적 인간이 선택할 수 있는
것은 공간이다. 상대적으로 시간, 인간은 자기 마음대로 바꾸기 어렵다.
공간이 바뀌면 시간의 흐름도 달리 흘러간다. 교도소에서 보내는 시간과
영화관에서 보내는 시간의 흐름은 다르다. 그 공간에서 만나는 인간의 종
류도 달라진다. 그러니까 어떤 공간에 있느냐가 중요한 문제인 것이다.
더군다나 자기에게 기쁨을 주고 세상의 시름을 달래주는 특정한 공간이
있다는 것은 축복이다.

차인茶人 나광호 선생을 만나 보니, 이 사람은 생계 활동 이외의 시간
만 나면 지리산 형제봉을 올라가는 게 일이다. 형제봉에만 올라가면 삶
의 의미가 느껴진다고 한다. 형제봉은 지리산 자락이 남쪽의 섬진강 자
락으로 내려오다가 멈춘 봉우리이다. 악양 들판을 말발굽처럼 'U'자로
둘러싸고 있는 봉우리의 한쪽 끝이 형제봉이다. 1200m에 가까운 높은

봉우리이다. 봉우리 정상에는 행글라이더를 타는 활공장이 있어서 비교적 평평한 공간이 있다. 형제봉은 지리산 일대의 최고 전망대이다. 360도가 모두 전망이 좋다. 바로 코앞의 구제봉, 칠성봉부터 시작하여 구례쪽의 왕시루봉도 보이고 노고단, 반야봉, 촛대봉, 동쪽 함양, 산청의 천왕봉까지 파노라마로 볼 수 있는 위치이다.

산봉우리만 보이는 게 아니다. 형제봉 밑으로는 섬진강이 감아 돌아 흘러간다. 산봉우리만 있고 강이 없으면 홀아비와 같은데, 그 곱디고운 섬진강의 푸른 물이 부드럽게 허리를 감아 돈다. 비 온 뒤에 섬진강에서 하얀 연기 같은 운무가 부풀어 오르는 광경을 보면 저절로 '정치독政治毒'이 빠진다. 특히 달이 떴을 때 형제봉 정상에 올라가 보면 광양 백운산 너머의 남쪽 바다에서 올라오는 해무海霧와 섬진강의 강물에서 올라오는 운무雲霧가 섞이어 비단 이불 같은 형상을 만든다. 천상계의 신선들이 덮는 하얀 운무의 이불을 발밑에 딛고 서 있는 듯한 착각이 들 정도이다.

하동 금오산 방향에서 떠오르는 일출을 보는 것도 장관이고, 구례쪽으로 지는 석양을 바라다보면 온갖 분노가 사라진다. 불가의 《무량수경無量壽經》에서는 석양을 자주 관조하면 저절로 욕심과 분노가 사라져서 도가 닦인다고 말한다. 형제봉에 미친 나광호 선생은 아예 형제봉 옆 부춘마을에 집까지 장만했다. 서울에만 있으면 아파트, 주식, 명품만 보인다. 자연에 나와 보면 일출과 석양, 달빛의 운무가 '우물쭈물하다가 한 세상 다 간다'라고 귀띔한다.

마음에 꽃이 있는가

퇴계는 왜 좋은 길을 마다하고
산골짜기로 가서 매화 향이나
맡았던 것일까!

　　　　　　유교 문화권의 학자 관료들이 특별한 의
미를 붙여 사랑한 꽃은 매화와 국화이다. 추위와 서리를 맞으면서 피는
꽃이라는 점 때문이다. 누구나 인생을 살면서 실패를 경험하고 외로움과
고통을 겪는다. 그 쓰라림은 버티기 어렵다. '내 팔자는 이런 식으로 끝나
는 것인가!' 인생의 나락에 떨어졌다고 느낄 때 매화와 국화가 달래준 것
이 아닌가 싶다.
　국화를 사랑했던 대표적 인물을 꼽는다면 '귀거래사'의 정신을 상징
하는 도연명을 들 수 있다. 매화는 누구인가? 퇴계 선생이 아닌가 싶다.
퇴계는 사화士禍에 걸리거나 당쟁에 엮여서 유배를 경험하지 않은 독특
한 인물이다. 핍박받고 살지도 않았다. 그런데도 매화를 광적으로 좋아
했다는 점은 이채롭다. 퇴계만큼 매화를 아꼈던 인물은 한·중·일 삼국
에 없는 것 같다.
　꽃으로서 좋아한 정도가 아니다. 퇴계는 매화를 자신의 또 다른 자

아로 여기는 경지로까지 나아갔다. 자기 내면세계에 매화가 자리 잡고 있었고, 자신의 신념과 가치를 확인할 때마다 매화에게 질문을 던졌고, 어떤 때는 매화가 퇴계에게 말을 걸기도 하였다. 퇴계는 돈과 '가오'가 보장되는 서울의 출셋길을 뿌리치고 안동 도산으로 귀향길을 떠나면서 자신이 아끼던 '분매盆梅'에게 작별 시를 써준다. "도산으로 돌아가는 길 그대와 함께 못 가서 아쉬움이 크구려(東歸恨未携君去), 나 없는 사이에 서울의 먼지 속에서도 기품 있는 모습 잘 간직하고 있게나(京洛塵中好艶藏)."

퇴계의 이 시를 받고 '분매'는 이렇게 답한다. "자네도 옥설玉雪 같은 맑고 진실한 마음을 잘 보존하고 있게나(玉雪淸眞共善藏)." 분매를 의인화하여 퇴계 스스로 원하는 삶을 살고자 다짐한 것이다.

퇴계의 제자 김취려는 선생이 서울 거처에 놓고 갔던 분매를 이듬해에 사람을 시켜 도산에 보냈다. 도산에 도착한 분매를 보고 퇴계는 이렇게 반가움을 표했다. "자네가 만겁의 풍진을 벗어나서 강호에서 한가롭게 살고 있는 삐쩍 마른 늙은이와 같이 놀려고 왔구려(脫却紅塵一萬重 來從物外伴癯翁)". 퇴계는 죽기 직전에도 '매화에게 물 줬는가?' 하는 말을 남기고 눈을 감았다.

서울 삼청동에 있는 금융연수원은 역대 정권이 바뀔 때마다 한 번씩 인수위라는 장이 서는 특별한 장소이다. 이 앞을 지날 때마다 특별한 냄새가 난다. 금융연수원을 들락날락하는 사람들 표정을 보면 왠지 기대감에 들떠 있다. 벼슬 줄을 잡았다는 기대감 때문일까. 왜 퇴계는 이 좋은 길을 마다하고 도산서원 골짜기로 가서 매화 향이나 맡았던 것일까!

봄의 첫 꽃, 납월홍매

낙안의 형세는 모란꽃처럼 꽃잎에 겹겹이
싸인 형국이다. 그 꽃심 자리에 낙안읍성이
있고, 600년 수령의 납월홍매가 서 있었다.

음력으로 12월을 납월臘月이라고 한다.
양력으로는 12월 말에서 1월 초 무렵 피기 시작하는 매화가 바로 납월홍
매인데, 이 매화가 전남 순천시 낙안면에서 핀다는 소식을 듣고 연초에
낙안을 유람하였다.

아직 힘이 남았을 때 강호 유람이나 실컷 하다가 죽어야지 저승에
가서도 할 말이 있지 않겠는가! 낙안에 가기 전에 먼저 벌교읍에 들러
꼬막 정식을 먹는 게 순서이다. 이때가 벌교에 참꼬막이 나오는 꼬막 철
이기 때문이다. 참꼬막을 조개류 중에서 제일 좋아한다. 원래 벌교 꼬막
은 여자만(汝自灣, 보성, 순천, 여수, 고흥으로 둘러싸여 있는 내해)의 '장도獐
島'라는 섬 근처에서 잡히는 꼬막을 가리켰지만 지금은 그 범위가 주변
뻘밭까지 확대되었다.

여자만에서 벌교천川이라는 냇물을 타고 8km 정도 거슬러 올라가
면 벌교읍의 홍교다리가 나타난다. 홍교다리 근처가 벌교의 중심지였으

므로 꼬막 맛집도 대부분 이 근처에 자리 잡고 있다. 조선 초기에 왜구들이 배를 타고 여자만까지 들어와 다시 벌교천을 타고 거슬러 올라가 홍교다리 근처에서 약탈을 많이 하였다. 왜구는 100~200명 선으로 추산된다. 약탈을 피하기 위해서 홍교 근처에 있었던 쌀 창고와 같은 주요 시설을 여기에서 20리나 떨어진 낙안읍성으로 옮겼다.

왜구를 피해서 낙안읍성을 새로 축조한 것이다. 흥미로운 점은 밀물일 때 왜구들이 벌교천으로 거슬러 올라갔다가 썰물일 때 배를 타고 얼른 떠나야 한다. 밀물과 썰물 사이 머무는 시간이 4시간이었고, 이 4시간 내에 약탈을 끝내야 한다. 4시간 사이에 홍교에서 20리 떨어진 낙안읍성까지 병장기를 지니고 가야 하고, 다시 약탈 물품과 부녀자를 데리고 빠져나가기는 시간상 불가능하였다.

낙안의 고지도를 보면 그 형세가 모란꽃처럼 꽃잎에 겹겹이 싸여 있는 형국이다. 그 꽃심 자리에 낙안읍성이 자리 잡고 있고, 그 낙안성 근처의 조씨 면장 집에는 600년 수령의 납월홍매가 있었다고 한다. 1980년대 초반 그 수명이 다하기 전에 지허 스님이 그 매화 씨를 받아서 금전산金錢山 금둔사金芚寺 경내에 살려 놓았다. 금전산은 낙안의 주산인데, 이름이 특이해서 돈이 궁해지면 이 산에 자주 와야겠다는 생각이 든다.

금둔사 경내에는 붉은 납월홍매가 몇 송이 피어 있다. 필자를 안내해 준 박인규 선생은 직장 퇴직 후에 고향인 낙안에 돌아와 인생 이모작으로 '납월홍매'라는 술을 빚는다. 납월홍매주를 한잔하고 홍매를 보았다.

출세와 은둔,
음양의 이치

절처봉생은 막다른 궁지에 몰렸지만
어떻게든 살길이 생긴다, 끊어지는 것을
두려워하지 말라는 것이다.

세상에 나가 '출세'를 하고 싶은 것도 인간의 본능에 가깝다. 그러나 세상과 인연을 끊은 채 '은둔'하고 싶은 욕망도 존재한다. 출세와 은둔. 음양의 이치와 같다.

몸에 큰 병이 들고 경제적으로 파탄이 나서 부득이 은둔하는 수가 있다. 이 경우에 대개는 산에 들어가 판잣집 짓고 사는 경우가 많다. 인생이 파탄 나야만 입산入山이 이루어진다. 절처봉생絶處逢生에 해당한다. 막다른 궁지에 몰렸지만 어떻게든 살길이 생긴다. 공주 우금치 전투에서 동학군이 일본군에 대패한 이후로 전라도 지역의 동학 참여자에 대한 일본군의 철저한 수색과 토벌이 있었다. 일본군의 추적을 피해 모악산 대원사에 숨었던 강증산은 살육의 공포와 분노를 어느 정도 시간을 두고 추스른 뒤에야 산신각에서 기도에 들어갈 수 있었다. 대원사 은둔이 이후에 강증산의 종교적 폭발로 이어졌다.

정치적 시효가 다하거나 궁지에 몰렸을 때에도 은둔하는 수가 있다. 중앙정보부장을 지냈던 이후락이 80년 이후로 경기도 이천의 도자기 가마에 은둔하면서 세상에 나오지 않았다. 나왔으면 돈 뺏기고 몸 뺏겼을 가능성이 높다. 노태우 정권 때 총리를 지냈던 노재봉 교수도 요즘 통 얼굴이 보이지 않는다. 가끔 언론에 나와서 한마디씩 할 법한데도 일절 언급을 안 하고 사는 것도 은둔의 유형이다. '소은小隱은 산에 들어가는 것이요, 대은大隱은 도시 가운데에 숨는 시은市隱이다'라는 말이 있다. 노재봉은 시은인가?

지리산 화개 골짜기를 20리쯤 거슬러 올라가면 신흥사 터가 나온다. 절터 앞의 계곡 바위에는 최치원이 글씨를 새겨 놓은 세이암洗耳岩 바위가 있다. 흐르는 계곡물에 귀를 씻고 싶다는 말씀이다. 세상 정치 이야기가 얼마나 거지같이 느껴졌으면 계곡물에 귀를 씻고 싶다고 하였겠는가! 이 양반이 가야산 홍류동 계곡으로 들어갈 때도 남긴 시구가 생각난다.

一入靑山更不還 일입청산갱불환
내 한번 청산으로 들어가면 다시는 밖에 나오지 않으리라.

필자는 신문 칼럼을 쓰니까 세상사에 세세한 관심을 가져야만 하는 직업인데도 불구하고 요즘 '돌아가는 이야기'를 듣고 있노라면 허망하고 피곤하기만 하다.

5월의 버드나무처럼

물속에 오래 머물러도 썩지 않고,
가고 머묾에 마음 두지 않으며,
스스로 즐기고 치유하다.

왕버들은 신목神木임에 틀림없다. 왜냐하면 부동산 가격을 올려주니까 말이다. 그동안 왕버들이 신령한 나무인 줄은 알고 있었지만, LH공사 직원이 개발지에 왕버들을 심어 보상금을 노렸다고 하니 부동산 투기의 기능도 있음을 새롭게 알게 되었다.

나는 매년 4~5월 무렵에 청송 주왕산에 있는 주산지注山池를 보러 가는 취미가 있다. 왕버드나무를 보기 위해서이다. 연못 가운데에 서 있는 왕버들을 보면 신령한 기분이 들고 마음속의 때가 다 씻겨 내려가는 느낌을 받는다. 특히 몽실몽실 올라오는 아침 물안개에 싸여 있는 이 300년 된 왕버들은 신목의 아우라를 풍긴다. 음양오행에서 말하는 수생목水生木의 이치를 이처럼 실감 나게 보여주는 나무도 없다.

물속에 나무가 있으면 썩어버리지만 왕버들은 300년이나 그 물속에서 생존해 있으니, 물에서 나무가 생장한다는 수생목의 이치를 눈앞에서 보여준다. 왕버들은 보통 버드나무보다 크기도 훨씬 크고 줄기도 크고 둘레도 굵다. 그래서 '왕王'자가 붙었다. 중국 남부의 소수 민족이 사는 운남성을 돌아다녀 보면 여기에서도 버드나무가 신목으로 대접받고 있었다. 유명한 샘물 옆에는 오래된 버드나무가 서 있곤 하였는데, 이 버드나무는 샘물을 지키는 수호목으로 여겨졌다. 더운 지방에서 맑은 샘물은 생명수인 것이다.

불교에서도 양류관음楊柳觀音이 있다. 관음보살이 한 손에 버드나무 가지를 들고 있는 모습이다. 이 버드나무(楊柳)는 중생의 병을 치료해 주는 약을 상징한다. 버드나무가 왜 약이 될까? 양류관음의 등장은 고대부터 버드나무에 어떤 약 성분이 있었음을 알고 있었다는 방증이다. 통증치료제이다. 이순신 장군이 무과 시험에 나가 다리를 다치자 버드나무 껍질로 상처를 동여매고 시험을 쳤다는 기록이 있다.

불교와는 달리 유가의 선비들은 버드나무를 경멸하였다. 노류장화路柳墻花라고 보았다. 길가의 버드나무와 담벼락의 꽃은 누구나 쉽게 손을 대서 가지와 꽃을 꺾을 수 있다는 사자성어이다. 버드나무는 가지를 꺾어서 아무 데나 대강 심어 놓으면 자란다. 이러한 성향을 지닌 버드나무를 지조가 없는 나무라고 보았다. 버드나무는 항상 물을 가까이하는 속성을 지닌다. 여기에서 물은 돈과 벼슬을 상징한다. 항상 이권을 탐하는 모리배에 비유하였다. 더군다나 버드나무는 낭창낭창 잘 휘어진다. 빳빳한 맛이 없다. 선비는 듣기에 껄끄러운 직언을 하는 기질이라면, 버드나무는 면전에서 듣기 좋은 소리만 하는 아첨꾼에 비유하였다.

그러나 '귀거래사'를 읊은 도연명의 별호가 '오류선생五柳先生'이다. 집 앞에다가 다섯 그루의 버드나무를 심어 놓은 것은 생각해 볼 대목이다. 그가 남긴 짧은 산문 〈오류선생전〉은 자서전이다.

"선생은 고향도, 성과 이름도 알지 못한다. 집 근처에 다섯 그루 버드나무가 있으니 오류를 호로 삼았다. 한가롭고 조용하며 말수가 적고 명예나 이익을 구하지 않았다. 책 읽기를 좋아하되 너무 깊이 이해하려 들지 않았고, 뜻에 맞는 문장을 만나면 밥 먹는 것도 잊을 만큼 즐거워했다. 술을 좋아하였으나 가난하여 자주 즐기지 못했다. 친구들이 이를 알아 술자리를 마련하면 그 자리에서 흠뻑 마시고 곧장 집으로 돌아왔다. 가고 머묾에 마음을 두지 않다. 작은 집은 좁고 쓸쓸했으며 바람도 뜨거운 볕도 가려주지 못했다. 닳고 해진 옷을 걸치고 때때로 굶기도 했으나 늘 편안하였다. 항상 글을 지어 스스로 즐기고 자신의 뜻을 은근히 표현하였다. 성공과 실패를 마음에 둔 적이 없었고 그렇게 일생을 보냈다. 검루(黔婁, 제나라 때 선비)가 말한 '가난과 천함을 두려워하지 않고 부귀에 급급하지 않다'고 하였으니, 오류선생을 이르는 것이 아니겠는가?"

꽃은 안다. 여름이 다시 오지 않는다는 것을.

조용헌의 내공

초판 1쇄 발행 2024년 2월 2일
초판 8쇄 발행 2024년 7월 26일

지은이 | 조용헌

발행인 | 박재호
주간 | 김선경
편집팀 | 강혜진, 허지희
마케팅팀 | 김용범
총무팀 | 김명숙

사진 | 김상수 · **디자인** | FirstRow
종이 | 세종페이퍼
인쇄 · 제본 | 한영문화사

발행처 | 생각정원
출판신고 | 제25100-2011-000320호
주소 | 서울시 마포구 양화로 156(동교동) LG팰리스 814호
전화 | 02-334-7932 **팩스** | 02-334-7933
전자우편 | 3347932@gmail.com

ⓒ 조용헌 2024
ISBN 979-11-93811-00-9 (03180)